CALATRAVA
berlin

Five Projects Fünf Projekte

Texts by Michael S. Cullen and Martin Kieren

Photographs by Heinrich Helfenstein

Birkhäuser Verlag

Basel · Boston · Berlin

Translation
of German texts into English:
John Dennis Gartrell

Library of Congress Cataloging-
in-Publication Data

A CIP catalogue record for this
book is available from the Library
of Congress, Washington D.C., USA

Deutsche Bibliothek Cataloging-
in-Publication Data

Calatrava, Santiago:
Calatrava Berlin: five projects /
Texts by Michael S. Cullen and
Martin Kieren. [Transl. of German
texts into Engl.: John Dennis
Gartrell]. - Basel; Boston; Berlin;
Birkhäuser, 1994
ISBN 3-7643-2985-8 (Basel...)
ISBN 0-8176-2985-8 (Boston)
NE: Cullen, Michael S. [Mitarb.];
HST

Editorial assistance: Anthony Tischhauser

Graphic Design: Quim Nolla
Production assistantce: Daniel N. Barceló

This work is subject to copyright.
All rights are reserved, whether
the whole or part of the material
is concerned, specifically the
rights of translation, reprinting,
re-use of illustrations, recitation,
broadcasting, reproduction on
microfilms or in other ways, and
storage in data banks. For any
kind of use permission of the
copyright owner must be obtained.

© 1994 Birkhäuser Verlag, PO Box 133,
CH-4010 Basel, Switzerland
Printed in Spain
ISBN 3-7643-2985-8
ISBN 0-8176-2985-8

6 The Berlin Challenge
In the place of a preface

Herausforderung Berlin
Statt eines Vorworts

8 Vanishing moments
The Clever Engineering Art of Santiago Calatrava

Momente des Verschwindens
Die listige Ingenieurskunst des Santiago Calatrava

22 At the Dawn of the 21st Century
Five Projects for Berlin
Interview with Santiago Calatrava

Am Beginn des 21. Jahrhunderts
Fünf Projekte für Berlin
Interview mit Santiago Calatrava

45 **Kron** prinzen brücke bridge

75 Bahnhof **Span** dau station

101 **Ober** baumbrücke bridge

123 **Jahn** -Sport park

141 **Reich** stag

The Berlin Challenge

In the place of a preface

Within a twelve month period, Santiago Calatrava designed five projects for Berlin. The challenge presented by Berlin in a reunited Germany within a late 20th century Europe inspired him to new ideas - and they are in themselves reason enough to publish this book.

Calatrava could well be called a Spanish architect. He is indeed a Spaniard, but, like Picasso and Miro, the Spanish people can't claim him as their's alone. These artists attracted the attention of so many because they created their art for the entire world. They and their art are international; national borders are of little consequence. In effect, Calatrava is also to be seen primarily as a European, attempting with his architecture to now provide a new answer to a post-Cold War scenario.

All Calatrava's projects for Berlin have emerged since the collapse of the wall. They could only have been created then. Four of them are conceived literally as the crossing of a boundary: two bridges to once again join East and West, a sports park within the former border zone, and, for the Bundestag, both restoration and new construction on the Reichstag building, next to which the wall ran until a short time ago.

Calatrava's work does not, however, only cross borders topographically, but also in a disciplinary sense, and that makes him rather difficult to pinpoint. This dilemma is most evident when Calatrava's bridges are observed. They show him to be engineer, architect, artist and urban planner, all in one. We have problems finding the right word to describe what Calatrava does and is, since he can't be placed within a particular professional category. His calculations are indeed able to be understood by others. They must be. Yet his bridges are infathomable,

Herausforderung Berlin

Statt eines Vorworts

Innerhalb von zwölf Monaten hat Santiago Calatrava fünf Projekte für Berlin entworfen. Die Herausforderung, die Berlin im wiedervereinigten Deutschland und in Europa am Ende des 20. Jahrhunderts bedeutet, hat Calatrava zu neuen Ideen getrieben, und sie sind Grund genug, dieses Buch zu veröffentlichen.

Calatrava könnte man einen spanischen Architekten nennen. Er ist zwar ein Spanier, aber wie Picasso und Miro können die Spanier ihn nicht für sich allein beanspruchen. Diese Künstler haben die Aufmerksamkeit so vieler auf sich gelenkt, weil sie ihre Kunst für die ganze Welt geschaffen haben. Sie und ihre Kunst sind grenzüberschreitend; Grenzen bedeuten ihnen wenig. Und ebenso ist Calatrava von seiner Wirkung her vor allem als ein Europäer zu sehen, der jetzt mit seiner Architektur auf die Situation nach dem Ende des "Kalten Krieges" eine neue Antwort zu geben versucht.

Alle Projekte, die Calatrava für Berlin bearbeitet hat, sind nach dem Fall der Mauer entstanden und konnten auch nur dann entstehen. Vier von ihnen sind buchstäblich grenzübergreifend gedacht: zwei Brücken, die Ost und West wieder zusammenführen sollen, ein Sportpark im ehemaligen Grenzstreifen und die Um- und Neubauten für den Bundestag im Reichstagsgebäude, neben dem bis vor kurzem die Mauer verlief.

Calatravas Werk ist jedoch nicht nur im topographischen Sinne grenzüberschreitend, sondern auch im disziplinären. So tut man sich schwer mit der Bezeichnung seines Berufs. Am deutlichsten kommt dieses Dilemma zum Ausdruck, wenn man Calatravas Brücken betrachtet: Sie zeigen ihn als Ingenieur, Architekten, Künstler und

outstanding in their beauty, and not to be created by any other hand. They combine the uniqueness of art with the repeatability of technical components. Calatrava is thus a versatile personality in a world in which we all expect a clear response.

Even if Calatrava himself does not wish to concede that a characteristic streak runs through his work for Berlin, others can justifiably maintain that the projects which he designed, and which he will in part also realise, could only come into being in and for this city. But Berlin was always more than a city. The creation of Greater Berlin in 1920 suppressed this idea, but the division after 1945 provided a painful impetus. The great task now facing Berlin is to once more unite those two parts which, for the last 40 years, have developed apart. That sounds easier than it is. Teachers and social workers do not wish to work in what, for them, is the city's other half, and even the opening of a road tunnel provokes more people to action who are against such unification than who are for it.

So the capital of Germany can be happy that, with the Kronprinzen and Oberbaum bridges, at least two of Calatrava's boundary crossing projects will be realised. But Calatrava's other three projects, of which not merely a memory should be preserved, will also be as vividly documented in this book. As real plans for building, these have indeed perished between the closing of independently judged competitions and the official reaction to their realisation. But as designs they will remain a challenge for the future of Berlin.

Michael S. Cullen

Städtebauer in einem. Wir haben Probleme mit dem treffenden Wort für das, was Calatrava tut und ist, weil er sich nicht in ein bestimmtes Berufsbild pressen läßt. Seine Berechnungen sind für andere nachvollziehbar und müssen es auch sein. Seine Brücken sind dennoch einzigartig in ihrer Schönheit und von keinem anderen zu schaffen: sie verbinden das Einmalige der Kunst mit der Reproduzierbarkeit von technischen Bauteilen. So ist Calatrava eine facettenreiche Persönlichkeit in einer Welt, in der wir alle eine eindeutige Antwort erwarten.

Auch wenn Calatrava selbst kein charakteristisches Merkmal in seinem Werk erkennen will, können andere mit Recht behaupten, daß die Projekte, die er für Berlin entworfen hat und zum Teil auch realisieren wird, allein in dieser und für diese Stadt entstehen konnten. Berlin war immer mehr als eine Stadt: die Schaffung von Groß-Berlin 1920 hat diese Erkenntnis verdrängt, die Teilung der Stadt nach 1945 hat ihr schmerzlich zum Durchbruch verholfen. Die große Aufgabe, vor der Berlin jetzt steht, ist es, die zwei Teile, die sich über mehr als 40 Jahre auseinander entwickelt haben, wieder miteinander zu verbinden. Das klingt leichter als es ist: Lehrer und Sozialarbeiter wollen nicht in der jeweils anderen Stadthälfte arbeiten, und selbst die Öffnung eines Straßentunnels ruft mehr Gegner als Befürworter einer solchen Vereinigung auf den Plan.

So kann die Hauptstadt Deutschlands froh sein, daß dort mit der Kronprinzen- und mit der Oberbaumbrücke zumindest zwei von Calatravas grenzüberschreitenden Projekten realisiert werden. Doch auch die anderen drei Projekte Calatravas, von denen nicht nur eine Erinnerung aufbewahrt werden soll, sollten hier anschaulich dokumentiert werden. Diese sind zwar als reale Bauvorhaben auf der Strecke geblieben zwischen dem Abschluß eines unabhängig beurteilten Wettbewerbs und der behördlichen Reaktion hinsichtlich ihrer Durchführung. Aber als Entwürfe bleiben sie für die Zukunft Berlins eine Herausforderung.

Michael S. Cullen

Vanishing Moments

The Clever Engineering Art of Santiago Calatrava

1. Nature's Morphology, and the Spirit of Engineering Aesthetics

Calatrava's buildings and projects possess the lightness of feathers - the lightness of birds and airborne objects. In those fragments of moments when time is immeasurable, when an apparatus, appreciating and sensing the principles of flight, surely appears to exist within them, and we feel able to witness that very point of preparedness before they are born aloft. The dreams of mankind are raised up in these moments - they are the self-righting figures of philosophy and physics, the contortions of some hidden memory, the last remnants of a metaphysical force, known to us all but yet uncanny - the inexplicable mechanics of the imagination. Because the house, without fail, must end in collapse, our irrational, overhasty powers of appreciation and memory, virtually dissociated from any physical point, feel it coming. But equally, these same powers will have us comprehend what we feel we see - heavy structures, too - and we'll carry them off for an instant. We'll let them vanish. We'll raise them up and bring them once more to earth. And this immeasurable time of flight and poise, this dazzling moment - this is shown to us in Calatrava's structures - staged often in a masterly way, and with such archaic mimicry - thus, a memory. The architect displays it proudly, but at a refined interval - above all he remains calm, despite the inspiring personal experience of these virtuoso and pulsating works. Memories: revealing the form of the first bird ever known to us, the prehistoric flight of *Archaeopteryx*. All we really know: that it existed. And all we can see: the impression of its remains, the negative imprint of its filigree, flying skeleton.

Momente des Verschwindens

Die listige Ingenieurskunst des Santiago Calatrava

1. Eine Natur-Morphologie aus dem Geiste der Ingenieurs-Ästhetik

Calatravas Bauten und Projekte haben die Leichtigkeit von Federn, Vögeln und Flugobjekten - man meint, sie dabei beobachten zu können, wie sie sich gerade anschicken, von ihrem Standort abzuheben. Das geschieht in den Bruchteilen von Momenten, für die es keine Zeitmessung, wohl aber einen flugs arbeitenden Wahrnehmungs- und Sinnes-Apparat zu geben scheint. In diesen Momenten sind die Träume der Menschheit aufgehoben - es sind die Kippfiguren der Philosophie und der Physik, es sind die Täuschungsmanöver der verborgen arbeitenden Erinnerung. Es sind letzte Reste einer metaphysischen Kraft, einer uns allen bekannten, aber unheimlichen, weil nicht erklärbaren Mechanik: die der Phantasie. Da das Haus irgendwann einstürzen wird, unweigerlich, können unsere irrational schnell und vom gegenwärtigen Standort virtuell unabhängigen Wahrnehmungs - und Erinnerungsvermögen diesen Sturz vorwegnehmen. Ebenso können sie vermeintlich Gesehenes, auch Schweres, für Momente aufnehmen und forttragen, verschwinden, abheben und landen lassen. Und dieser zeitlich nicht zu messende Zeitraum von Flug und Stand, dieser betörende Augenblick - er wird in Calatravas Bauten oft meisterhaft inszeniert und mit archaischer Mimikry, eben als Erinnerung, gezeigt. Der Architekt zeigt es stolz, aber mit vornehmem Abstand - vor allem bleibt er unaufgeregt, so aufregend das persönliche Erleben dieser virtuosen Schwingwerke auch sein mag. Das Erinnern: es ist wie das Herausschälen der Form des ersten uns bekannten Vogels, des Ur-Flugwesens Archäopteryx. Was wir von ihm wissen: das

The structures of this architect, born in 1951, are likewise filigree. They are objects which quite naturally shed the heaviness of the architecture of central European origin, but which nevertheless draw on and rival the images of the European building tradition. They are, in spite of this, architecture - indeed an architecture which lies within the urban landscape both as a serene *and* a serious fragment of lightness. But in the same way as this lightness, this serenity of bird flight is allocated to them, or that improbable moment of observation, so too is reclining and standing, supporting and loading, being 'in place', a part of them - like any structure wishing to avoid deception. Architectural designs are, and will remain, stationary artefacts. The moment of inertia is intrinsic to these forms. The moment of inertia (as a phenomenon) is the deciding factor between architecture and all other art forms of a more fleeting nature - always mobile, always uncommitted to a particular site. So it is primarily this moment of inertia which constitutes architecture and building - with Calatrava too; formation out of a diverse process of creation. Here, Calatrava exploits his constructional system as a medium for expressing buoyancy, and develops the theme for a present day architecture.

2. Mimicry, and the Art of Equilibrium

The creative logic aspired to by Calatrava when contemplating his buildings and structures is derived from the dispassionate calculation methods of the engineering world. But his architectural designs, his 'creatures', are immediately viewed, not really as calculated, as the 'computation' of statics - that idle magic of the functionalists - but as the transformation of his vision into the idea for form, and that here a steady hand is possessed by one for whom the knowledge of the (static) train of forces is an inherent part of his 'feeling' for form, who therefore intuitively knows for what purpose this hand can guide him. A flair, within the aesthetics of architecture and engineering, born of a secure passion for a daring project at the close of the 20th century. A flair which is already highly distinctive, after just twelve

er existierte. Was wir von ihm sehen können: den Abdruck seiner Reste, das Negativ seines Filigranwerkes Flügelskelett.

Die Bauwerke dieses 1951 geborenen Architekten sind ebenfalls Filigranwerke. Es sind Objekte, die sich der Schwere der Architektur mitteleuropäischer Provenienz wie selbstverständlich entledigen, die aber doch mit den Bildern der europäischen Bautradition operieren und wetteifern. Es sind trotzdem Architekturen, und zwar solche, die als heitere *und* ernste Leichtigkeitsfragmente in der Stadtlandschaft liegen. Aber wie ihnen die Leichtigkeit, die Heiterkeit des Vogelfluges für die unscheinbaren Augenblicke der Betrachtung eingeschrieben sind, so ist ihnen - wie noch jedem Bauwerk, das nicht täuschen will - doch auch das Liegen und Stehen, Tragen und Lasten, also das 'am Orte sein' eigen. Architekturen sind und bleiben immer stationäre Artefakte - der Trägheitsmoment ist diesen Formen eigen. Dies Trägheitsmoment (als Erscheinung) unterscheidet die Architektur von allen anderen Künsten, die flüchtiger Natur sind, mobil allemal und keinem Ort verpflichtet. Ja, dies Trägheitsmoment erst konstituiert, auch bei Calatrava, Architektur und Bauen: zur Form gebracht als Ergebnis eines vielfältigen Schöpfungsprozesses. Calatrava nutzt dabei das Konstruktionssystem als Ausdrucksmittel der Beschwingtheit und macht es so zum Thema der Gegenwartsarchitektur.

2. Mimesis und die Kunst des Gleichgewichts

Die Schaffenslogik, der sich Calatrava bei seinen Bau- und Konstruktionsüberlegungen bedient, entstammt dem nüchternen Rechengewerbe der Ingenieurbaukunst. Aber man sieht seinen Architekturen, seinen 'Geschöpfen' sogleich an, daß sie gar nicht wirklich gerechnet sind als 'Errechnung' der Statik, dieses faulen Zaubers der Funktionalisten, sondern daß hier einer bei der Übertragung seiner Vision in eine Formidee die sichere Hand dessen besitzt, dem das Wissen um die (statischen) Kraftverläufe in sein Form-'Empfinden' eingebunden ist. Die Hand dessen also, der intuitiv darum weiß, was ihn diese Hand

years practice. But also a passion which appears to be an obsession for this architect, creating a bond between him and his project - between his fantasy and the product of this fantasy. His project: the establishment of a new culture of expression on that narrow ridge where architecture and constructional techniques merge, the border line between the art of architecture and the art of engineering. For this task, the reclamation of images from nature count for so much, because that ultimately gained thing must be recognised as the work of man - as a human achievement, itself a part of nature.

It is these wings, feathers and oscillating limbs which remind us of our *Vanishing Moments* - always these fragments of life, these remains: carcasses, bones, joints, skulls, fins, horns, pieces of skin. Remains of flesh, of bodies, flesh as a gesture (expression), the body as a calm mass (constitution), binding architecture to man. Next to his design sketches, it is Calatrava himself who through publications again and again shows these drawings of animals and skeletal fragments, shows *his* 'images'.

The true remains: and just so, because what we see is 'residual'. We don't actually appreciate the constructing element, the 'constructed construction' (the massive, standing, reclining). What we see is what exists in an intermediate sense. It is the transformation of force brought to design, presented to us in the one rib, in the final form which has rid itself of all embellishment, which remains exclusively for this one act, binding the sum of all forces together, at point zero. Calatrava's constructions present themselves in this way too - as remains, still observed for what is intended - in the same way as we are affected by each bull's skull, or the row of ribs on a spine, or the remains of cartilage and joints of some departed life. These fragments affect us, and touch us so deeply and can disturb us - they deal with death in such an exalted way - so quiet and magnificent the creations and spacial effects of Calatrava can be. Certainly, however emotional it may sound, they are always creations. The deep sacral reverberation is so much their own, refusing the cheap and hurried clutching of ingratiating popes of every ideological

führen läßt. Das Gespür einer sicheren Passion für ein gewagtes Projekt innerhalb der Architektur- und Ingenieurs-Ästhetik im ausgehenden 20. Jahrhundert, das sich schon jetzt, nach knapp zwölf Jahren Praxis, gewaltig ausnimmt. Einer Passion aber auch, die diesem Architekten Obsession zu sein scheint, die ihn an sein Projekt und an seine Phantasie und ihre Produkte bindet. Sein Projekt: Die Konstituierung einer neuen Ausdruckskultur auf dem schmalen Grat der Verschmelzung von Architektur und Konstruktionstechnik, von Bau- und Ingenieurskunst. Für diese Aufgabe zählt die Rückgewinnung von Bildern der Natur soviel, weil sich das zuletzt gewonnene Formgebilde als Menschenwerk zu erkennen geben muß - als ein Werk des Menschen, der selbst Teil dieser Natur ist.

Es sind Flügel, Federn und schwingende Körperteile, die uns an den *Moment des Verschwindens* erinnern, aber immer auch Fragmente von Leben oder deren wahre Reste: Kadaver, Knochen, Gelenke, Schädel, Flossen, Hörner, Hautstücke. Reste von Leib, von Körper - und Leib als Geste (Ausdruck) und Körper als ruhige Masse (Konstitution) binden Architektur an den Menschen. Calatrava selbst ist es, der in seinen Publikationen neben seinen Entwurfsskizzen immer wieder seine Zeichnungen dieser Tiere und Skelettfragmente, *seine* 'images' zeigt.

Die wahren Reste: eben deshalb, weil es 'übrig' ist, was wir sehen. Wir nehmen nicht eigentlich das konstituierende Element, das 'konstruierte Konstrukt' wahr (das Schwere, Stehende, Liegende). Was wir sehen, ist das dazwischen Seiende, ist zur Gestaltung gebrachte Kraftübertragung, vorgeführt an der einen Rippe, an der letzten Form, die sich allen Beiwerkes entledigt hat, die ausschließlich für diesen Akt, die Summe aller Kräfte bei Null = 0 zu bündeln, übrig geblieben ist. So bieten sich auch Calatravas Konstrukte dar: als Reste, an denen man das Gemeinte aber doch noch wahrnimmt. - Wie noch jeder Schädel eines Stiers, die Reihung von Rippen an einem Wirbel, die Knorpelreste und Gelenke toten Lebens, wie diese Fragmente uns ansehen, tief berühren und beunruhigen können (weil sie auf erhabene Weise vom Tode handeln), so

colour. It is wily engineering, to which a smile is so inherent as joy - and for its own sake.

The patterns which arise from this process are, per se, intuitively calculated, the ideas nourishing themselves from the knowledge of the balanced relationships of all forces presiding here. The materials, the simultaneous virtuosity of their application and correctness of handling, in their mass in each case reduced to the necessary minimum, in totality yield a form here in which equilibrium for each structure is attained. But equilibrium not only as a static factor, in which the sum of all forces and moments is zero, but an equilibrium in the wide, optical and haptic sense, too. In the sense of expression separating this art from more mundane building works, therefore. Calatrava's structures - created with this in mind, within his métier wrested from the possible - require no expression; they are in themselves expression. They are purity of expression, and they thus disturb some comtemporaries, and cause some critics, from their narrow back bone of commercial art, to go so far as to talk here of kitsch. But here, nothing is attitude, nothing is untrue; a levelling of the real values with which architects and engineers work just doesn't happen here. There is no manipulation with simulacra and formalities, no imitated experience of the senses, no fraudulent impression is passed on - here, the will of form is expressed, senses are layed bare, pure culture in the best meaning of the word is created. Sentimentality is absent from these structures, as is any hint of overheating, or pathos, or the monumental - their greatness is derived from their stature.

3. ‹A Berlin of Stone›, versus the 'Modern' Berlin

To speak of the entrance, now, of this architect into the arena of Berlin is also to reflect on the special character of the city, and on its immanent possibilities. It also signifies the achievement of clarity about the specialities of this theatre of operation, from the urban planning and architectonic points of view. The political history has repeatedly been dealt with, and reasoned about. Here we should not talk, therefore, of the utterly

still und erhaben können die Schöpfungen und Raumwirkungen Calatravas sein. Ja, es sind immer, mag das auch pathetisch klingen, Schöpfungen. Der tiefe sakrale Ton ist ihnen so eigen, wie sie sich zugleich dem billigen und schnellen Zugriff der sich anbiedernden Popen jeglicher ideologischer couleur verwehren. Es ist eine listige Ingenieurskunst, der das Lächeln so immanent ist wie die Freude an sich selbst.

Die Gebilde, die diesem Prozeß entspringen, sind per se intuitiv richtig errechnet, ihr Denken speist sich aus dem Wissen um das ausgeglichene Verhältnis aller hier waltenden Kräfte. Die zugleich virtuos angewandten und richtig gehandhabten, in in ihrer Masse jeweils auf das Notwendigste minimierten Materialien ergeben hier als Summe je eine Form, in der das für jedes Bauwerk notwendige Gleichgewicht hergestellt ist. Aber Gleichgewicht eben nicht nur als statische Größe, bei der die Summe aller Kräfte und Momente gleich Null ist, sondern Gleichgewicht auch im weiten, optischen und haptischen Sinne. Im Sinne des Ausdruckes also, der diese Kunst vom alltäglichen Bauschaffen unterscheidet. Calatravas Bauten, mit diesem Interesse geschaffen, dem Möglichen in seinem Metier abgerungen - sie benötigen nicht Ausdruck, sie sind Ausdruck. Sie sind es rein, weshalb sie manchen Zeitgenossen beunruhigen und manchen Kritiker gar soweit gehen lassen, hier vom schmalen Grat des Kunstgewerbes, gar von Kitsch zu reden. Doch nichts ist hier Attitüde, nichts unwahr; eine Nivellierung der echten Werte, mit denen Architekt und Ingenieur arbeiten, findet hier gerade nicht statt. Hier wird nicht mit Simulakren und Formalien operiert, hier wird nicht eine nachempfundene Sinneserfahrung und kein gefälschter Sinneseindruck wiedergegeben - hier wird Formwille ausgedrückt, hier werden Sinne bloßgelegt, hier wird mithin reine Kultur, im besten Gebrauch des Wortes, gepflegt. Das Sentimentale fehlt diesen Bauten wie die Überhitzung, das Pathos ebenso wie das Monumentale - ihre Größe beziehen sie aus ihrer Haltung.

3. 'Steinernes' Berlin versus 'modernes' Berlin

Über das Auftreten nun dieses Architekten

new, or of what has been since 1989 - not even of real chances. The structural - architecture and its context - should be dealt with here.

In the introduction, we discussed the heaviness of central European architecture. The gigantic 'Tenement City' of Berlin is characterised by it, and it is not without reason that the book "A Berlin of Stone" was once dedicated to it. That book referred to the multitude of closely built dormitory blocks with their cramped, dark back yards and bare walls built of the cheapest brick, in which the air was bad and into which a ray of sun never fell. The heaviness of the stone combined itself with the atmosphere of the city, the stonework thus becoming a disreputable and guilty symbol. But isn't stone the basis of all building in every city? In every country? But nowhere else in Europe, to say nothing of the USA or Japan, is this 'stoneness' at the present time so fiercely debated and wrestled with as in Berlin.

Berlin has been a metropolis for a long time - up to the outbreak of the second world war. It's still a 'large city'. Made up of many districts, in 1920 it was synthetically created through the formation the 'Greater Community of Berlin'. This architectural-spacial decentrality, the polycentrality of the total creation, even today still partly determines the tension. By means of an overlapping plan (the Hobrecht plan), even during the 19th century the city was brought together as an irregular grid. The attempt was made to govern and restrict independent proliferation. A gigantic pattern of streets and squares arose, edged (and partly still in the process of being edged) by an almost universal type of house, the inherent design variations of which are, however, infinite. The city is in addition interwoven by an almost imperceptable network of waterways (the Spree and canals) which, oddly, never played more than a marginal role in the city's design. (Berlin is supposed to have more bridges than Venice!) Integrated into this pattern are wide ring roads and arterial roads, gardens, parks, squares, alleys, public buildings, routeing for express and long distance trains (partly in the form of viaducts), and stations. Thus - in brief - the context dictates its own setting, its own

in Berlin zu sprechen, heißt auch, sich des besonderen Charakters der Stadt und der ihr immanenten Möglichkeiten zu besinnen, heißt, sich über die Besonderheiten des Operationsgebietes in städtebaulicher und architektonischer Hinsicht klar zu werden. Über die politische Geschichte wurde wiederholt gehandelt und raisonniert, man muß also über das gänzlich Neue, was sich seit 1989 hier tut, aber auch an Chancen 'auftut', nicht reden. Das Bauliche und die Architektur und ihr Kontext sollen hier behandelt werden.

Eingangs war von der Schwere der mitteleuropäischen Architektur die Rede. Die gigantische 'Mietskasernenstadt' Berlin wird von ihr geprägt, und ihr ist nicht umsonst einst der (Buch-) Titel "Das steinerne Berlin" verliehen worden. Das bezog sich auf die Unmenge von dicht bebauten Wohn-Quartieren, mit engen und dunklen Hinterhöfen, nackt gemauert aus billigstem Ziegelstein, in denen die Luft stickig war und in die nie ein Sonnenstrahl fiel. Die Schwere des Steins also verband sich mit der Atmosphäre der Stadt, das Baumaterial Stein wurde so zu einem anrüchigen und schuldhaften Symbol. Aber ist nicht der Stein die Grundlage für alles Bauen in jeder Stadt, in jedem Land? Nirgends sonst aber in Europa, geschweige denn in den USA oder Japan, wird derzeit so heftig um dieses 'Steinerne' gestritten und gerungen wie in Berlin.

Berlin war lange Zeit, bis zum Zweiten Weltkrieg Weltstadt. Es ist immer noch eine sehr 'große Stadt'. Sie setzt sich zusammen aus vielen Orten: 1920 erst wurde sie durch die Bildung der 'Groß-Gemeinde Berlin' synthetisch geschaffen. Diese baulich-räumliche Dezentralität, das Polyzentrische des Gesamtgebildes macht zum Teil noch heute die Spannung aus. Schon im 19. Jahrhundert wurde durch einen übergreifenden Plan (Hobrecht-Plan) die Stadt als unregelmäßiges Raster zusammengeführt, wurde versucht, das sich verselbstständigende Wuchern zu regeln, zu bremsen. Es entstand ein großes, gigantisches Muster von Straßen und Plätzen, die gesäumt wurden (und z.T. noch werden) von einem fast einheitlichen Haus-Typ, dessen immanente

point of reference.

The architecture of this great city was always rather unyielding. The characteristic house is built of stone, either rendered or with revealed stonework. Market halls, stations, town halls: of stone. Schools, hospitals, stadiums: of stone - the gardens and parks embedded as urban fragments of landscape, as artefacts in the fashion of the English landscape or as an urban green belt. All in all: an odd and individualistic city, wearing a Prussian uniform, dry to the point of brittleness, more reserved than forward. Seen as a whole, rather more disciplined than unsteady, more pleasing than exciting - naturally, in part unpleasantly agitated where the planning mentality of a self-appointed 'Modernism', bordering on arrogance and ignorance, completely and fundamentally destroyed the city in its substance and structure after the war.

Berlin always needs an additional architectural impulse from outside, also because of the isolation of the past decades, which was only interrupted by a few excitements during both the West Berlin international construction industry exhibitions (Interbau 1957 and IBA 1984/87). A number of international competitions, however, have created a commotion in this city once again. Two parties have arisen during the last two years, enacting verbal battles over what should now be built. In short: one group wants an open city, and the other wishes to introduce an enlightened, calculated 'Prussianism'. One party talks of 'Modern', the other of 'Stone' architecture. On the one side, the advocates of 'new' concepts, on the other the 'consciousness' party. They will have to fight on. The arguments have still to represent themselves in a more qualified way - in other words, orientated toward the objective architecture and its fundamental means of expression. In the end, hopefully the largest possible diversity of strongly expressive architectural ideas will be realised here.

4. Calatrava in Berlin

And Santiago Calatrava now sets foot here with five projects which he designed and developed within one year; all stemming from competitions or the provision of expert

Gestaltungsmöglichkeiten aber unendlich variierbar sind. Durchzogen wird die Stadt zudem von einem fast unmerklichen Netz von Wasserläufen (Spree und Kanäle), die eigenartigerweise bei der Stadtgestaltung nie mehr als eine marginale Rolle gespielt haben (Berlin hat angeblich mehr Brücken als Venedig!). In dieses Muster hineingewebt sind breite Ring- und Ausfallstraßen, Gärten, Parks, Plätze, Alleen, öffentliche Gebäude, Verkehrsschneisen für Schnell- und Fernbahnen (z.T. als Viadukte), Bahnhöfe. Dies also - in Kürze - der Kontext als Vorgabe.

Die Architektur dieser großen Stadt war immer etwas spröde. Der Haustyp ist aus Stein, verputzt oder als Sichtmauerwerk verarbeitet. Markthallen, Bahnhöfe, Rathäuser: aus Stein. Schulen, Krankenhäuser, Stadien: aus Stein. Die Gärten und Parks als urbane Landschaftsfragmente eingebettet, als Artefakte in englischer Landschafts-Manier oder als städtische Grünanlage. Alles in allem: Eine eigenartige und eigenwillige Stadt, preußisch-uniformiert, trocken bis zur Sprödigkeit, mehr verhalten als vorlaut. In der Summe eher diszipliniert als haltlos, eher gefällig als aufregend - zum Teil unangenehm aufgeregt allerdings dort, wo die an Arroganz und Ignoranz grenzende Planungsmentalität einer selbsternannten 'Moderne' die Stadt nach dem Kriege erst richtig und grundlegend in ihrer Substanz und Struktur zerstört hat.

Berlin benötigt noch immer zusätzliche baukünstlerische Impulse von außen, schon wegen der Insellage der vergangenen Jahrzehnte, die nur durch einige Aufgeregtheiten während der beiden Westberliner Internationalen Bauausstellungen (Interbau 1957 und IBA 1984/87) unterbrochen wurde. Eine Vielzahl von international ausgelobten Wettbewerben ist es aber, die diese Stadt erneut in Aufregung versetzt. Seit etwa zwei Jahren formieren sich zwei Fraktionen, die sich erbitterte Wortschlachten über das jetzt zu Bauende liefern. In etwa: Die einen wollen die 'offene Stadt', die anderen wollen das 'preußisch-aufklärerische Kalkül' einbringen. Die einen sprechen von 'moderner', die anderen von 'steinerner' Architektur. Auf der einen Seite die Verfechter 'neuer' Konzepte,

opinion. His previous architecture, building and engineering, created for other sites, is naturally distinctive - and we can see, too, from these Berlin contributions to a feasible culture of architectural expression, how very much he is in a position to include each respective context in his work - to make himself of service just there, where it appears necessary and appropriate. In each case, he sovereignly resolves the brief, without mascarade, without ingratiating stubbornness and over-tasteful gestures. Calatrava remains true to himself, here too, without appearing a stranger to the site for which he is planning. He impresses with an unusually high degree of authenticity, he always creates from out of his own resourcefulness, nevertheless understanding the link with the program demanded for the site - functional, technical, constructive, and a totality in design only possible from him - as a product of form, as architecture, as artefact.

The themes periphery and centre, street and river, body and silhouette, are just as present in the design program he develops on site as Berlin's very own urban themes: arriving and departing, bridging and including, nature and art - and the final hidden act on which the urban culture of this great European city feeds - the act of remembering. These themes are included and brought to expression in Calatrava's Spandau Station and Kronprinzen Bridge projects, and particularly in his design for the Reichstag building, which was assessed by the jury in a rather dubious way. The projects for the Oberbaum Bridge and for Olympia Park are rather more subordinate commissions; the Oberbaum Bridge as a subplot of a bridge (a renovation, a complement to a powerfully significant structure), the stadium complex as a special case in the constructional context of Berlin as a whole. But with the first three, Calatrava's art is exemplarily demonstrated as 'working with the context of the setting'.

5. Station Myth: Entrance to a Big City

The 'moment of inertia' was referred to in the introduction - something that is inherent, written into all architecture. A

auf der anderen die 'Besinnungs'-Fraktion. - Es wird wohl weiter gefochten werden müssen, die Positionen haben sich selbst noch qualifizierter - d.h. am Gegenstand Architektur und an ihren ureigensten Ausdrucksmitteln orientiert - zu vermelden, und zuletzt wird hoffentlich eine möglichst große Vielfalt von ausdrucksstarken Bauideen an diesem Ort verwirklicht werden.

4. Calatrava in Berlin

Hier nun tritt Santiago Calatrava auf mit fünf Projekten, die er innerhalb eines Jahres entwarf, entwickelte; allesamt aus Wettbewerben oder Gutachten hervorgegangen. So selbständig sich seine bisherigen Architekturen und Bau- und Ingenieurswerke, die er andernorts schuf, auch ausnehmen - an diesen Berliner Beiträgen zu einer möglichen Ausdruckskultur im Bauen läßt sich erkennen, wie sehr er in der Lage ist, den jeweiligen Kontext einzubinden in seine Arbeit, ihn sich dort dienbar zu machen, wo es notwendig und angebracht erscheint. Die Themenvorgaben löst er jeweils souverän, ohne Maskerade, ohne anbiedernden Eigensinn und geschmäcklerische Geste. Calatrava bleibt sich auch hier selbst treu, ohne fremd an dem Ort zu wirken, für den er plant. Er besticht durch einen selten hohen Grad an Authentizität, er schöpft immer aus seinen eigenen Beständen und versteht es trotzdem, diese zu verknüpfen mit den am Ort geforderten Programm - funktional, technisch, konstruktiv und als Summe in der nur ihm so möglichen Gestalt: als Formprodukt, als Architektur, als Artefakt.

Die Themen Peripherie und Zentrum, Straße und Fluß, Körper und Silhouette sind in seinem vor Ort entwickelten Gestalt-Programm ebenso vorhanden wie die ureigensten urbanen Themen Berlins: Ankommen und Abfahren, Überbrücken und Einbinden, Natur und Kunst sowie zuletzt - als verborgener Akt, aus dem die urbane Kultur der großen europäischen Städte sich speist - das Erinnern. Eingebunden und zum Ausdruck gebracht sind diese Themen in Calatravas Projekten Bahnhof Spandau und Kronprinzenbrücke, und vor allem in seinem auf etwas dubiose Weise ausjurierten Entwurf für das Reichstagsgebäude. Das Projekt für

station must always respond to a double role in the urban context: nowhere else - from a functional point of view - is a complete contrast to be found as a characteristic for this: an architecture for the 'moment of fleetingness'. Here, where the city is reached, and where the city is departed once again, it is exactly here that great images of recall are born, substantiating the 'Station Myth', with its origins in this type of 19th century architecture. The first and final impression of the traveller, of the mere visitor to the city: here the myth is born, forged, formed. And always through this impression of space, transmitted at the point of disembarking from a railway carriage, or at the point of bording a train about to depart. The meeting of spacial impression and a tangle of moods, the effect of light and shadow, the relationship of scale and expression - through these atmospheric partnerships, the setting of a 'station' is formed.

At this point, and in the creation of an 'image of space', Calatrava is without compromise: he exhausts all means available to him. Were it not for these pitiable Berlin circumstances, in this case the fainthearted squabbles between inept railway administrators and the financial interests of investors (whose deliberations cause unbelievable suffering to Berlin), the city would have had one of the most interesting stations of the closing years of the 20th century.

The program, as demanded, will be fulfilled - but no point in speeking here of the first prize which Calatrava was awarded for his design. Significant for this project is the development of two blocks for the offices required, spanning the track. A 'gateway' is thus formed for the trains passing through the suburb of Spandau, and station hall and platforms are integrated with the park, which is brought right up to the tracks. The design method of Calatrava described in the introduction, the morphological melody of recognition, here achieves a captivating variation: as a virtuose transformation of the themes of nature and (artificial) park, tree and support, growth and solidification. The attempt has been made architectonically to freeze the life cycle of the tree for an instant, to allow it to congeal into an image. Little fantasy is required to

die Oberbaumbrücke und für den Olympia-Park sind da eher untergeordnete Aufgaben: die Oberbaumbrücke als Unterthema von Brücke (es ist ein Umbau, eine Ergänzung eines mächtigen, signifikanten Bauwerkes) und die Stadion-Anlage als Sonderfall im Baugeschehen Gesamtberlins. An den drei erstgenannten soll exemplarisch die Kunst Calatravas vorgeführt werden, 'mit dem Ort zu arbeiten'.

5. Mythos Bahnhof: Eingang zur großen Stadt

Schon eingangs wurde auf das 'Trägheitsmoment' verwiesen, das aller Architektur ureigen und eingeschrieben ist. Ein Bahnhof aber wird im städtischen Kontext immer einer doppelten Rolle gerecht werden müssen: denn nirgends sonst ist hierfür - in funktionaler Hinsicht - das genaue Gegenteil als Gestalt zu finden: eine Architektur für das 'Flüchtigkeitsmoment'. Hier, wo man die Stadt erreicht und wo man sie verläßt, genau hier entstehen die großen Erinnerungsbilder, die den 'Mythos Bahnhof' seit Entstehung dieses Bautyps im 19. Jahrhundert begründen. Der erste und der letzte Eindruck des Reisenden, des die Stadt nur Besuchenden: hier wird er geboren, geprägt, geschliffen. Und das immer mittels des Raumeindruckes, der im Moment des Aussteigens aus dem Waggon oder beim Einstieg in den bald abfahrenden Zug vermittelt wird. Das Zusammentreffen von Raumeindruck und Stimmengewirr, die Wirkung von Licht und Schatten, das Verhältnis von Größe und Ausdruck - mittels dieser Stimmungspaare konstituiert sich der Ort 'Bahnhof'.

An dieser Stelle und bei der Schaffung eines 'Raumbildes' ist Calatrava ohne Kompromisse: er reizt alle ihm zur Verfügung stehenden Mittel aus. Wären nicht diese unseligen Berliner Verhältnisse, die sich in diesem Falle aus kleinmütigen Reibereien zwischen unfähigen Bahnverwaltungen und nur noch pekuniären Investoreninteressen (an deren Entscheidungen Berlin unglaublich krankt) zusammensetzen, so hätte Berlin einen der interessantesten Bahnhöfe im ausgehenden 20. Jahrhundert erhalten können.

have the features of the greatest and most distinctive stations of the 19th century pass before one's eyes: the filigree supporting wood *is* a wood - and despite this, the supports remain a bearing element, dedicated to the structure: nature and art have not blended, they *are* unity here - and art remains imitation in the transformed sense, and not in an ingratiating sense, and nature remains merely related to the senses: constantly signalling - in contrast to supports - the alternating seasons. The never resolvable contrast presents itself here as unity (one of the principle conditions of art and architecture as the product of culture) - and that is exactly what is meant by the metaphor of memory, the so-called 'moment of fleetingness', to which we here refer. Architecture is thus taken seriously at that point where it is assumed to possess a merely subservient character: as a service to the traveller who avails himself of images and memories of the great steel and glass structures of the 19th century.

And this theme is struck at the moment of entry into the station hall: whoever can understand a construction's sectional drawing, one of the most reserved forms of architectural representation, will have an idea just what kind of spacial experience must here, unfortunately, remain abstractly on paper. Surely, stations are and will remain rooted within an emotional impression. Architecture for this purpose can permit itself a certain impressiveness and dazzle - there are banalities galore in this area. Berlin, in the light of simple-minded station designs being considered for other locations, will one day reflect with nostalgia on this design - unfortunately too late.

6. Enrichment: 'Kronprinzen' Bridge

A bridge, even more than a station, has a serving character. A station, like any other building in case of doubt, can be converted and reallocated to a new use: a bridge will remain a bridge, even if its entrance is blocked. A bridge structure is primarily an engineering structure, a static affair, the result of the most diverse calculations concerning traffic loadings, horizontal, compression and tensile forces. All these conditions, however, brought to form, open

Das geforderte Programm wird erfüllt - man brauchte sonst nicht über den ersten Preis, den Calatrava für seinen Entwurf erhielt, sprechen. Signifikant für sein Projekt sind die Überbauung der hinteren Gleisanlagen für die geforderten Büros, der dem Rathaus gegenüberliegende Haupthallenbau als Torsituation für die die 'Vorstadt Spandau' durchquerenden Züge und zuletzt die Einbindung der Bahnhofshalle und Bahnsteige in den an die Gleise herangeführten Park. Das eingangs als morphologische Erkennungsmelodie beschriebene Entwurfsverfahren Calatravas erhält hier eine betörende Variante: als virtuose Transformation der Themen Natur und (künstlicher) Park, Baum und Stütze, Wachsen und Erstarren. Architektonisch wird der Versuch unternommen, das Wachsen und Verschwinden des Baums für einen Moment einzufrieren, zum Bild gerinnen zu lassen. Man braucht nicht viel Phantasie, um sich die Merkmale der großen und einprägsamsten Bahnhöfe des 19.Jahrhunderts vor Augen zu führen: der filigrane Stützenwald *ist* Wald - aber trotzdem bleibt die Stütze tragendes Element, dienende Konstruktion; Natur und Kunst werden nicht verschmolzen, sie *sind* hier Einheit - und doch bleibt die Kunst Nachahmung im transformierten und nicht im anbiedernden Sinne, und die Natur bleibt nur sinnverwandt: sie signalisiert ständig - im Gegensatz zur Stütze - den Wechsel der Jahreszeiten. Der nie auflösbare Gegensatz bietet sich hier als Einheit dar (eine der wesentlichsten Bedingungen von Kunst und Architektur als Kulturleistung) - genau das meint eben auch die Erinnerungs-Metapher, das hier so benannte 'Flüchtigkeitsmoment'. Architektur wird also selbst dort noch ernst genommen, wo sie vermeintlich nur dienenden Charakter hat: als Dienst am Reisenden, den sie mit Bildern bedient und mit Erinnerungen an die großen Bauten des 19. Jahrhunderts aus Stahl und Glas.

Und dieses Thema wird schon beim Betreten der Bahnhofshalle angestimmt: Wer einen die Konstruktion vermittelnden Schnitt - eine der sprödesten Architektur-Darstellungsformen - noch zu lesen versteht, der wird ahnen, welch gigantisches Raumerleben hier leider abstrakt auf dem

the way for the city dweller, open the passage, the street - the way through for those on the water - offering ultimately a glimpse of what, in the meantime, has become a functional, foregone conclusion.

Calatrava applies himself at exactly this point - that of the self-evident. He pushes further the ideas about the 'merely' bridging and the 'merely' technical. He substitutes, practically, the ordinary bridge with an actual *royal* 'Kronprinzen' bridge - consequently, he enhances and ennobles the required program. Calatrava does not here need to prove once again that he is in control of bridge building as a problem solving exercise - he has submitted so many designs for this type of structure. For that reason, he doesn't torment himself with a construction, rather he avails himself of it, for his own purpose - adapts it to his own. And he is here elegant, ahead of all other competitors: from a structural joint, right down to a simple road surface.

There is indeed hardly a bridge in Berlin to which both these intersecting moments of passage would be applied in this way; to the substructure, the flow and the motion of the river, and the road deck with the pavements - the crossing of the water flowing beneath - the bridge supports, optically formed as 'Schinkel's boats', at the same time carrying the steel construction elements symbolising the 'parting of the water'. Their pointed ends demonstrate this parting, this flowing of the water beneath. They are at the same time in a position, at this point, to concentrate the forces of those who cross the bridge. Observing the longitudinal and cross sections, we let that pass before our eyes as illuminatingly as the reflections in a model's photograph.

And something else becomes clear here, too. Calatrava has made a proper study of the original, destroyed bridge structure; he has taken the site seriously, and he therefore knows *his* Schinkel and has transformed this rediscovered bravura; at the same time he takes the roadway as seriously as the river, he considers the serving function as much as what is finally seen of the bridge - irrespective from which direction, from which view point. Calatrava builds, and brings to realisation - but without

Papier bleiben muß. - Ja, Bahnhöfe sind und bleiben an emotionale Eindrücke gebunden, Architektur für diesen Zweck darf beeindrucken und betören - Banalitäten gibt es auf diesem Gebiet genug. Berlin wird sich dieses Entwurfes, angesichts der andernorts vorgelegten biederen Bahnhofsentwürfe irgendwann noch einmal - leider zu spät - wehmütig besinnen.

6. Veredelung: 'Kronprinzen'-Brücke

Mehr noch als ein Bahnhof hat das Bauwerk Brücke dienenden Charakter. Ein Bahnhof kann wie jedes andere Gebäude im Zweifelsfalle umgebaut und umgenutzt werden: eine Brücke bleibt eine Brücke, selbst wenn man den Zugang zu ihr sperrte. Und ein Brückenbauwerk ist erst einmal ein Ingenieurswerk, eine statische Angelegenheit als Ergebnis vielfältigster Berechnungen für Verkehrslasten, Schub-, Druck- und Zugkräfte. Zur Form gebracht, eröffnen aber all diese Bedingungen dem Städter den Weg, die Passage, die Straße und dem auf dem Wasser Befindlichen die Durchfahrt und damit zuletzt auch den Anblick einer mittlerweile funktionalen Selbstverständlichkeit.

An genau dieser Stelle, an der des Selbstverständlichen, setzt Calatrava an: er treibt den Gedanken an das «nur» Überbrückende und Technische weiter; er substituiert förmlich die ordinäre Brücke durch eine tatsächliche 'Kronprinzen'-Brücke - er veredelt und adelt mithin das geforderte Programm. Daß er das Brückenbauen als Problem beherrscht, brauchte Calatrava hier nicht erneut unter Beweis zu stellen - gerade für diesen Bautyp hat er so zahlreiche Entwürfe geliefert. Er quält sich deshalb auch nicht mit einer Konstruktion, sondern er bedient sich ihrer zu seinem Zweck. Und er ist auch hier elegant vor allen anderen Wettbewerbsteilnehmern: vom konstruktiven Gelenk bis hin zum einfachen Straßenbelag.

Es gibt wohl kaum eine Brücke in Berlin, der die beiden sich kreuzenden Bewegungsmomente derart sinnlich eingeschrieben wären: der Unterkonstruktion das Fließen und die Bewegung des Flusses und der Fahrbahn mit

excitedness. He is here so naturally classic that, because of the *missing* assumption with regard to appropriation of archetypes, one almost forgets or ignores the simplicity of the accomplishment in the architectonic sense. Just so: as a way, as form, this structure repossesses itself - as a bridge, however, in serves form in a duplicated way: functionally (how should it not support a load?) and optically/visually as an expression of the will of form, which thrives upon each further duty.

7. The Disputed Dome

With the competition for the conversion of the German Reichstag, we are dealing with a special task - for each potential architect, as well as for the city of Berlin. The circumstances leading to 'Capital City Berlin', to the holding of the competition and eventually to the selection of the design by Norman Foster, are comprehensively described in this book. Here, once again, we should concern ourselves with the spacial, urban planning and architectural qualities, with the grandiosity and the bravely mentioned gestures of the *architectural interpretation of an idea*, and the eventual urban planning consolidation of Santiago Calatrava.

In contrast to almost all other participants in this 'parade', Calatrava has the confidence to go one better: to return *the* significance to the building, which once distinguished it in the Berlin urban landscape. And again, naturally, the program has been fulfilled. And naturally, he moves within the area of the possible and the attainable. But with what risk, with what sovereignty! Again, he carries the element of the dome into the 'Stone Berlin' - but as a fresh and filigree crowning of that building, which is to house the German Bundestag as the highest legislative body of the people. With such an architectural commission, the noblesse celebrated here by Calatrava corresponds with great naturalness to what every European nation would appreciate with the utmost satisfaction.

Calatrava does not rest, however, with a mere replica of what was destroyed in the war; his glass dome does not make a provocative, pretentious gesture - with the

den Bürgersteigen eben die Überquerung des darunterherfließenden Wassers. Die optisch als 'Schinkel-Schiffe' ausgebildeten Auflager tragen dabei die das 'Teilen der Wasser' symbolisierenden Konstruktionselemente aus Stahl. Zeigen deren Spitzen die Wasser-Teilung, das Fließen darunter an, so sind sie doch zugleich in der Lage, auf diesem Punkt die Kräfte derjenigen zu bündeln, die die Brücke überqueren. Die Betrachtung der Längs- und Querschnitte führen das so einleuchtend vor Augen wie die Spiegelungen der Modellaufnahmen.

Und noch etwas anderes wird hier deutlich: daß Calatrava sehr wohl das ursprüngliche, zerstörte Brücken-Bauwerk studiert hat, daß er den Ort ernst nimmt, daß er *seinen* Schinkel also kennt und dieses Wiederentdeckte bravourös transformiert; daß er zugleich die Straße so ernst nimmt wie den Fluß, die dienende Funktion genauso berücksichtigt wie das, was man - gleichgültig aus welcher Richtung - als Brücke zuletzt zu sehen bekommt. Calatrava baut und bringt zur Anschauung - aber ohne jede Aufgeregtheit. Er gibt sich an diesem Orte so selbstverständlich klassisch, daß man über die *fehlende* Anmaßung gegenüber der Aneignung der Vorbilder fast die Einfachheit vergißt oder übersieht, mit der hier architektonisch zuwege gegangen wird. Eben: als Weg, als Form nimmt sich dieses Bauwerk zurück - als Brücke aber dient es in doppelter Hinsicht: funktional (wie sollte es nicht tragen?) und optisch-sinnlich als Ausdruck eines Formwillens, der an jeder weiteren Aufgabe wächst.

7. Die umstrittene Kuppel

Beim Wettbewerb für den Umbau des Deutschen Reichstages haben wir es mit einer besonderen Aufgabe zu tun - für jeden potentiellen Architekten, wie auch für die Stadt Berlin. Die Umstände, die zur 'Hauptstadt Berlin', zum Verfahren des Wettbewerbs und schließlich zur Wahl des Entwurfes von Norman Foster geführt haben, werden in diesem Buch ausführlich dargestellt. Hier soll es einmal mehr um die baulich-räumlichen, städtebaulichen und architektonischen Qualitäten gehen, um die Grandiosität und die mutig zu nennende Geste der *baulichen Interpretation eines*

dome, at the same time a visibly complementary silhouette to the image of the city *and* a crowning of space, he expresses an idea. He doesn't attempt to dress the old in new clothing, but rather, he moves on - in the European tradition - to associate scale with greatness. In his suggested architecture, he shows no sign of the painful and petty fear of those opposed to a dome, who here (but not inside their own heads) see the blossoming of 'Wilhelmism'. He transforms an idea here, for which this crowning is only an expression. As a matter of course, Rome, Florence, Paris or London assist him in realising this just as much as the partially destroyed building itself, in its original form.

With regard to the future use of the building, he banishes the later inclusions and renovations of Baumgarten to where they belong - to an area of insignificance, of halfheartedness, of compromise; he rightly dispenses with them. He considers the place of parliament - in the same way as a station - as an exalted place. Why should the potential utiliser of this parliamentary space not bow down, once in every working day, to an architect and his work, to a real creation of space? Why shouldn't the German television watcher (to which the citizen has been degraded in the age of the media) share, also daily, in the great architectonic achievement of a European? Why, here too, and in such absolute terms, does one not permit an emotional experience of space - *not* wish that for all concerned? The real achievement of architecture, the art of building within the truest meaning of the word, is just this: to create, above and beyond the pragmatic fulfilment of the program, binding memories - as an expression of ideas, of constructed thoughts, of a sovereign way of acting.

The strategy of the architect is twofold. Calatrava bears witness on the one hand to the eclectic and historical methods of the original master builder of the Reichstag: Wallot. On the other hand, he assumes for himself the required degree of freedom due to him as a structural artist of reputation. With that, the mastery of materials and constructional techniques, the vision of their effect and expression, and also boldness

Gedankens und die anschließende städtebauliche Setzung des Santiago Calatrava.

Im Gegensatz zu fast allen anderen Teilnehmern des concours traut sich Calatrava zu, eine, besser: *die* Signifikanz dem Gebäude zurückzugeben, die es einst im Berliner Stadtbild auszeichnete. Und wieder: natürlich wird das Programm erfüllt, und natürlich bewegt er sich im Bereich des Möglichen und Machbaren. Aber mit welchem Wagnis, mit welcher Souveränität! In das "steinerne Berlin" trägt er wieder das Element der Kuppel - aber als neue und filigrane Bekrönung eben des Gebäudes, das den Deutschen Bundestag als oberstes Entscheidungsgremium des Volkes beherbergen soll. Die hier von Calatrava zelebrierte Noblesse entspricht mit großer Selbstverständlichkeit derjenigen, die jede europäische Nation bei einer solchen Bauaufgabe mit Genugtuung registrieren würde.

Calatrava begnügt sich aber nicht mit einer bloßen Replik des im Kriege Zerstörten; seine Glaskuppel gestikuliert nicht aufgeregt und angeberisch - er bringt mit der Kuppel, die sichtbare Silhouetten-Ergänzung im Stadtbild *und* Raumbekrönung zugleich ist, eine Idee zum Ausdruck. Er strebt nicht das Alte im neuen Kleide an, sondern er verfährt - in europäischer Tradition - groß mit Großem. Er hat vor der von ihm vorgeschlagenen Architektur nicht die peinliche und kleinliche Angst der Kuppel-Gegner, die hier (und nicht in ihren eigenen Köpfen) den Wilhelminismus blühen sehen, sondern er transformiert auch hier einen Gedanken, für den diese Bekrönung nur Ausdruck ist. Rom, Florenz, Paris oder London stehen ihm dabei ebenso selbstverständlich Pate wie der teilzerstörte Bau in seiner ursprünglichen Erscheinung selbst.

Die nachträglichen Ein- und Umbauten Baumgartens verweist er dorthin, wo sie angesichts der künftigen Nutzung des Gebäudes hingehören - in den Bereich der Belanglosigkeit, des Halbherzigen, der Kompromisse; er stellt sie zu Recht zur Disposition. Er denkt sich den Ort des Parlaments als einen - analog zum Bahnhof - 'erhabenen' Ort. Warum sollte sich der

with which the glass dome, as a mobile membrane, is staged, with each further decision in favour of a dome, no longer to be attained. It is as if one would be satisfied with a cheap imitation, with an aping mimicry. The reference is too seriously and honestly conceived by Calatrava for it to now be allowed to be placed on this building by another hand.

Three equal ranking prize winners were initially selected in this competition - all because of their indeed very varied and personal way of approaching the 'Reichstag Problem'. Foster's glass table as a second roof, with questionable silhouette effect, de Bruijn's spanning shell as a further development of renowned parliamentary building predecessors of the 20th century (Corbusier in Chandigarh, and Niemeyer in Brasilia), and Calatrava's transformed glass dome as a reference to Wallot and the Berlin skyline. Alone among these three prize winners, Calatrava recognises at the same time the emblematic effect, to which he remains faithful during the reworking, venturing still closer, constructing and designing: the architectonic quality of the old Reichstag, to unite the blocklike base and its crowning shell, visible from afar. He reconstructs these figures, interrelating in a complementary way. This architectural-spacial finesse, written into the building, so to speak, once vanished and now refound - this is developed only by Calatrava.

Calmly, and with an honesty all his own, he creates architecture which is worthy of this place, of this building. This architecture plays here with history just as seriously and as cautiously as it assists in the proper deployment of the many technical and design innovations. The original Calatrava construction remains recognisable, although an enrichment within the canon of Berlin architecture is still strived for - it would have been sufficient to have become a classic piece anyway. The perfidious, as always, is what will write history: Foster's languishing, and in the truest sense of the word "levitated" glass table roof, is now to be replaced by a dome - the original invented quality of Calatrava, from within the first prize group. At any rate, with the present state of the discussion, such a dome is being

potentielle Nutzer dieses Parlaments-Raumes nicht einmal pro Arbeits-Tag vor einem Architekten und seinem Werk, einer wirklichen Raumschöpfung, verneigen? Warum sollte der deutsche Fernsehzuschauer (zu dem der Bürger im medialen Zeitalter degradiert ist) nicht auch täglich Anteil haben an einer großen architektonischen Leistung eines Europäers? Warum will man partout auch hier ein emotionales Raumerleben *nicht* zulassen, allen Beteiligten *nicht* gönnen? - Die wirkliche Leistung von Architektur, von Baukunst im besten Sinne, besteht aber doch gerade darin, über das pragmatische Programm-Erfüllen hinaus bindende Erinnerungen zu schaffen - als Ausdruck von Ideen, von gebauten Gedanken, von souveränem Handeln.

Die Strategie des Architekten ist eine doppelte. Calatrava bezeugt hier einerseits seinen Respekt vor dem eklektizistischen und historistischen Vorgehen des ursprünglichen Baumeisters des Reichstages: vor Wallot. Andererseits nimmt er sich das notwendige Maß an Freiheit, das ihm als Bau-Künstler mit seiner Reputation zusteht. Dabei ist die Beherrschung von Material und Konstruktion, die Vision von Wirkung und Ausdruck, aber auch die Gewagtheit, mit der die Glas-Kuppel als bewegliche Membran inszeniert wird, bei jeder weiteren Entscheidung für eine Kuppel, jetzt nicht mehr zu erreichen - es sei denn, man gäbe sich mit billiger Nachahmung, mit einer Nachäffung zufrieden. Die Vorgabe ist zu ernst und ehrlich von Calatrava durchdacht, als daß sie nun von anderer Hand auf dieses Gebäude gebaut werden dürfte.

Drei gleichrangige Preisträger hatte man ja im ersten Durchgang des Wettbewerbsverfahrens ausgewählt - alle wegen ihrer je sehr unterschiedlichen und je eigenen Herangehensweise an das 'Problem Reichstag': Fosters übergestellter Glastisch als zweites Dach mit fragwürdiger Silhouettenwirkung, de Bruijns ausgelagerte Schale als weiterentwickelte Typologie berühmter Parlamentsbauvorgänger im 20. Jahrhundert. (Corbusier in Chandigarh und Niemeyer in Brasilia) und Calatravas transformierte Glaskuppel als Referenz an Wallot und an das Berliner Stadtbild. Calatrava erkennt als einziger dieser drei

seriously considered. The bitter amazement accompanying all discussions at present being directed towards the Reichstag, together with the actual scandal of the continuing vacancy of the house, are further nurtured by a paradoxial oddity, however obvious: here, one would indeed like to see distinctive architecture, at the same time requiring it to be built by another architect.

Martin Kieren

Preisträger sogleich die emblematische Wirkung dessen, an das er sich auch bei der Überarbeitung hält und konstruierend und entwerfend heranwagt: die architektonische Qualität des alten Reichstages als Einheit von blockhaftem Unterbau und bekrönender, weithin sichtbarer Schale. Er rekonstruiert diese sich komplementär zueinander verhaltenden Figuren. Diese dem Gebäude gleichsam eingeschriebene baulich-räumliche Finesse, die es erst sich selbst konstituieren läßt, die aber verschwunden ist - diese arbeitet einzig Calatrava heraus.

Mit Gelassenheit und der ihm eigenen Lauterkeit schafft er Architektur, die diesem Orte und vor allem diesem Hause würdig ist. Diese Architektur spielt dabei mit der Geschichte ebenso ernst und behutsam, wie sie zugleich vielen technischen und entwurflichen Neuerungen zu einem angemessenen Einsatz verhilft. Dabei bleibt immer der originäre Calatrava-Bau erkennbar, und doch wird auch eine Bereicherung im Kanon der Berlinischen Architektur angestrebt - zum Klassiker hätte es allemal gereicht.

Die Perfidie aber schreibt wie immer die Geschichte: das schmachtende und im wahrsten Sinne des Wortes «abgehobene» Glastisch-Dach von Foster soll nun durch eine Kuppel - dem originären Erfindungsgut von Calatrava innerhalb der ersten Preisgruppe - ersetzt werden. Jedenfalls wird bei gegenwärtigem Stand der Diskussion eine solche ernsthaft erwogen. Das bittere Staunen, das momentan alle Diskussionen um den Reichstag begleitet, und der eigentliche Skandal des anhaltenden Leerstandes des Hauses, sie werden weiter genährt durch das Kuriosum eines Paradoxons, aber eines Naheliegenden: das man zwar eine bestimmte Architektur hier gerne sähe, aber einen anderen Architekten an diesem Orte bauen lassen will.

Martin Kieren

At the Dawn of the 21st Century
An interview with Santiago Calatrava

Am Beginn des 21. Jahrhunderts
Interview mit Santiago Calatrava

Berlin, a city of reference

MC: *In the twelve months between August 1991 and 1992, you designed five projects for Berlin. If one considers that you've taken part in several competitions in Berlin, and have also worked on one commission, one might well think that for you there is something special about this city. What interests, fascinates or occupies you so?*

SC: I've read and heard a lot about the architectural scene in Berlin, especially about recent buildings. And I've always found Berlin to be an interesting city. Through Berlin's geographical position, and the cultural and political developments in Europe during the last 20 years, Berlin has gained in significance and for us architects has become a reference city. Let's say that the divided Berlin, in its physical presence, has over the years lived out a drama. And then the disappearance of the wall, and the attempt to complete the unification of Germany. Suddenly, this city is coming together again, and that's a world moving event, in my opinion. In an architectonic sense, the 21st century could have started at this moment.

Berlin has a very specific character, expressed in the heights of its buildings, its volume and its urban spaces, and also in the contrast between historical buildings, urban spaces and streets. I've taken part in projects which concern reconstruction or restoration - two bridges and a historical building - and also tackled modern problems such as the new buildings for Jahn Sports Park and Spandau Station.

Do you see a connection between your five projects for Berlin, and projects you've done in other settings?

I've tried to work very specifically for Berlin, in the sense of the character of the projects. Thus, I tend to see little similarity or connection with other projects. Although I would add that with all I've experienced in recent years, Berlin has been very meaningful and instructive.

Is your involvement with urban planning an important part of your work?

There are two areas which are important for all building works. Those lying within the city must be strongly related to it, and

Referenzstadt Berlin

MC: *Zwölf Monate lang, von August 1991 bis 1992, haben Sie fünf Projekte für Berlin entworfen. Wenn man bedenkt, daß Sie sich an mehreren Wettbewerben und an einem Auftrag in Berlin beteiligt haben, könnte man meinen, daß es für Sie etwas Besonderes an Berlin gibt, das Sie an dieser Stadt interessiert, begeistert oder sehr beschäftigt?*

SC: Ich habe vieles über die Architekturszene in Berlin gehört und gelesen, besonders über die Bauten der letzten Jahre. Und ich empfand Berlin immer als eine interessante Stadt. Durch die geographische Position Berlins und die kulturelle und politische Entwicklung in Europa während der letzten 20 Jahre hat Berlin an Bedeutung gewonnen und ist für uns Architekten zu einer Referenzstadt geworden. Sagen wir, daß das geteilte Berlin in seinem physischen Dasein während vieler Jahre ein Drama gelebt hat. Und dann das Verschwinden der Mauer und der Versuch, die Einheit Deutschlands zu vollenden. Plötzlich kommt diese Stadt wieder zusammen, und es ist meines Erachtens ein weltbewegendes Ereignis. Das 21. Jahrhundert könnte in architektonischer Hinsicht mit diesem Moment bereits begonnen haben.

Berlin hat einen sehr spezifischen Charakter, was sich in den Bauhöhen, Volumina und städtischen Räumen, aber auch in der Auseinandersetzung mit historischen Bauwerken, Stadträumen und Straßen ausdrückt. Ich habe mich an Projekten beteiligt, bei denen es um Wiederaufbau bzw. Restaurierung geht an zwei Brücken und einem historischen Gebäude, und mich außerdem mit modernen Problemen auseinandergesetzt wie den Neubauten im Jahn-Sportpark und dem Spandauer Bahnhof.

Sehen Sie Verbindungen zwischen Ihren fünf Projekten für Berlin und Projekten von Ihnen für andere Orte?

Ich habe versucht, sehr sachspezifisch für Berlin im Sinne des Charakters der Projekte zu arbeiten. Daher sehe ich wenig Ähnlichkeit oder Verbindung zu anderen Projekten. Allerdings möchte ich sagen, daß unter allen Erfahrungen, die ich in den

balanced with regard to town planning. Those emerging out in an open landscape must be in keeping with their surroundings. Urban factors, or more accurately, actual contexts, are always very important.

Architecture and power

Because of the function of Berlin as the German capital, as the centre of state power, a fundamental question always arises. Namely: is architecture also a question of power?

I have constructed almost 90% of my buildings for public authorities in different countries. I've only seldom received private commissions. I can hardly imagine myself having accepted commissions in Franco's Spain, and in the very same way, I understand my building in a democratic Spain as building for the community as a whole, as an expression of democracy. Power is always involved in the realisation of architecture. It's really only a question of which power.

Was there, whilst carrying out commissions for public authorities, any attempt by the client to change your designs, or to influence their execution in any way?

Yes, that has happened, and in particular in the context of competitions. For me, that was always more of a political influence.

And were these attempts successful?

They were successful in so far as I occasionally returned the commission, and broke off my relationship with the clients. An architect owes this to the way he sees himself professionally. Otherwise he is tied to his work. But when this is changed out of all recognition, it can no longer be his work, his child. This awareness of his responsibilities naturally also has financial consequences, through the withdrawal of fees and contractual penalties. For some architects, particularly those who are young, it is then possible that freedom of decision is considerably restricted in certain circumstances.

Competitions and commissioned work

Your office is known for its readiness to enter competitions. What attracts you to such a procedure?

letzten Jahren gemacht habe, die mit Berlin für mich sehr bedeutsam und lehrreich waren.

Ist Ihre Beschäftigung mit dem Städtebau ein wichtiger Bestandteil Ihrer Arbeit?

Es gibt zwei Bereiche, die wichtig sind, für sämtliche Bauwerke: Diejenigen, die in der Stadt liegen, müssen sehr stark auf diese bezogen und städtebaulich ausgewogen sein. Diejenigen, die in der Landschaft entstehen, müssen umgebungsgerecht sein. Das Städtebauliche oder genauer gesagt: der aktuelle Kontext ist mir also immer sehr wichtig.

Architektur und Macht

Aufgrund der Funktion von Berlin als deutscher Hauptstadt, als dem Zentrum der staatlichen Macht, drängt sich hier eine grundsätzliche Frage auf: Ist Architektur auch eine Machtfrage?

Fast 90 % meiner Bauten habe ich für die öffentliche Hand in den einzelnen Ländern errichtet, nur selten habe ich private Aufträge bekommen. So wenig ich mir vorstellen konnte, im Spanien Francos Staatsaufträge anzunehmen, so sehr verstehe ich mein Bauen im demokratischen Spanien als Bauen für die Allgemeinheit, als demokratische Äußerung. In der Verwirklichung von Architektur geht es immer auch um Macht. Die Frage ist nur, um welche.

Gab es bei den Bauaufträgen für die öffentliche Hand Versuche der Auftraggeber, Ihren Entwurf zu ändern oder die Ausführung zu beeinflussen?

Ja, das hat es gegeben, und zwar besonders im Rahmen von Wettbewerben. Für mich war das immer eine politische Beeinflussung.

Und waren diese Versuche erfolgreich?

Sie waren insofern erfolgreich, als daß ich einige Male den Auftrag zurückgegeben und das Verhältnis zum Bauherrn abgebrochen habe. Das ist ein Architekt seinem beruflichen Selbstverständnis schuldig, sonst ist er an sein Werk gebunden. Aber wenn dieses bis zur Unkenntlichkeit verändert worden ist, dann ist es nicht mehr sein Werk, sein Kind. Dieses Verantwortungsbewußtsein hat natürlich auch finanzielle Folgen durch den Ausfall von Honoraren oder durch

You can only take part in competitions when you enjoy them. When you understand that there is transcendent quality about a competition. Or that the competition is an occasion where a response to an unusual task is expected. Indeed a very personal response. That was particularly important with my design for the Reichstag.

Naturally, with such competitions, there is also a dialogue with others in the office ...

Exactly. A whole team is then involved in the challenge, and in addition a large number of specialists too. This is an important fact, and should be emphasised. Those concerned in a competition also begin to compete between themselves, and then it's this unbelievable motivation which brings the results. That's a great attitude.

Do you actually enjoy the execution of the building itself? Or is the fun over once the design has been submitted?

Some of our publicly commissioned buildings are a blend of engineering and architectonic design and require very exact supervision during their construction. A building is actually created during the time it is built. Its quality cannot be measured on the drawings, but in the execution. It's enormous fun to follow the creation of a building, and to work with craftsmen. I really find this the best side of this profession.

Assuming you had a free hand, for what particular function would you most like to design a building?

That's a question I have been asked many times. I think it's very difficult for an architect to set himself a task in a totally abstract way. One of the nicest things about architecture is that it's still "art to order". Like painting was in earlier times: you ordered a picture, the infant Jesus, or a Madonna with three shepherds in the foreground ...

Would you perhaps like to build a theatre or an Opera House?

At the moment we're building a concert hall in Santa Cruz, on Tenerife. This will also be suitable for staging opera. It's a wonderful commission. On the one hand, it's very demanding technically, but at the same time of course it's functionally a challenge. One has to envisage not only all movements of personnel, but also artists and audience,

Vertragsstrafen. Für manche Architekten, gerade junge, ist die Entscheidungsfreiheit unter Umständen dann beträchtlich eingeengt.

W e t t bewerbe und Auftragsarbeiten

Ihr Büro ist für seine Wettbewerbsfreudigkeit bekannt. Was reizt Sie an einem solchen Verfahren?

An Wettbewerben kann man sich nur beteiligen, wenn man sie gern macht. Wenn man versteht, daß in der Essenz eines Wettbewerbs etwas Übergeordnetes liegt. Oder man versteht den Wettbewerb als Anlaß, auf eine ungewöhnliche Aufgabe eine Antwort geben zu müssen, und zwar eine sehr persönliche. Das spielte besonders bei meinem Entwurf für den Reichstag eine Rolle.

Es gibt natürlich bei einem solchen Wettbewerb auch den Dialog im Büro mit anderen Menschen ...

Genau. Das ganze Team ist dann gefordert, zusätzlich meist auch eine große Zahl von Spezialisten. Das ist ein wichtiges Faktum, das ich unterstreichen will. An einer Wettbewerbsaufgabe entwickeln die Beteiligten auch einen Wettbewerb mit sich selbst, erst diese unglaubliche Motivation führt zum Ergebnis, und das ist eine großartige Lebenseinstellung.

Haben Sie eigentlich auch Spaß an der Bauausführung selbst? Oder ist Ihr Spaß mit der Abgabe des Entwurfs zuende?

Manche unserer Bauten für die öffentliche Hand sind eine Mischung von ingenieurtechnischem und architektonischem Entwurf und erfordern eine sehr genaue Bauüberwachung. Ein Bau entsteht erst, während er gebaut wird, und seine Qualität ist nicht an der Zeichnung zu messen, sondern an der Qualität der Bauausführung. Es macht großen Spaß, einen Bau im Entstehen zu verfolgen und mit den Handwerkern zusammenzuarbeiten; ich halte das für eine der schönsten Seiten des Berufs.

Wenn Sie die freie Wahl hätten: Für welche Funktion würden Sie ein Bauwerk am liebsten zeichnen?

Diese Frage ist mir schon oft gestellt worden. Ich glaube, daß es sehr schwierig für einen Architekten ist, ganz abstrakt sich

and then comes the security and technical side - plant and installations like air conditioning. All these services must be able to fulfil the strictest and most varied requirements.

That must be a complicated task, bearing in mind your love of concrete. Concrete is a difficult material, acoustically.

It isn't as problematic as it appears at first sight. Our acoustics consultant, a student of Professor Müller in Munich, has formulated it very plainly. The shell around a space must be able to reflect as well as absorb. The respective quality addresses a precise location in accordance with its spacial relationship to the sound source and the audience. The whole secret of a good concert hall is control of the reflection, one of the typical properties of concrete, in such a way that it functions.

M a terials

Your preferred materials are concrete and steel. What do you feel about the present widespread re-emergence of bricks?

I've never tried to build with bricks. But I feel it must be both extraordinarily difficult and pleasant. Spain, similar to Northern Europe - the North German Brick Gothic, for example - has a very beautiful and old tradition with this material, especially in the bridge building of the Moorish era.

You certainly don't mention Gothic coincidentally. As with various movements in the Modern, it is a constructionally honest architecture. Is it similar to yours?

I respect Gothic. The art of vaulting and pointed vaulting probably came to Europe via the Mediterranean. From Sicily, which at that time was occupied by the Normans, Gothic eventually reached Northern Europe. This pointed arch architecture - from Armenia, Sicily and elsewhere, is unfamiliar with roof timbers because of the prevailing climate. This is the unsolved problem facing Gothic, since the vaulting only defines the space, for example the church nave; for the outer skin above, the roof, huge timbers had to be then placed upon this, invisible from below, thus creating two constructions, both of which transferred their loads to the walls. So the idea of

selbst eine Aufgabe zu stellen. Eine der schönen Bedingungen in der Architektur ist, daß es noch immer Kunst nach Bestellung ist, wie früher in der Malerei: man bestellt ein Bild, ein Jesuskind oder die Madonna und dann drei Hirten vorn...

Würden Sie vielleicht gerne ein Theater oder ein Opernhaus bauen?

Wir bauen zur Zeit eine Konzerthalle in Santa Cruz auf Teneriffa, die auch für Opernaufführungen geeignet sein soll. Das ist eine richtig schöne Aufgabe. Auf der einen Seite ist sie technisch sehr anspruchsvoll, zugleich natürlich auch eine reizvolle funktionelle Herausforderung. Man muß sich sämtliche Bewegungen des Personals, aber auch der Künstler und der Zuschauer vorstellen, dazu kommen Sicherheits- und technische Anforderungen, etwa was die Klimaanlage anbelangt. Alle diese Anlagen müssen ganz hohe und verschiedene Funktionen erfüllen.

Für Ihre Liebe zum Beton ist das sicher eine komplizierte Aufgabe, da Beton in akustischer Hinsicht ein schwieriger Baustoff ist.

So problematisch, wie es auf den ersten Blick scheint, ist es nicht. Unser Akustikberater, ein Schüler von Professor Müller in München, hat das sehr einleuchtend formuliert: Die Hülle eines Raumes muß sowohl reflektieren als auch absorbieren können. Die jeweilige Eigenschaft richtet sich am konkreten Ort nach seiner räumlichen Beziehung zur Schallquelle und zum Hörer. Denn das ganze Geheimnis eines guten Konzertsaals ist es, die Reflektion als eine der typischen Materialeigenschaften von Beton so zu kontrollieren, daß sie funktioniert.

M a terialien

Ihre bevorzugten Baumaterialien sind Beton und Stahl. Was halten Sie von dem heute wieder weit verbreiteten Backstein?

Mit Backstein zu bauen habe ich nie versucht. Aber ich finde, das muß unglaublich schwierig und schön sein. Spanien hat ähnlich wie Nordeuropa - denken Sie etwa an die norddeutsche Backsteingotik - eine sehr schöne und alte Tradition mit diesem Material, besonders auch im Brückenbau der maurischen Zeit.

constructional honesty - which must be seen positively for the skeleton of the walls - is subject to reservation, and the Gothic claim on eternity must be re-examined, since its suitability is only proven in the southern regions of its origin. I find Gothic well worth looking at, because I have great admiration for straightforward types of architecture using a single material.

Do you regard yourself primarily as an architect, an engineer or an urbanist?

When I'm designing, I don't draw a large difference between these disciplines. I regard myself as a builder, independently from whatever discipline I'm working in. I'm familiar with all three, even if that doesn't sound very modest. I know the interaction between the different disciplines; they enrich and complement one another, making a whole. That is a building.

And how would you describe the difference between an architect and an engineer?

To be an architect means to be the actual builder. An engineer who does an independent project for a bridge, and also oversees its construction, is just as much an architect. Perhaps the great difference is that the engineer is less aware of his cultural background and contribution to history. He works correspondingly less with cultural references. It appears to me that the architect, even when working unconventionally, tends to be more aware of his own cultural importance.

Bridges as architecture

You've designed several bridges, and many are under construction or have already been built. Why are you so preoccupied with bridges?

Because I've studied structural engineering, I came into contact with this discipline early and intensively. Of all the fields in the structural engineering profession, that of the bridge builder is perhaps the most architectonic, or with a result nearest to an architectonic structure. And in this respect it's also interesting that the problems of function, structure and materials are more closely linked than in almost any other area, and that results in a very interesting task.

For a long time I have looked on bridges as

Sie nennen sicher nicht zufällig die Gotik. Sie ist wie verschiedene Strömungen in der Moderne eine sozusagen konstruktiv ehrliche Architektur. Ist sie der Ihren ähnlich?

Ich respektiere die Gotik. Die Kunst der Wölbung und der spitzen Wölbung kam vermutlich über das Mittelmeer nach Europa. Von Sizilien, das damals von den Normannen besetzt war, gelangte die Gotik schließlich nach Nordeuropa. Diese Spitzbogenarchitektur in Armenien, Sizilien und anderswo kennt aufgrund des dortigen Klimas keinen Dachstuhl. Hier steht die Gotik vor ihrem ungelösten Problem, da die Wölbung nur den Raum wie etwa das Kirchenschiff begrenzt; für die obere Außenhaut, das Dach, mußten noch einmal mächtige Dachstühle darübergestülpt werden, die von unten nicht sichtbar waren: also die Addition zweier Konstruktionen, die beide ihre Lasten in die Wände eintrugen. Damit ist die Frage der konstruktiven Ehrlichkeit, die mindestens für das Skelettsystem der Wände zu bejahen ist, relativiert und der Anspruch der Gotik auf Ewigkeit neu gestellt, da sie ihre Eignung gemäß ihres Ursprungs erst in südlichen Regionen bewiesen hat. Ich finde die Gotik sehr sehenswert, da ich grundsätzlich eine große Bewunderung für schlichte Architekturen aus einem einzigen Material hege.

Betrachten Sie sich in erster Linie als Architekt, Ingenieur oder Städtebauer?

Wenn ich entwerfe, mache ich keinen großen Unterschied zwischen diesen Disziplinen. Ich betrachte mich als einen Menschen vom Bau, unabhängig davon, in welcher Disziplin ich arbeite. Ich kenne alle drei, auch wenn es etwas unbescheiden klingt. Ich kenne die Interaktion zwischen den verschiedenen Disziplinen; sie bereichern sich gegenseitig und machen ein Ganzes. Das ist das Bauwerk.

Und wie würden Sie den Unterschied zwischen Architekt und Ingenieur beschreiben?

Architekt bedeutet, der oberste auf dem Bau zu sein. Ein Ingenieur, der selbständig eine Brücke projektiert und auch den Bau leitet, ist ebenso ein Architekt. Vielleicht ist der größte Unterschied der, daß dem Ingenieur sein kultureller Hintergrund und sein Kulturbeitrag zur Geschichte weniger

constructions which look good without any supporting embellishment, because they have to follow natural laws. The bridge builder could say, earlier with the aid of the slide rule and nowadays with the computer, "Yes, this bridge has to be able to do this and that, this material can take so much tension, pressure or lateral forces, and then the bridge will almost design itself."

Let me answer that as follows. First of all, as we understand architecture, bridges are important architectural structures in the orthodox sense. That means, bridges are buildings which can be built in a landscape, in an urban space or on the edge of a city. Bridges are an important component in the everyday lives of human beings. Secondly, bridges observe the laws of use and function in the same way as other types of building, however to a reduced degree. They serve to connect. There are bridges for pedestrians, for traffic, for railways, and even for ships. Consequently, in this particular respect, a really complex pattern can be developed.

Apart from that, bridges, exactly like buildings, are built using concrete, steel, stone and other materials such as asphalt. They are illuminated, and have other ingredients, like all other buildings. Thus, in my opinion there is absolutely no reason to consider bridges as outside of architecture, in that they - in the same way as any other building - can have a very strong architectonic expression. An artist like Christo, who wrapped such significant buildings as the Pont Neuf in Paris, and who wants to wrap the Reichstag, also sees it so. In its historical existence and in its function, a bridge can also become an extremely important element in the layout of a city. We only have to think about Venice, Florence or Paris, with their bridges.

There are thousands of bridges in the world, but one only seldom knows who built them. Until now, bridges have not been understood as architecture or so closely connected with the personality of an architect. Through you, bridges are now once again identified with the name of their builder. Were you aware of that, or did you perhaps even aspire to that?

It is a fact that, seen historically, the bridge builder was a master builder. And we

bewußt ist. Entsprechend weniger arbeitet er mit Kulturreferenzen. Der Architekt, auch wenn er ganz unkonventionell arbeitet, neigt dazu, so scheint es mir, sich seiner eigenen kulturellen Bedeutung eher bewußt zu sein.

B r ü c ken als Architektur

Sie haben viele Brücken entworfen, und viele sind im Bau oder gebaut worden. Warum beschäftigen Sie sich so sehr mit Brücken?

Da ich Bauingenieurwesen studiert habe, kam ich früh und intensiv mit dieser Disziplin in Kontakt. Von sämtlichen Sparten des Bauingenieurberufes ist der Brückenbauer vielleicht die am meisten architektonische oder diejenige, die im Ergebnis einem architektonischen Bauwerk am nächsten kommt. Und in dieser Hinsicht ist es auch interessant, daß die Probleme der Funktion, der Struktur und des Materials eng wie kaum anderswo miteinander verknüpft sind, und das ergibt eine sehr interessante Aufgabe.

Brücken habe ich lange als Bauwerke betrachtet, die auch ohne Kunstbeiwerk gut aussehen, weil sie Naturgesetzen folgen müssen. Der Brückenbauer konnte früher mit dem Rechenschieber und heute mit dem Computer sagen: "Ja, diese Brücke muß dieses und jenes können, dieses Material hält das an Spannung, an Druck, an Seitenkräften aus, und dann entwirft sich die Brücke fast von alleine."

Lassen Sie mich so antworten: Erstens sind Brücken wichtige Architekturbauwerke im Sinne der Orthodoxie, wie wir die Architektur verstehen. Das heißt, Brücken sind Gebäude, die in einer Landschaft, in einem urbanen Raum oder an der Peripherie einer Stadt gebaut werden können. Brücken sind ein wichtiger Bestandteil im Alltag der Menschen. Zweitens gehorchen Brücken Gesetzen des Nutzens und der Funktion wie irgendwelche anderen Gebäude, jedoch in einem spärlicheren Maße: sie dienen der Verbindung. Es gibt Brücken für Fußgänger, für Automobile, für die Eisenbahn und sogar für Schiffe. Somit läßt sich gerade in dieser Hinsicht ein recht komplexes Gebilde entwickeln.

Brücken werden außerdem genauso wie Gebäude unter Verwendung von Beton, Stahl, Stein und anderen Materialien wie etwa Asphalt gebaut, sie haben Beleuchtung

know of many cathedrals created by these master builders, who however remain anonymous. If we succeed in unravelling the anonymity of the architects of interesting bridges, we discover noteworthy personalities. That still applies. One can think of the Swiss, Hans Ulrich Grubenmann, who built several wooden bridges, and also churches and houses, and constructed interesting roof structures. We can also consider his fellow countryman Robert Maillart. In Germany, Paul Bonatz, who built the railway station in Stuttgart, contributed greatly to the design of autobahn bridges during the thirties, and also to the integration of buildings into the landscape and to architectonic design in general. This work is not part of the focus of normal architectural discussion, since that mostly seeks a superficial cultural argument, and does not rate the structural solution to a problem, as Auguste de Choisi and Viollet-le-Duc once did.

Once again back to the artist. I'll grant you that in the Gothic period many cathedrals, too, were built by architects who have remained anonymous. During the Renaissance, however, when the personality - the individual - began to play a large role and, by night, Michelangelo secretly "signed" his Pietà with Michelangelo è facciabat, *bridge architects continued to remain anonymous. The bridge was a constructive task, without direct artistic demands, and sculptors were then separately commissioned for the "bridge decoration", the bridge was thus considered as a decorative construction was right up until this century. You, however, derive the aesthetic image of a bridge from its construction and its function.*

The most important thing a bridge has to offer is stability - in Latin *firmitas. Firmitas* is of decisive importance. What one must do, in order that the bridge is stable, for me forms the main element of design, be it through the use of an arch, a beam or a suspension system. It is also interesting to see that one can achieve stability using various materials and building techniques. For example, chain bridges are built in China in extremely inaccessible regions because, as the sole highly technical element, chains can be easily transported. They are then fastened with liana or by a similar means. Bridges have been built in this way for thousands of

und andere Zutaten wie alle anderen Gebäude. Somit gibt es meiner Ansicht nach absolut keinen Grund, Brücken außerhalb der Architektur zu betrachten, in dem Sinne, daß sie wie jedes andere Gebäude einen ganz starken architektonischen Ausdruck haben können. So empfindet es auch ein Künstler wie Christo, der so bedeutende Bauwerke wie den Pont Neuf in Paris verhüllt hat oder den Reichstag in Berlin verhüllen will. Eine Brücke kann auch in ihrem historischen Bestehen und in ihrer Funktion ein extrem wichtiges Element in der Gestaltung einer Stadt werden. Denken wir an Städte wie Venedig, Florenz oder Paris mit ihren Brücken.

Es gibt in der Welt Tausende von Brücken, aber nur selten weiß man, wer sie errichtet hat. Brücken sind bisher nicht als Architektur verstanden oder so stark mit der Persönlichkeit eines Architekten verbunden worden. Durch Sie werden nun Brücken wieder mit dem Namen ihres Erbauers identifiziert. War Ihnen das bekannt oder bewußt, haben Sie das vielleicht sogar angestrebt?

Es ist so, daß der Brückenbauer, historisch gesehen, ein Baumeister war. Wir kennen viele Kathedralen von diesen Baumeistern, die allerdings anonym geblieben sind. Gelingt es, die Anonymität der Baumeister interessanter Brücken aufzulösen, finden wir bemerkenswerte Persönlichkeiten - das gilt bis heute. Man denke an den Schweizer Hans Ulrich Grubenmann, der viele Holzbrücken, aber auch Kirchen und Wohnhäuser gebaut und interessante Dachstühle konstruiert hat, ebenso sein Landsmann Robert Maillart. Paul Bonatz, der den Bahnhof in Stuttgart baute, hat sehr viel an der Gestaltung von Autobahnbrücken in den dreißiger Jahren in Deutschland mitgewirkt und auch wesentliche Beiträge im Sinne der Integration der Bauwerke in die Landschaft und der architektonischen Gestaltung im allgemeinen geleistet. Solche Werke stehen aber nicht im Blickpunkt der alltäglichen Architekturdiskussion, weil diese zumeist die vordergründige Kulturauseinandersetzung sucht und nicht - wie einst Auguste de Choisy und Viollet-le-Duc - die bauliche Lösung eines Problems bewertet.

Nochmals zurück zum Künstler. Ich stimme Ihnen darin zu, daß auch viele Kathedralen in der Gotik von unbekannt gebliebenen Baumeistern

years. On the other hand, bridges have often been built of wood: I'm thinking here of the Donau bridges in more wooded areas. Stone bridges, however, ensure longevity.

With my bridge designs, the static system as a design argument is always in the foreground. For me, this will continue.

Constructional processes

How do you feel about new constructive techniques? Your bridges always appear as if new techniques have had to be developed before their construction. Do you have to challenge your engineers, so to speak? Do you make a design and then expect realisation from your technicians? Or do you proceed from the point of view of the constructively possible, developing the design of the bridge from that?

In principle, the latter method is the only realistic possibility. That means, stability and available techniques are the two most important elements playing decisive roles in the design of a particular bridge. A glimpse into the history of bridge building also shows, however, that in detail, completely new technical solutions must often be sought. One thinks of the George Washington Bridge and the Brooklyn Bridge, the Verazzano Narrows Bridge and the Golden Gate in America, or of Fritz Leonard's great autobahn bridges in Germany. There are sufficient examples where the engineer is faced with a problem, the solution of which either has no precedence, or then only in miniature, with much, much smaller bridges. That's what makes work in this area so interesting.

Until now, my bridges had parameters - at least with regard to their span - which didn't set such high demands. We built up to 200 metres span. Nowadays, 1000 metres is normal.

But with your bridges, too, there are always special problems. Perhaps you had it a lot easier than the people who built the George Washington Bridge or the Verazzano Narrows Bridge, because you required smaller spans, but you, on the other hand, have built bridges - also in secondary locations - which have a particular design touch. For example, you've leaned or pivoted the arch outwards, or replaced the normal two pylons with a single one, and then

errichtet wurden. Doch in der Renaissance, als die Persönlichkeit, das Individuum, eine große Rolle zu spielen begann und ein Michelangelo nachts heimlich seine Pietà in S. Pietro nachträglich mit Michelangelo è facciabat *"signierte", blieben die Brückenbaumeister weiter anonym. Die Brücke war eine konstruktive Aufgabe ohne unmittelbaren künstlerischen Anspruch, für den "Brückenschmuck" wurden dann gesondert ein Bildhauer beauftragt, also galt die Brücke als dekoratives Bauwerk bis in unser Jahrhundert. Sie leiten nun das ästhetische Erscheinungsbild einer Brücke aus der Konstruktion und Funktion ab.*

Das wichtigste, was eine Brücke zu bieten hat, ist Stabilität, auf Lateinisch *firmitas*. *Firmitas* ist von entscheidender Bedeutung. Das, was man tun muß, damit die Brücke stabil ist, bildet für mich das gestaltende Element, sei es dadurch, daß man Bogen, Balken oder Hängekonstruktionen verwendet. Es ist auch interessant zu sehen, daß man Stabilität mit verschiedenen Materialien und Bautechniken erreichen kann. Zum Beispiel baut man in China in extrem unzugänglichen Gegenden Kettenbrücken, weil man die Ketten als einziges hochtechnifiziertes Element leicht transportieren kann. Sie werden dann mit Lianen oder anderen Mitteln befestigt; so sind Brücken seit tausend Jahren gebaut worden. Auf der anderen Seite hat man Brücken auch oft aus Holz gebaut; ich denke da an die Donaubrücken in waldreichen Gegenden. Steinbrücken wiederum garantieren eine lange Lebensdauer.

Bei meinen Brückenentwürfen stand und steht immer das statische System als gestalterisches Argument im Vordergrund, und dies wird für mich auch weiterhin so bleiben.

Konstruktionsprozesse

Wie erfahren Sie von neuen konstruktiven Techniken? Ihre Brücken sehen eigentlich immer so aus, als müßten für ihren Bau erst einmal neue Techniken entwickelt werden. Müssen Sie sozusagen Ihre Ingenieure herausfordern, machen Sie einen Entwurf und erwarten Sie dann von den Technikern die Realisierung? Oder gehen Sie von den konstruktiven Möglichkeiten aus und entwickeln daraus die Gestalt der Brücke?

Grundsätzlich ist der letztgenannte Weg

inclined it so that a new plane is in turn implied by the cables. How do you arrive at solutions such as these?

The steps in the design process are dictated by the static system, the material and the shape I'm trying to achieve. It is, however, often the case that one can't necessarily take the most direct route, but that one has to scout around the problem, and thus accentuate the respective character of the bridge. That is perhaps an experience from my time in Switzerland, in the Alps. In order to reach a summit, one can't sometimes simply take the quickest route; one must traverse a slope, or descend a little, in order to climb again from another place. The most direct route is not always the best.

Did you know that as Vivaldi was doing the compendium to his work he wrote the piece, "La Stravaganza"? This is translated as *extra vagare* - to go beyond. He called this a source of creativity. And also with Bach, I mean the Chaconnes in his Suites or Sonatas, the variations play an essential part - theme and variations. And the variation of the variation of the variation, the entire structure of his work, is based on brilliant inspiration, structured within the framework of variation. Especially with smaller constructions, I feel that the "stravaganza" can play a definite part in the regeneration of an idea, and provoke a certain tension.

The K r o n prinzen Bridge

Is there a similarity between your design for the Kronprinzen Bridge in Berlin and the Wettstein Bridge in Basel?

Actually, no. They're very different. The Kronprinzen Bridge adopts a model which already exists in Berlin, a bridge with twin foundations on the river bed. We received a catalogue showing the different bridges in Berlin, and it appeared to me that in it were a few interesting models. Of course, I haven't just slavishly adopted them, I've modernised them somewhat. I've attempted to make a bridge which is not very far beyond the scope of what is already in Berlin, but still to design the bridge supports in a special way. This is a first contribution to the bridge scene in Berlin, with a completely general idea. The bridge has the

die einzige realistische Möglichkeit. Das heißt, die Stabilität der Brücke und die zur Verfügung stehenden Techniken sind die beiden wichtigsten Elemente, die die entscheidende Rolle im Entwurf der jeweiligen Brücke spielten. Ein Blick in die Geschichte des Brückenbauens zeigt aber auch, daß dann im Detail vielfach völlig neue technische Lösungen entwickelt werden müssen. Man denke an die George Washington Bridge und die Brooklyn Bridge, die Verazzano Narrows Bridge und die Golden Gate Bridge in Amerika oder auch die großen Autobahnbrücken von Fritz Leonhard in Deutschland. Es gibt genügend Beispiele, bei denen der Ingenieur vor einem Problem steht, dessen Lösung noch keine Präzedenz hat oder nur *en miniature*, bei viel, viel kleineren Brücken. Das macht die Arbeit auf diesem Gebiet so interessant.

Meine bisherigen Brücken hatten, zumindest von der Spannweite her, Parameter, die keine solche hohen Anforderungen stellten. Wir bauten bis 200 m Spannweite, heute sind aber schon 1000 m üblich.

Doch auch bei Ihren Brücken gibt es immer besondere Probleme. Sie hatten es zwar vielleicht leichter als die Leute, die die George Washington Bridge oder die Verazzano Narrows Bridge bauten, weil Sie kleinere Spannweiten benötigten; dafür haben Sie aber auch an untergeordneten Orten Brücken mit einer besonderen gestalterischen Note gebaut. Sie haben etwa den Bogen nach außen gelegt oder geschwenkt oder haben die üblichen zwei Pylone durch einen ersetzt und dann in die Schräge gesetzt, so daß dann wiederum eine Fläche durch die Kabelführung dieser Schrägseilbrücke entsteht. Wie kommen Sie zu solchen Lösungen?

Die Reihenfolge im Entwurfsablauf wird durch das statische System, das Material und die angestrebte Form bestimmt. Oft ist es aber so, daß man nicht unbedingt den geraden Weg wählen möchte, sondern daß man eine Kurve rund um die Lösung macht und somit den jeweiligen Charakter der Brücke betont. Das ist vielleicht eine Erfahrung aus meiner Zeit in der Schweiz und mit den Schweizer Bergmenschen. Um zu einem Gipfel zu kommen, darf man manchmal nicht den schnellsten Weg gehen, sondern man muß vielleicht an einem Hang entlang oder tiefer gehen, um dann an

character of a large boat which I found amongst the drawings of Schinkel. I've involved myself fairly deeply in the work of Schinkel. He often depicted boats in his drawings, long boats with similarities to the gondolas of Venice, and for me that was a point of reference. I haven't simply copied the line of a gondola from Schinkel.

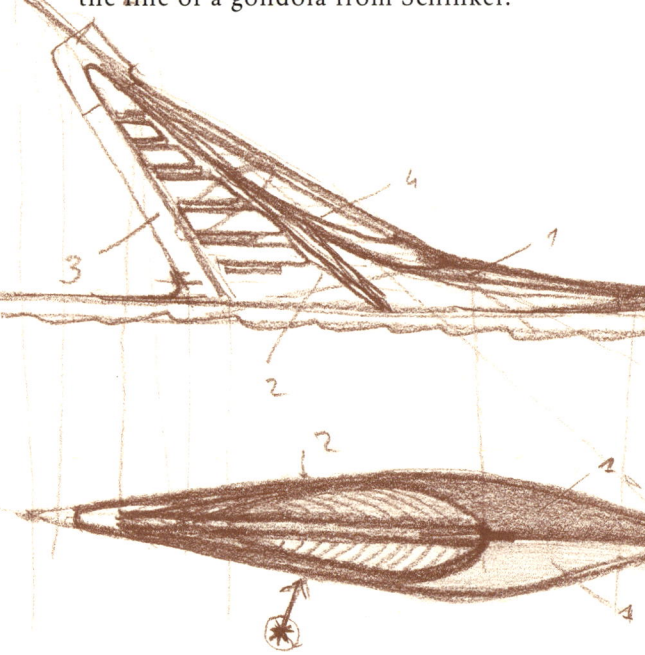

Somebody said to me that there were never boats like those. Schinkel had only imagined them.

To me, the bridge seems very flat.

Another static system would not have been appropriate, since most bridges in Berlin, apart from the Oberbaum Bridge, have their support system beneath the road deck. There are naturally exceptions. There are bridges possessing two twin arches of steel, but I am of the view that here, systems above the road deck are inappropriate.

Spreebogen, with the Chancellery and so forth, designed by Axel Schultes, will soon be newly defined. New buildings will be added. When you designed the Kronprinzen Bridge, everything was empty and flat. Do you see a revised situation now, for which you'd like to do something new?

No. All Berlin's bridges relate strongly to their immediate surroundings. They are actually very imposing. They are very important points of reference, but in spite of this, they are of relatively small scale when compared with the rivers and canals. But the Spree itself is not very wide. It's almost a

anderer Stelle wieder höher zu kommen. Der direkteste Weg ist nicht immer der beste Weg.

Wissen Sie, als Vivaldi das Compendium seiner Werke aufstellte, schrieb er ein Werk "Le stravaganza". Dies wird mit *extra vagare* - außerhalb gehen - übersetzt. Er nennt es eine Quelle der Kreativität. Und auch bei Bach, ich meine die Chaconnes in seinen Suiten oder Sonaten, spielen die Variationen eine wesentliche Rolle, Thema und Variationen. Und die Variation der Variation der Variation, der ganze Aufbau seines Werkes, steht auf der Struktur einer genialen Inspiration, strukturiert im Rahmen der Variation. Auch ich weiß, daß die "stravaganza", vor allem bei kleinen Bauwerken, eine bestimmte Rolle spielen kann, um die Idee zu regenerieren und eine gewisse Spannung herauszufordern.

Die K r o n prinzenbrücke

Gibt es eine Ähnlichkeit zwischen Ihrem Entwurf für die Kronprinzenbrücke in Berlin und der Wettsteinbrücke in Basel?

Eigentlich nicht. Sie sind recht verschieden. Die Kronprinzenbrücke übernimmt ein Modell, das bereits in Berlin besteht, eine Brücke mit einem Doppelfundament im Flußbett. Wir bekamen einen Katalog der verschiedenen Brücken in Berlin, und mir schien, daß es dazu interessante Modelle gab. Ich habe sie allerdings nicht sklavisch übernommen, sondern etwas modernisiert. Ich versuchte, eine Brücke zu machen, die nicht sehr vielz außerhalb des Rahmens dessen liegt, was es in Berlin gibt, aber doch die Auflager der Brücke ganz besonders zu gestalten. Dies ist ein erster Beitrag zur Brückenszene in Berlin mit einer ganz allgemeinen Idee. Die Brücke hat den Charakter von einem großen Boot, das ich in den Zeichnungen von Schinkel gefunden habe. Ich habe mich ziemlich gründlich mit dem Werk von Schinkel befaßt. Oft hat er Kähne in seine Zeichnungen aufgenommen, lange Boote, die etwas von den Gondeln in Venedig haben, und das war für mich ein Bezugspunkt. Ich habe nicht einfach die Linie der Gondeln von Schinkel kopiert. Jemand hat mir gesagt, daß es solche Boote nie gegeben hat, Schinkel hat sie sich nur so vorgestellt.

canal. Bridges then assume this "Venetian" character, and relate strongly to themselves or their most immediate surroundings - to the river banks, abutments, promenades and so forth. That a large building will stand about 100 metres away is here not decisive.

Did the old Kronprinzen Bridge assist in any way, or serve as a model?

The old bridge was not really able to be considered because of its structural clearance. That is to say, it was specified as a basis of the competition that European shipping clearances must be adhered to. Accordingly, the openings had to be respected there. The size of such ships is sufficiently large that this was hardly able to be achieved with a smaller scale than the one I used. I could have created one large arch from one bank to the other, naturally, but this appeared very exaggerated to me, and in this setting very insensitive.

The O b e r baum Bridge

The commissions for your two Berlin bridges arose in very differing ways. At any rate, the Kronprinzen Bridge as a new construction on a historical site is not comparable with the spanning of the centre bay of the historical, protected Oberbaum Bridge. No competition was held for the latter. You came in as a consultant, and a direct commission followed on from that.

When I was brought in for the Oberbaum Bridge, two positions were dominant with regard to conservation, both proceeding on the assumption of maximum retention of the existing ruin. As conservational advisor, Professor Ludwig Deiters was of the opinion that there were enough documents still available to be able to at least authentically reconstruct the two imposing towers. The other position, represented by Professor Helmut Engel, the district curator at that time, and the responsible conservationist Uwe Kieling, adopted the classical maxime that lost substance should not be reproduced and that its loss should remain visible as a historical statement. The silhouette of the bridge, as a feature of the city, must however be reconstructed by contemporary means.

Before gaining the commission, and within the scope of my consultancy, I had

Die Brücke wirkt auf mich sehr flach.

Ein anderes statisches System wäre nicht angebracht, weil die meisten Brücken in Berlin Brücken sind, deren Tragsystem unterhalb der Fahrbahn liegt. Es gibt natürlich Ausnahmen. Es gibt Brücken, die zwei Zwillingsbogen aus Stahl haben, aber ich bin der Ansicht, daß hier Systeme oberhalb der Fahrbahn, wo fast alles flach ist, nicht angebracht sind.

Bald wird der Spreebogen mit Kanzleramt und allem, was Axel Schultes entworfen hat, neu definiert. Er bekommt viele neue Bauwerke. Als Sie die Kronprinzenbrücke entwarfen, war alles leer, alles flach. Sehen Sie jetzt eine revidierte Situation, für die Sie vielleicht etwas Neues machen möchten?

Nein. Alle Brücken von Berlin sind sehr stark auf ihre nächste Umgebung bezogen. Sie sind zwar sehr markant, sind sehr wichtige Bezugspunkte, aber trotzdem haben sie alle einen relativ kleinen Maßstab im Vergleich zu den Flüssen und Kanälen. Die Spree aber ist nicht sehr breit, fast ein Kanal. Dann haben sie diesen "venezianischen" Charakter, sind sehr stark auf sich selbst bezogen oder auf die unmittelbar nächste Umgebung - auf Flußufer, Widerlager, Promenaden usw. Daß hier in einer Entfernung von 100 m ein großes Gebäude steht, ist nicht ausschlaggebend.

Hat die alte Kronprinzenbrücke in irgendeiner Art und Weise Modell oder Pate gestanden?

Die alte Brücke konnte wegen des Lichtraumprofils kaum in Betracht gezogen werden. Das heißt, es wurde als Grundbedingung des Wettbewerbs gesetzt, daß wir das europäische Schiffahrtslichtraumprofil beachten müßten. Dementsprechend waren dort die Öffnungen zu respektieren. Die Maße solcher Schiffe sind derart groß, daß dies mit einem kleineren Maßstab kaum anders zu bewältigen wäre, als ich es gemacht habe. Ich hätte natürlich einen größeren Bogen von Ufer zu Ufer schlagen können, aber das schien mir sehr übertrieben und sehr unsensibel an dieser Stelle.

Die O b e r baumbrücke

Die Beauftragung für Ihre beiden Berliner Brückenbauten erfolgte ja sehr unterschiedlich.

designed two or three variations for the centre bay. The task was a little complicated, in so far as two structural levels, the actual road bridge and an overhead rail viaduct resting upon it, were to be included. For the upper section - the viaduct - we designed a compact, clear solution with an open cross section. In order not to separate the two great masses of the bridge halves, in other words to attain the relatively unified image of a fairly constant arch rhythm, the conservationists decided in favour of the more compact, and from a design point of view somewhat calmer solution.

And what was the procedure for the lower section, the road deck?

In the beginning, there were a series of objections to this part of our design. However, rather than reaching a definite clarification of the position - the mixing of two different concepts is certainly not a good idea - the supplementary conditions for the additional tramlines were changed to such a degree that we would have had to do extensive redesign. So now the original Wachendorf, König & Partner's design will in the end remain for the road bridge. Both the separation of the sections of an integral

design and the subsequent modification of the original commission - for example the loadings decisive to the construction - are neither comprehensible nor appropriate to this structure.

The bridges had to be repeatedly calculated for new loads and other forces.

It was, of course, a long process, since in the end other loadings than initially

Ohnehin ist die Kronprinzenbrücke als Neubau an einem historischen Ort nicht vergleichbar mit der Schließung des Mittelfeldes der historischen und denkmalgeschützten Oberbaumbrücke. Zu letzterer gab es ja überhaupt keinen Wettbewerb. Sie sind als Gutachter hinzugekommen, und aus dem Gutachterauftrag ist ein direkter Auftrag entstanden.

Als ich zur Oberbaumbrücke hinzugezogen wurde, dominierten zwei denkmalpflegerische Positionen, die beide von einer maximalen Erhaltung der vorhandenen Ruine ausgingen. Professor Ludwig Deiters als denkmalpflegerischer Berater meinte, es seien genügend Bauunterlagen vorhanden, um zumindest die markanten Türme originalgetreu wieder aufbauen zu können. Die andere Position, vertreten durch den damaligen Landeskonservator Professor Helmut Engel und den zuständigen Denkmalpfleger Uwe Kieling, ging von der klassischen Maxime aus, daß verlorene Substanz nicht kopiert werden dürfe und der Verlust als geschichtliche Aussage sichtbar bleiben solle, daß die stadtbildbestimmende Silhouette der Brücke aber mit zeitgemäßen Mitteln wiederhergestellt werden müsse.

Bevor ich zu dem Auftrag kam, habe ich im Rahmen meines Gutachtens zwei oder drei Varianten für das Mittelfeld entworfen. Die Aufgabe war insofern etwas kompliziert, als mit der eigentlichen Straßenbrücke und dem darauf lastenden Hochbahnviadukt zwei unterschiedlich strukturierte Ebenen zu schließen waren. Für den oberen Bereich, den Viadukt, entwarfen wir eine kompakte und eine transparente Lösung mit aufgelöstem Querschnitt. Um die mächtigen Baumassen der beiden Brückenhälften nicht zu vereinzeln, d.h. wieder ein relativ geschlossenes Bild eines ziemlich gleichmäßigen Bogenrhythmus zu erreichen, entschied sich die Denkmalbehörde für die kompakte und in gestalterischer Hinsicht etwas ruhigere Lösung.

Und wie wurde für den unteren Teil, die Straßenbrücke, verfahren?

Gegen diesen Teil unseres Entwurfes gab es anfänglich eine Reihe von Einwänden. Ehe es jedoch zu einer definitiven Klärung der Standpunkte kam - zwei unterschiedliche Konzepte zu mischen ist sicher keine gute

assumed had to be taken as a basis. After that, we had to recalculate everything for the tramway, in order to avoid mistakes. This factor played a large role in the decision process.

What part did the towers play, symbolising the portals of the original city gates and so vital to the silhouette?

In our designs for the centre bay, we assumed the recreation of the towers as a constructional entity, independent from the unity of the design. Apart from making a series of sketches as possible modern design variations, I didn't occupy myself with that in any more detail. Since parts of the towers have now been salvaged from the bed of the Spree, the demand for their authentic recreation can be realised.

Did you have too little freedom when you set to work on the designs?

I always understood that the Oberbaum Bridge was an important historical, protected building. A large part of it is still in existence. I welcome the solution with which a new construction is built for the centre of the bridge. I find that correct. To the question of whether the towers or other sections should be reconstructed, I would also answer positively in order to bring the bridge to completion. But in the centre there must be this modern construction.

S p a n dau Railway Station

Spandau Station: a station over a park? Do trains stop in the park, or above the park?

Spandau Station should express the idea that the park lies on both sides, but the station is a self-contained building, an independent building with a park.

You have linked the station to bridges, in the same way as Stadelhofen Station in Zurich. Stadelhofen, you say, is a collection of bridges?

Other people say that, but you can look at it that way. In Berlin there are very good examples - these galleries beneath the railway curves, numerous large viaducts. The train runs often above street level, and I wanted to incorporate that. It's not a very original idea, but, as with the other projects, it's very typical of Berlin. I understood it in this way, and accordingly wanted to create such arches in a modern

Idee - wurden die Randbedingungen mit der zusätzlichen Straßenbahntrasse so weit verändert, daß unser Entwurf hätte weitgehend überarbeitet werden müssen. So wird es nun am Ende für die Straßenbrücke beim ursprünglichen Entwurf des Büros Wachendorf, König & Partner bleiben. Sowohl die Separierung von Teilen eines einheitlichen Entwurfes als auch nachträgliche Veränderungen der Aufgabenstellung - etwa der für die Konstruktion entscheidenden Last - sind weder verständlich noch dem Bauwerk angemessen.

Die Brücke mußte mehrfach für neue Lasten und andere Kräfte berechnet werden.

Es war natürlich ein langes Verfahren, weil zuletzt andere Belastungen zugrundegelegt wurden als zunächst angenommen. Danach mußte man für die Straßenbahn alles neu berechnen, damit man nichts verbaut. Dieser Faktor hat beim Entscheidungsprozeß eine große Rolle gespielt.

Welche Rolle spielten denn die silhouettenbestimmenden Türme, die an der damaligen Stadtgrenze die Torfunktion symbolisieren sollten, in Ihren Entwürfen?

Wir sind in unseren Entwürfen für das Mittelfeld von einer Wiederherstellung der Türme, unabhängig von der gestalterischen Durchbildung, als Baumasse ausgegangen. Außer in einer Reihe von Skizzen als möglichen modernen Gestaltungsvarianten habe ich mich damit aber nicht eingehender beschäftigt. Nachdem nun Teile der Türme vom Grund der Spree geborgen wurden, könnte sich die Forderung nach originalgetreuer Wiederherstellung durchsetzen.

Haben Sie zu wenig Bewegungsspielraum gehabt, als Sie an das Entwerfen gegangen sind?

Ich habe immer verstanden, daß die Oberbaumbrücke ein wichtiges historisches Baudenkmal ist. Ein großer Teil davon ist noch vorhanden. Ich begrüße die Lösung, bei der in der Mitte der Brücke eine neue Konstruktion entwickelt wird. Das finde ich korrekt. Die Frage, ob die Türme oder andere Teile wieder aufgebaut werden können, würde ich bejahen, um die Brücke zu vollenden. Aber in der Mitte muß diese moderne Konstruktion sein.

language; below, I wanted to provide businesses and suchlike facilities, and at the same time create a connection with the park and its opposing side.

What did you want to achieve with the steel trees as a platform roof?

I wanted to repeat the metaphor of the park through the station itself. The enormous trees opposite the Spandau town hall, a lovely group, would have thus been drawn into the park beyond the station, with steel and glass trees creating a link between, on the bridge.

Didn't you recommend too much green? Didn't you have a little too much respect for the park?

No. I exceeded the program specifications. I had more than 60,000 square metres and only 42,000 were called for. The problem probably lies with Spandau itself, in so far as Spandau isn't Berlin. The proposed space was too large for this part of the city. The investors felt they couldn't rent the space as favourably as in Berlin, although costs are just as high as in the centre. Here, they forgot that Spandau is very well situated from the communications point of view, with suburban trains, metro, and inter-city connections, and not being very far from Tegel Airport.

Der Spandauer Bahnhof

Der Spandauer Bahnhof: ein Bahnhof über einem Park? Halten die Züge im Park oder halten sie über dem Park?

Der Spandauer Bahnhof sollte den Gedanken ausdrücken, daß der Park beiderseits des Bahnhofs liegt, der Bahnhof jedoch ein Gebäude für sich selbst ist, ein selbständiges Gebäude mit Park.

Sie haben den Bahnhof mit Brücken verbunden, wie beim Bahnhof Stadelhofen in Zürich. Stadelhofen, sagen Sie, ist eine Sammlung von Brücken?

Das sagen andere Leute, man kann es aber so betrachten. In Berlin gibt es sehr gute Beispiele, diese Galerien unter den S-Bahn-Bögen, viele große Viadukte. Oft wird der Zug über dem Straßenniveau geführt, und ich wollte das aufnehmen. Es ist kein sehr origineller Gedanke, sondern er ist, wie in den anderen Projekten, sehr berlinisch. So habe ich es verstanden und wollte dementsprechend in einer modernen Sprache solche Bögen machen; unten wollte ich Geschäfte und ähnliches einrichten und zugleich eine Verbindung mit der Parkseite und der anderen Seite herstellen.

Was wollten Sie mit den stählernen Bäumen als Bahnsteigdach erreichen?

Ich wollte die Metapher des Parks auch durch den Bahnhof ziehen. Die gewaltigen Bäume, die gegenüber dem Spandauer Rathaus stehen, ein schöner Baumbestand, wären damit in den Park jenseits des Bahnhofs gezogen. Dazwischen, auf der Brücke, stehen Bäume aus Stahl und Glas, die eine Verbindung schaffen.

Hatten Sie nicht zuviel Grün vorgeschlagen? Hatten Sie nicht zuviel Respekt vor dem Park?

Nein. Ich habe das Programm übererfüllt, hatte mehr als 60.000 qm. Verlangt waren aber nur 42.000 qm. Wahrscheinlich liegt das Problem insofern bei Spandau selbst, als Spandau nicht Berlin ist. Das Angebot an Fläche war zu groß für diesen Stadtteil. Die Investoren meinten, sie würden die Flächen nicht so gut vermieten können wie in Berlin, obwohl die Kosten genauso hoch sind wie in der Stadtmitte. Dabei haben sie vergessen, daß Spandau verkehrstechnisch sehr gut gelegen ist, mit S-Bahn, U-Bahn,

J a h n Sports Park

Jahn Sports Park was, from the community politics point of view, a project subject to controversy, but attracted less attention in terms of urban planning. With this commission to erect sports halls in the Mauerpark setting next to the stadium between Prenzlauer Berg and Wedding, what particularly inspired you?

From an urban planning point of view, the site is very interesting. Since the 19th century, with the redesign of the existing Exerzierplatz and the laying out of Falkplatz according to Hobrecht's plans, there has always been a green area here. Now, in this heavily built-up area, the former border strip is being added. In spite of the large span required for the halls, and because of the arrangement of compact structures amongst the green, the ensemble was to be clear and relate to urban planning. We've tried to fulfil that with two buildings, linked with arches

and outwardly similar, of differing dimensions and high clarity. The Jahn Stadium, as a third structural component, was to be roofed over. It was very interesting to simultaneously tackle these constructional and planning problems.

Not a purely architectonic or constructional commission, therefore?

Like most larger proposals under consideration in Berlin at that time, the concerns of urban planning played a large part. A few people then wanted to have an underground building, buried, almost shameful, and in the end subterranean solutions were preferred. In my opinion, however, sports buildings should express a certain pleasure, a link to sun and nature, and not be hidden. They should be light, above the streets.

Intercity-Verbindung und nicht weit vom Flughafen Tegel.

Der J a h n - Sportpark

Der Jahn-Sportpark war ein kommunalpolitisch kontrovers diskutiertes, aber stadtplanerisch weniger auffälliges Projekt. Was hat Sie an dieser Aufgabe, im Zusammenhang mit dem Mauerpark zwischen Prenzlauer Berg und Wedding neben dem Stadion Sporthallen zu errichten, besonders gereizt?

Der Standort ist städtebaulich sehr interessant. Bereits seit Mitte des 19. Jahrhunderts - mit der Umgestaltung des einstigen Exerzierplatzes und mit der Anlage des Falkplatzes nach der Hobrechtschen Planung - befand sich hier ein begrüntes Gelände. Nun kam inmitten des dicht bebauten Gebietes der ehemalige Grenzstreifen hinzu. Trotz der erforderlichen großen Spannweiten der Hallen und wegen der Einordnung kompakter Baumassen im Grünen sollte das Ensemble transparent sein und städtebauliche Bezüge aufnehmen. Das haben wir durch zwei im Bogen verbundene, äußerlich ähnliche Gebäude unterschiedlicher Dimension und hoher Transparenz zu lösen versucht, das Jahn-Stadion sollte als dritte bauliche Komponente eine Überdachung erhalten. Es war sehr interessant, sich gleichzeitig mit solchen konstruktiven und städtebaulichen Problemen auseinanderzusetzen.

Also auch keine rein architektonische bzw. konstruktive Aufgabe?

Wie fast alle in Berlin zur Zeit anstehenden größeren Vorhaben spielten hier die städtebaulichen Belange eine große Rolle. Einige Leute wollten dann jedoch einen unterirdischen Bau haben, begraben, fast schamvoll. Und man hat schließlich solche Lösungen vorgezogen, die unterirdisch liegen. Sportbauten sollten aber meiner Ansicht nach eine gewisse Freude zum Ausdruck bringen, mit Sonne und Natur verbunden und nicht versteckt sein. Sie sollen auch leicht sein und oberhalb der Straße liegen.

Das R e i c h s tagsgebäude

Warum haben Sie sich am Reichstagswettbewerb beteiligt?

The Reichstag Building

Why did you take part in the Reichstag competition?

I was invited to do so by the Bundesbaudirektion, along with 14 other architects from around the world. That was a great honour, of course.

Most participating architects dispensed with the dome, which the competition did specify as a possibility. You, on the other hand, submitted a dome which was not identical to the Wallot Dome. What was the reason for this?

To a certain extent I knew the history, particularly Berlin's building history, from taking part in previous competitions. Those projects also had principally historical points of reference. The Oberbaum Bridge, for example, is a commission similar to the Reichstag renovation. One section, determining the form of the structure, was demolished, but the historical substance of the building handed down to us remained sufficient to make the original character of the structure - of the bridge and the parliament building - recognisable again. With the Oberbaum Bridge, what played a large role was the possibility of re-creating the silhouette of the bridge using up-to-date materials and present day technology, according to the philosophy of our era. In other words, to restore and at the same time to re-invent. It's exactly this philosophy that I tried to follow with the Reichstag building.

Ich wurde zusammen mit 14 anderen Architekten aus der ganzen Welt von der Bundesbaudirektion eingeladen. Das war natürlich eine große Ehre.

Die Mehrheit der teilnehmenden Architekten verzichtete auf die nach der Ausschreibung mögliche Kuppel, Sie aber haben eine Kuppellösung angeboten, die nicht mit der Wallotschen Kuppel identisch ist. Aus welchem Grund?

Die Geschichte und besonders die Baugeschichte Berlins sind mir in gewissem Maße durch die früheren Wettbewerbsteilnahmen vertraut. Diese Vorhaben hatten ja auch wesentliche historische Bezüge. Die Oberbaumbrücke beispielsweise ist eine Aufgabe, die Ähnlichkeit mit dem Reichstagsumbau hat: Ein die Gestalt des Bauwerks bestimmender Teil wurde gesprengt, die überlieferte historische Substanz ist jedoch ausreichend, um den ursprünglichen Charakter des Bauwerkes der Brücke und des Parlamentsgebäudes wieder erkennbar zu machen. Bei der Oberbaumbrücke spielte die Möglichkeit eine große Rolle, die Silhouette der Brücke mit zeitgemäßen Materialien und dem heutigen technischen Verständnis gemäß der Philosophie unserer Zeit wiederherzustellen, also gleichermaßen zu restaurieren und neu zu erfinden. Und genau dieser Philosophie habe ich beim Reichstag zu folgen versucht.

In der Gesamtheit des Reichstages war genügend historische Substanz überliefert, um als Werk von Paul Wallot identifizierbar zu bleiben. Da für mich die Wiedergewinnung der Silhouette von Anfang an zur Identifikation des Reichstages gehörte und der zeitgemäße Umbau von entsprechendem Material und Technik getragen sein muß, war die vorgelegte Lösung prinzipiell klar.

Jedoch habe ich gewagt, vor allem im Wettbewerbsvorschlag, viel Persönliches einzubringen. Ich meine dies im Sinne meines Verständnisses der Gestaltung von Innenräumen, oder im Sinne der Frage, was denn eine solche Kuppel heute sein kann gegenüber dem, was sie damals war. Zu Wallots Zeit wurde die Kuppel sehr viel mehr als äußerer Bestandteil im Rahmen eines gesamtstädtischen Kuppelprogramms für Kirchen, Schlösser, öffentliche Gebäude u.a.

Sufficient historical substance was handed down in the Reichstag as a whole for the work of Paul Wallot to remain identifiable. Since, from the start, the regaining of the silhouette for me belonged to the identification of the Reichstag, and since the modern renovation had to be supported by appropriate materials and techniques, the solution submitted was in principle clear.

However, especially with the competition proposal, I did risk bringing in a lot of personal ideas. I mean in the sense of my feel for form, of interior spaces or within the meaning of the question about what a dome can be nowadays, compared with what it was then. In Wallot's day, the dome was rather more understood as an outward component, within a system of domes which were part of the city as a whole - churches, castles, public buildings and so forth. And as a contemporary architect, I've naturally also grasped a lot about the architectural relationship between interior and exterior. I've thus tried to include the wonderful spaces which could exist beneath this dome, and the project was gradually designed in this way.

With the design of the dome, it has come to the attention of many that you haven't retained Wallot's exterior form, and you have been criticised for that. How have you reacted to this criticism?

I tried to demonstrate in the explanatory statement for the competition project that the silhouette conforms precisely to the profile of the Wallot dome. I had understood the lantern, in conjunction with a series of decorative elements, as a cultural document, which has in fact been lost.

But for me it is totally conceivable that a lantern could be placed on my dome, as a structural element. In this respect, I haven't regarded my dome as being a completed affair. With a building such as this, I think it needs a lot of work and reassessment until one reaches the exact proportions and the exact architectonic expression. I was in favour of reproducing the old proportions of the building through the dome, and of bringing a calmness to the building - I mean an inner calm of proportions, the balance of masses, and the

verstanden. Und als Architekt meiner Zeit habe ich natürlich auch sehr viel vom Architekturzusammenhang zwischen innen und außen verstanden, und so habe ich versucht, die wunderschönen Räume, die unter dieser Kuppel entstehen können, hinzuzuziehen, und so wurde allmählich das Projekt gestaltet.

Bei der Gestaltung der Kuppel ist es vielen aufgefallen, daß Sie sich nicht an Wallots äußere Form gehalten haben, und Sie sind dafür kritisiert worden. Wie haben Sie auf diese Kritik reagiert?

Ich habe versucht, im Erläuterungsbericht für das Wettbewerbsprojekt nachzuweisen, daß die Silhouette der Kuppel präzise dem Profil der Kuppel von Wallot folgt. Die Laterne hatte ich im Zusammenhang mit einer Reihe dekorativer Elemente als kulturelles Dokument verstanden, welches eben verloren ist.

Aber es ist für mich durchaus vorstellbar, daß auf meine Kuppel eine Laterne als konstruktives Element aufgesetzt werden könnte. Ich habe auch in dieser Hinsicht meine Kuppel nicht als eine vollendete Angelegenheit gesehen. Ich glaube, es braucht viel Arbeit und Überarbeitung, bis man bei solch einem Gebäude die genauen Proportionen und den genauen architektonischen Ausdruck erreicht. Ich war entschieden dafür, durch die Kuppel die alten Proportionen des Gebäudes wiederherzustellen und das Gebäude zur Ruhe zu bringen. Ich meine seine innere Ruhe der Proportionen, die Ausgewogenheit der Massen und der Verhältnisse der Türme zur Kuppel, der Kuppel zu den Fassaden usw.

Das Problem der fehlenden Laterne ist vielleicht mehr ein philosophisches, denn auch die Kuppeln der Ecktürme und plastisches Beiwerk, das die Silhouette mitbestimmt hat, sind verloren. Andererseits sollte man die Arbeit an der Kuppel, ja an der ganzen Silhouette, nicht als abgeschlossen betrachten. Sie kann noch durch einen oberen Abschluß radial oder vertikal betont werden, und auch die Gestaltung des Tambours ist noch offen.

Warum haben Sie beschlossen, die alte Silhouette der Reichstagskuppel zu wählen?

Es ist ein analoger Fall zur Oberbaumbrücke. Meines Erachtens sind

relationship of towers to dome, of dome to facades, and so on.

The problem of the missing lantern is perhaps more of a philosophical one, since the domes of the corner towers, and the three dimensional embellishment which also determined the silhouette, are lost too. On the other hand, one should not view the work on the dome, on the silhouette as a whole, as finalised. They can still be emphasised radially or vertically by an upper capping piece. The design of the drum is also still open.

Why did you decide to choose the old Reichstag dome silhouette?

It's a similar case to the Oberbaum Bridge. In my view, such buildings are classiistic and have very strong inner geometric and classical proportions. Accordingly, in the same way as the bridge towers and the Reichstag dome, many parts are important components of the whole, of the constructional body, just like the pedestal or the portal. I thus found that the building should retain its complete independence as a solitary building of great importance from the urban planning point of view, as I regarded it to be. Accordingly, a silhouette must be re-created in order that the proportions are once again correct, so that the building acquires a calmness, and doesn't stand there as a mutilated monument.

With the glass dome, did you want to aim at as much light as possible, in order to change the atmosphere in the house?

I realised that the whole central area is far removed from Wallot's original project. And so I thought that if one takes that away, additional possibilities arise for creating a light source in this area, in a similar way to Wallot's project. I simply wanted a modern construction in that area which Baumgarten had changed, in that I removed Baumgarten and retained as much as possible from Wallot using a modern construction, and correspondingly, also the silhouette of the Wallot building.

What support system did you design for the dome?

I made a thin shell from a membrane of light steel profile, which has the effect of being under tension, stressed from within by

solche Gebäude klassizistisch und haben eine sehr starke innere Geometrie und klassische Proportionen. Dementsprechend sind viele Teile wie die Türme der Brücke und die Kuppel des Reichstags ebenso wichtige Bestandteile des Ganzen, des Baukörpers, wie der Sockel oder das Portal. Dementsprechend fand ich, daß das Gebäude seine vollkommene Selbständigkeit als städtebaulich sehr wichtiges Solitärgebäude, wie ich es betrachtet habe, behalten sollte. Dementsprechend mußte ihm eine Silhouette wiedergegeben werden, damit die Proportionen noch einmal stimmen, damit das Gebäude seine Ruhe erreicht und nicht als ein verstümmeltes Denkmal dasteht.

Sie wollten mit der Glaskuppel soviel Licht wie möglich erzielen, um die Stimmung im Hause zu ändern?

Ich habe festgestellt, daß der gesamte mittlere Bereich vom ursprünglichen Projekt Wallots sehr weit entfernt ist. So habe ich mir gedacht, wenn man das wegnimmt, bekommt man zusätzliche Möglichkeiten, in diesem Bereich analog dem Wallotschen Projekt eine Lichtquelle zu schaffen. Ich wollte einfach von oben nach unten eine moderne Konstruktion in dem Bereich schaffen, den Baumgarten geändert hatte, indem ich Baumgarten entfernte und durch eine moderne Konstruktion möglichst viel von Wallot und dementsprechend auch die Silhouette des Wallotbaues erhielt.

Welches Tragsystem haben Sie für die Kuppel entworfen?

Ich hatte eine aus leichten Stahlprofilen hergestellte Membrane entwickelt, eine dünne Schale, die vorgespannt wirkt, die inwendig mit einem Seilnetz vorgespannt ist. Mein Ziel war,
eine möglichst leichte, dünne und transparente Konstruktion zu machen, die mit modernsten Mitteln ausgeführt werden sollte.

Was haben Sie empfunden, als Sie erfahren haben, daß Sie in die Gruppe der ersten Preisträger gewählt worden waren?

Ich mußte es erst einmal glauben! Aber ich war sehr glücklich, und ich empfand es als eine große Ehre, aus der Gruppe von 80 eingereichten und sicher extrem interessanten Arbeiten als einer der drei ersten auserwählt zu sein.

a cable network. It was my intention to make the lightest, thinnest and most transparent construction possible, executed by the most modern means.

What did you feel when you learned that you were chosen to be amongst the foremost group of prize winners?

I had to believe it first! But I was very happy, and felt it was a great honour to be selected to be amongst the three first prize winners from a group of 80 submitted works, which were certainly extremely interesting.

When you came to Berlin to take part in the colloquium for the presentation of your entry on the 12th and 13th of March, after seeing the designs of your fellow prizewinners Norman Foster and Pie de Bruijn, did you reconsider your work? Had you already been told that for the first three it would come to a new revision phase?

I thought two things. With regard to my own work, I thought about my colleagues who had said that if there's going to be a rework, we could, so to speak, be in with a chance, because we have the right solution. Then I saw that the proposals of the other two architects - and I simply belong to a younger generation - relate very strongly to the architectural philosophy of the sixties. Pie de Bruijn leans towards the marvel of Brasilia by Oscar Niemeyer. In Norman Foster's case, in my opinion a mechanistic architecture is apparent, seeking a solution outside the problem, in that an additional invention is created, into which everything must be incorporated. I feel that's a long way from the philosophy needed by this building.

We had tried to approach the building and to read and understand the building, and to retain it as far as possible in its historical substance, repairing the wounds of time by modern means. And, bearing in mind architectural observations made in recent years, I still found this to be the correct solution.

In the context of the Reichstag, I continued to remain firm. In my first proposal, and also in the review, I saw the Reichstag as a free-standing object. Its pedestal is an extremely important element in the composition of the building as a whole, just as important as the dome. I didn't see the need for a direct extension to

Als Sie dann nach Berlin gekommen waren, um an dem Kolloquium am 12. und 13. März 1993 teilzunehmen, haben Sie nach Prüfung der Entwürfe Ihrer Mitkonkurrenten, Foster und Pie de Bruijn, über Ihre eigene Arbeit neu nachgedacht? Wußten Sie, daß es zu einer neuen Bearbeitungsphase kommen würde?

Ich habe zwei Dinge gedacht. Bezüglich meiner eigenen Arbeit habe ich an meine Mitarbeiter gedacht, die gesagt hatten, falls es eine Überarbeitung gibt, werden wir sozusagen die Partie vom Zentrum spielen können, weil wir die richtige Lösung haben. Denn ich sah, daß die Lösungen der beiden anderen Architekten meiner Ansicht nach - und ich gehöre einfach zu einer jüngeren Generation - sehr ausgeprägt auf die Architekturphilosophie der 60er Jahre Bezug nehmen. Pie de Bruijn lehnt sich an das Wunderwerk von Brasilia von Oscar Niemeyer an. Im Fall von Norman Foster zeigt sich meines Erachtens eine mechanizistische Architektur, welche die Lösung außerhalb des Problems sucht, indem man eine zusätzliche Erfindung macht, die dann alles einbeziehen muß. Ich glaube, das ist fern der Philosophie, die dieses Gebäude braucht.

Wir hatten versucht, an das Gebäude heranzugehen und das Gebäude zu lesen, es zu verstehen und in seiner historischen Substanz so weit wie möglich zu erhalten und doch die Wunden, die die Zeit mit sich gebracht hat, mit heutigen Mitteln zu reparieren. Und ich fand, dies sei infolge der architekturkritischen Betrachtungen der letzten Jahre heute immer noch die richtige Lösung.

Ich war und ich bin im Kontext des Reichstages geblieben. In meiner ersten Lösung und auch in der Überarbeitung betrachtete ich den Reichstag als einen Solitär. Der Sockel des Reichstages ist ein ganz wichtiges Element in der Komposition des ganzen Gebäudes, ebenso wichtig wie die Kuppel. Somit brauchte ich auch keinen Anbau an das Gebäude. Dies entspricht auch der historischen Einordnung im stadträumlichen Gefüge. Mit der Wiederherstellung der Bauvolumina des Dorotheenblocks und des Pariser Platzes erhielt der Reichstag gewissermaßen sein Rückgrat zurück. Das war gegen die Normen

the building. That is also in keeping with its historical integration into the urban planning structure. With the reinstatement of the structural volume of the Dorotheen block and Pariser Platz, the Reichstag regained its backbone to a certain extent. That was contrary to the competition specification, but in the second phase it was approved. I believe it was good to accept it like that, because it's the only correct solution.

Were your ideas regarding volumes heeded?

During the reworking, all three participants adopted as a model the idea that the Reichstag should be considered a solitary structure, and in the end, everybody adopted my idea of using the Dorotheen block - it had been simply borrowed out of my competition design.

You made a tunnel to link the Dorotheen block?

I made two recommendations. One was a pedestrian link above the street, like a bridge, and the other was to make a light, glazed subterranean hall which at the same time could have exploited car-parking possibilities, and serve as a pleasant hall or as a passage.

No extension or annex. Does that mean that the Reichstag meets the area requirements as specified in the competition?

You know, when I saw the program I thought at the start that this problem was insoluble. There are endless offices to be accommodated in the Reichstag. I also didn't understand why the site shouldn't be extended to the East. In the first version, it was my intention to organise a new inner structure, in other words, replace the structure of Baumgarten's time, which I didn't find so interesting, thus turning the Reichstag into a modern parliament building.

And then, to me it was of great interest to see in your book that Wallot had actually at that time worked innovatively with contemporary materials. He used a lot of glass and steel. For example, the library - which is for me comparable with Labrouste's Bibliothèque Nationale in Paris - is of extraordinary quality, with bright natural light and this semitransparent floor. These were all motifs for me which I used in the

des Wettbewerbes, ist aber in der zweiten Phase freigegeben worden. Ich glaube, es war gut, das so zu akzeptieren, weil es die einzige richtige Lösung ist.

Wurde Ihre Raumorganisation beachtet?

In der Weiterbearbeitung hat man als Vorlage die Idee übernommen, das Werk als Solitär zu betrachten, und alle haben die Idee der Verwendung des Dorotheenblocks übernommen, wie ich in meinem Wettbewerbsentwurf vorgeschlagen habe.

Sie haben die Verbindung zum Dorotheenblock untertunnelt?

Ich hatte zwei Lösungen vorgeschlagen: die eine wäre eine Parallele oberhalb der Straße, wie eine Brücke, und die andere eine leichte gläserne, unterirdische Halle, die gleichzeitig Parkmöglichkeiten schaffen, vor allem aber als schöne Halle oder als Übergang dienen sollte.

Keine An- oder Zusatzbauten heißt, daß das Reichstagsgebäude den Flächenanforderungen der Ausschreibung genügt?

Wissen Sie, als ich das Programm sah, hielt ich anfangs dieses Problem für unlösbar. Es gibt unendlich viele Büros, die im Reichstag untergebracht werden müssen. Auch verstand ich nicht, warum das Grundstück nicht nach Osten erweitert werden sollte. In der ersten Fassung war es meine Absicht, eine neue innere Struktur zu organisieren, d.h. die Struktur aus Baumgartens Zeit, die ich nicht so interessant finde, zu ersetzen und dadurch den Reichstag zu einem modernen Parlamentsbau zu machen.

Und dann war es für mich auch sehr interessant, in Ihrem Buch zum Reichstag zu sehen, daß Wallot in der Tat erfinderisch mit modernen Materialien umgegangen war. Er hat sehr viel Glas und Stahl verwendet. Beispielsweise ist die Bibliothek für mich vergleichbar mit der Bibliotheque Nationale in Paris von Labrouste von hervorragender Qualität, mit dem hellen natürlichen Licht und diesen halbtransparenten Böden. Das sind für mich alles Hinweise gewesen, die ich im Entwurf so weit benutzte, daß ich auch vorschlug, halbtransparente Bögen zu verwenden, das Licht bis unten durchschimmern zu lassen - also das Licht genau wie im Konzept von Wallot ganz tief in das Gebäude zu leiten.

design, to such a degree that I also recommended the use of semitransparent arches allowing the light to filter down - to guide the light deep into the building, exactly as in Wallot's concept.

How did the competition go from then?

All three of us in the first prize group were asked by the Bundesbaudirektion and the presidency of the Bundestag to rework our designs and present them by June 14th. There was no jury now, and no expert opinion amongst the hundred or so officials present in the hall. Competitions are entered mainly out of enthusiasm for architecture, and the challenge they should represent. It seems that the discussion had moved on to something else.

Finally: In one year you did five projects for Berlin. What kind of texture does this city have for you? What effect does Berlin have on you, when you see the city from the air, or from a car or train?

I find Berlin has a very pleasant scale. I mean the height of the houses, the character of the streets, the density and so forth. Everything is so fitting. Apart from that, Berlin has a few areas which are very important and interesting with regard to urban planning. The Reichstag, for example. Or Spreebogen, Unter den Linden, Pariser Platz and the Brandenburg Gate. The classicistic parts of the city have lovely axes. Finally, Berlin is predominantly a very green city, with large expanses of water and waterways. So the city is for me very special, still attributable to the 19th century.

Michael S. Cullen

Wie ging der Wettbewerb dann weiter?

Jeder von uns dreien aus der ersten Preisgruppe wurde von der Bundesbaudirektion und dem Bundestagspräsidium gebeten, seinen Entwurf zu überarbeiten und ihn bis zum 14. Juni wieder vorzulegen. Diesmal gab es keine Jury, auch keine Expertenmeinungen unter den etwa hundert Beamten im Saal. Man nimmt an Wettbewerben vor allem aus Begeisterung für die Architektur teil und wegen der Herausforderung, die sie darstellen sollen. Es scheint, daß sich die Diskussion auf etwas anderes verlagert hatte.

Zum Schluß: Sie haben in einem Jahr fünf Projekte für Berlin gemacht. Welche Textur hat diese Stadt für Sie? Wie wirkt Berlin auf Sie, wenn Sie die Stadt aus der Luft, aus dem Auto oder der Bahn betrachten?

Ich finde, Berlin hat einen sehr angenehmen Maßstab. Ich meine die Höhe der Häuser, den Charakter der Straßen, die Dichte usw. Alles ist sehr proportioniert. Außerdem hat Berlin einige sehr wichtige interessante städtebauliche Stellen, zum Beispiel am Reichstag, im Spreebogen, Unter den Linden, am Pariser Platz und am Brandenburger Tor. Die klassizistischen Teile der Stadt haben schöne Achsen. Schließlich ist Berlin vor allem eine sehr grüne Stadt mit großen Wasserflächen und Wasseradern, und so hat diese Stadt für mich etwas ganz Besonderes, das noch immer von der Romantik des 19. Jahrhunderts herrührt.

Michael S. Cullen

44 45

Kronprinzenbrücke bridge

1

By the end of the war the Kronprinzen Bridge, which was completed in 1880, had been reduced to a partial ruin, finally being demolished by the German Democratic Republic at the beginning of the seventies. After Reunification, the Berlin Senate decided to apply to the EC for a grant to build a new bridge. This resulted in a competition, which Caltrava was to win.

The old Berlin was surrounded by a city wall. The Spree, the river which had been largely responsible for the founding of the trading town, flows through the city from the southeast to the northwest. In earlier times, at the points where the river enters and leaves the city, tree trunks were laid in the water to act as barriers. To the south, this point was known as Oberbaum (Upper Tree) and to the north, Unterbaum (Lower Tree). In later times, bridges were to be built there - the Oberbaum Bridge and the Unterbaum Bridge. As a result of later rebuilding, the Unterbaum Bridge was renamed "Kronprinzen Bridge". Calatrava's commission was to reconstruct the Kronprinzen Bridge, and to redesign the overhead railway viaduct on the centre section of the Oberbaum Bridge.

The Unterbaum Bridge over the Spree was built below Schönhauser Graben in 1709 as a wooden counterpoise bridge linking the western edge of the suburb of Spandau to the Tiergarten. In the same way as the original "Unterbaum" had been relocated during expansion of the city, so had the original "Oberbaum" been moved, to later give its name to the Oberbaum Bridge. The city defences had lost their original meaning, and these "water gates", too, assumed the character of mere policing and fiscal barriers, part of the new system of weak walls and stockades surrounding the city which were erected by Friedrich Wilhelm I between 1732 and 1738.

At the beginning of the 19th century, the Unterbaum Bridge was rebuilt on a new site upstream, above Schönhauser Graben. "The Road Bridges of Berlin", published in 1896, comments on the alterations after this century:

"The Kronprinzen Bridge, built between 1877 and 1879, formerly known as the

Die um 1880 vollendete Kronprinzenbrücke war am Kriegsende eine Teilruine, die die DDR um 1972 beseitigen ließ. Nach der Wiedervereinigung beschloß der Berliner Senat, Mittel für die Wiederherstellung bei der Europäischen Gemeinschaft zu beantragen, und ließ einen Wettbewerb für die Realisierung abhalten, den Calatrava gewann.

Das alte Berlin war von einer Mauer umgeben. Die Spree, jener Fluß, der einst für die Gründung der Handelsstadt maßgeblich war, fließt durch die Stadt von Südosten nach Nordwesten. Dort, wo sie in die Stadt hinein fließt und dort, wo sie aus der Stadt heraus fließt, legte man früher Bäume ins Wasser; im Süden der hieß diese Stelle der Oberbaum, im Norden der Unterbaum. Später wurden dort Brücken errichtet: die Oberbaumbrücke und die Unterbaumbrücke. Aus Anlaß eines Neubaus erhielt die Brücke am Unterbaum den Namen "Kronprinzenbrücke". Calatravas Aufgabe bestand nun darin, die Kronprinzenbrücke neu zu errichten und den Hochbahnviadukt im Mittelteil der Oberbaumbrücke neu zu gestalten.

Die Unterbaumbrücke entstand vor 1709 unterhalb des Schönhauser Grabens als hölzerne Klapp-Brücke und verband den westlichen Teil der Spandauer Vorstadt mit dem Tiergarten. In der gleichen Weise wie der alte Unterbaumwährend einer Erweiterung des Stadtgebietes verlegt worden war, war auch der alte Oberbaum verschoben worden, um dann später der Oberbaumbrücke ihren Namen zu geben. Die Festungswerke verloren dann ihre eigentliche Bedeutung, und so nahmen auch diese Wassertore den Charakter einer nur polizeilichen und finanzfiskalischen Sperre an, als Teil der 1732 bis 1738 unter Friedrich Wilhelm I. ausgeführten, aus schwachen Mauern und Palisaden bestehenden neuen Umwehrung der Stadt.

Am Anfang des 19. Jahrhunderts wurde die Unterbaumbrücke umgebaut, wobei sie flußaufwärts oberhalb des Schönhauser Grabens verlegt wurde. In dem Buch "Die Strassen-Brücken in Berlin" (1896) sind die nachfolgenden Veränderungen erläutert:

"Die in den Jahren 1877/79 erbaute Kronprinzen-, früher Unterbaum-Brücke, die

Unterbaum Bridge, and carrying its present name in honour of the memory of the first crown prince of the German Reich, later to become Kaiser Friedrich III, spans the River Spree on a site concavely curved towards the southwest and lying to the northwest of the Marschall Bridge and to the southwest of the Alsen Bridge, having three openings of 15,48 metres, 18,68 metres and 15,48 metres, and thus possessing a total span of 49,64 metres; the land abutments, 54,64 metres apart and both the standing piers align with the current of the river, intersecting the axis of the bridge with a right angle. The width of the bridge between the ballustrades is 22,00 metres, the paved areas each being of 4 metres width, with 14 metres to be allowed for the road. With a reduction of 0.56 metres height from the height of the crown of +36.67 N.N., the outermost part of the underside of the construction of the central river span was set at 36.11 N.N., thus dictating the height of the banks, and considering the low level of the adjacent roads, this further resulted in a requirement for considerable earth works. The bridge piers and end abutments exhibit foundations of the usual concrete, the standing piers being in addition protected from erosion by a backfill of stones. The foundation stonework is executed in a brick tile facing in a cement mortar, with the visible surfaces up to the springers of the abutments being faced with rough hewn stonework of Silesian Granite, the same in respect of the facing of the piers and end abutments themselves.

The iron construction comprises twelve arched iron trusses each with springing stones, calculated as three arched trusses for each opening... The road deck is formed by 8mm thick, forged curved plates which carry a concrete layer as bedding for paving stones of 15 cm height. The pavement of granite slabs, 12 to 16 cm thick, is supported above the three outer main trusses in a more awkward way by transverse and longitudinal trusses. The transverse trusses also support the gas and water piping passing over the bridge. The outer plates at the same time form the main mouldings and the inner plates form the kerbs, which with later bridges have been omitted, as being less recommendable.

ihren jetzigen Namen zu Ehren und zur Erinnerung an den ersten Kronprinzen des Deutschen Reiches, den nachmaligen Kaiser Friedrich III., führt, überschreitet die Spree an einer nach Südwesten konkav gekrümmten Stelle nordwestlich von der Marschall- und südöstlich von der Alsen-Brücke mit drei Öffnungen von 15,48 m, 18,68 m und 15,48 m, also von im ganzen 49,64 m lichter Weite; die 54,64 m voneinander entfernten Landwiderlager und die beiden Flusspfeiler liegen stromgerecht und schneiden die Brückenachse unter einem rechten Winkel. Die Breite der Brücke zwischen den Geländern beträgt 22,0 m; je 4,0 m sind hiervon auf die beiden Bürgersteige und 14,0 m auf die Fahrbahn zu rechnen. Die Konstruktionsunterkante der mittleren Flussöffnung wurde auf +36,11 N.N. festgesetzt. Bei der äußersten Einschränkung der Konstruktionshöhe auf 0,56 m ergab sich als Höhe der Dammkrone im Brückenscheitel +36,67 N.N. und hieraus wiederum, bei der tiefen Lage der anliegenden Strassen, die Nothwendigkeit erheblicher Anschüttungen. Die Gefälle der zu der Brücke führenden Straßen betragen in der Roon- und Karlstrasse etwa 1:40; in den Uferstrassen wechseln sie zwischen 1:33,7 und 1:53,5. Die Brückenpfeiler und die Endwiderlager zeigen die übliche Gründungsart auf Beton; die Flusspfeiler sind außerdem durch Steinschüttungen gegen Unterspülung geschützt. Das Grundmauerwerk ist aus Klinkern in Zementmörtel ausgeführt und in den sichtbaren Flächen bis zu den Kämpfern mit Werksteinen aus schlesischem Granite verblendet; das Gleiche ist an den Stirnen der Pfeiler und Endwiderlager der Fall.(...)

Die Eisenkonstruktion besteht für jede Öffnung aus zwölf eisernen Bogenfachwerk-Hauptträgern mit Kämpfer-Gelenken, die als Fachwerkbögen mit drei Gelenken berechnet sind, während thatsächlich die Scheitelgelenke fortgelassen und die statt dessen angeordneten Scheitelstösse verschraubt sind. Die oberen Gurtungen liegen im Gefälle von 1:50, die unteren sind nach einem Kreisbogen gekrümmt. Der Obergurt-Querschnitt besteht aus zwei ungleichschenkligen Winkeleisen in den Abmessungen 76 x 152 mm und einem

dazwischen liegenden Bleche 10 x 152 mm. Der Untergurt setzt sich aus vier ungleichschenkligen Winkeleisen von 105 x 75 mm zusammen. Die Diagonalen und Vertikalen bestehen aus je zwei über Eck gestellten gleichschenkligen Winkeleisen. An den Auflagern der Hauptträger schiebt sich zwischen die Untergurtwinkel ein keilförmiges Schmiedestück, das in einer Platte endigt. Zwischen diesem und der gusseisernen Lagerplatte liegt der stählerne Auflagerkeil, der die Gelenkwirkung gewährleisten soll. In den beiden Scheitelfeldern haben Ober- und Untergurt ein gemeinsames durchgehendes Stehblech; die Verbindungen in senk- und waagerechtem Sinne sind unmittelbar neben der Trägermitte durch Schrauben hergestellt. Die Fahrbahn ist aus 8 mm starken, schmiedeeisernen Buckelplatten gebildet, die als Unterbettung des 15 cm hohen Steinpflasters eine Kiesbetonschicht tragen. Der aus vier Reihen Granitplatten von 12 bis 16 cm Stärke bestehende Bürgersteig über den drei äusseren Hauptträgern ist in etwas schwerfälliger Weise durch Quer- und Längsträger gestützt. Die Querträger dienen auch als Träger der über die Brücke führenden Gas- und Wasserleitungsrohre. Die äusseren Platten bilden zugleich das Hauptgesims, die inneren Bordschwellen, was bei späteren Brückenbauten als weniger empfehlenswerth vermieden worden ist.(...)

Das gusseiserne Brückengeländer, bei dessen künstlerischer Gestaltung das rollende Rad den Grundgedanken gebildet hat, ist zwischen kleinen Pfeilern aus Granit eingefügt, die sich über den Flusspfeilern erheben. Bei den in der Folgezeit errichteten Brücken ist eine thatsächliche Verbindung der eisernen Geländer mit den steinernen Postamenten vermieden, vielmehr sind die eisernen und steinernen Bestandtheile völlig unabhängig von einander ausgeführt worden. Jeder dieser Zwischenpfeiler bildet den Sockel eines großen Lichtträgers aus Eisen-Kunstguss mit je drei Gaslaternen; an den Bordkanten sind ausserdem je drei Strassenkandelaber aufgestellt. Die äußeren Hauptträger sind durch gusseiserne durchbrochene Platten verkleidet und somit die Konstruktionsformen dem Anblicke des Besuchers entzogen.

The cast iron bridge ballustrade, the basic artistic conception of which brings to mind the rolling of the wheel, is set between small granite pillars raised above the standing piers. With bridges of a later construction, the actual connection of the iron ballustrades with stone pedestals is avoided, it being more the case that iron and stone components have been executed in a completely independent manner. Each of these intermediate supports forms the base of a great lamppost of decorative cast iron, each possessing three gas lanterns; on the kerbs, in addition, being placed three street candelabra. The main outer trusses are dressed with pierced cast iron plates, and so distract the visitor from the structural form.

The visible surfaces of the standing piers and end abutments are adorned with reliefs both beneath and upon the above water side, created by the sculptor Max Klein and produced in copper by the methods of galvanoplasty."

The Kronprinzen Bridge was demolished at the beginning of the 70's, the standing pier foundations and the abutments remaining, however. Today, only the southern abutment remains (Tiergarten District), the northern one (Central District) having been replaced by new reinforcements to the river bank. The pier foundations still exist, level with the bed of the Spree.

At the end of 1990 the Berlin Senate decided to reconstruct the bridge, and the European Community agreed to finance 50% of the cost. The reconstruction program was developed by the Berlin architect Bernhard Strecker, in association with the engineers Regine Lautenschläger and Martin Amme. A competition, with the winner being awarded the contract after a single selection stage, was decided upon, and 10 architects being invited. Included in the jury were the English architect Nicholas Grimshaw and the Berlin architect Joseph Paul Kleihues. April 22nd, 1991 was chosen as the date for public announcement of the competition, with proposals to be initially submitted by June 28th - later postponed to August 16th. The jury sat on September 6th, 1991, with the architect Verena Dietrich being appointed to the chair. Catatrava's design was awarded

Die Ansichtsflächen der Fluss- und Landpfeiler sowohl auf der Unter- als auch auf der Oberwasserseite sind mit Reliefs geschmückt, die von dem Bildhauer Max Klein modellirt und auf galvanoplastischem Wege in Kupfer hergestellt sind."

Anfang der 70er Jahre wurde die Kronprinzenbrücke abgerissen, wobei jedoch die beiden Flußpfeiler und die Widerlager bestehen blieben. Heute ist nur noch das südliche Widerlager (Bezirk Tiergarten) erhalten, das nördliche (Bezirk Mitte) ist durch eine neue Uferbefestigung ersetzt. Zusätzlich sind noch die Fundamente der Flußpfeiler auf der Höhe des Spreebettes vorhanden.

Ende 1990 beschloß der Berliner Senat, die Brücke wiederaufzubauen. Die Europäische Gemeinschaft gab die Zusage, den Wiederaufbau zur Hälfte mitzufinanzieren. Das Bauprogramm wurde vom Berliner Architekten Bernhard Strecker zusammen mit den Ingenieuren Regine Lautenschläger und Martin Amme entwickelt. Man beschloß, einen einstufigen beschränkten Realisierungswettbewerb durchzuführen mit 10 eingeladenen Architekten; im Preisgericht waren u.a. vertreten der englische Architekt Nikolas Grimshaw und der Berliner Architekt Prof. Joseph Paul Kleihues. Als Ausgabedatum wurde der 22. April 1991 gewählt, die Arbeiten selbst sollten zunächst spätestens am 28. Juni, später am 16. August, eingeliefert werden. Das Preisgericht selbst tagte am 6. September 1991, es wurde die Architektin Verena Dietrich zur Vorsitzenden gewählt. Calatravas Entwurf erhielt den ersten Preis und wurde zur weiteren Arbeit empfohlen. Dieses Projekt beschrieb die Jury wie folgt:

"Der Verfasser nimmt auf die Tradition der Dreifelder-Spreebrücken bewußt Bezug. Die Reinterpretierung ist jedoch eine zeitgemäße Konstruktion.

Die Brücke integriert sich feinfühlig in den Spreeraum. Die vorgeschlagene Bogenbrücke auf zwei Flußpfeilern kommt ohne aufragende Konstruktion aus. Vier schlanke höhere Lichtmasten markieren ihre Position im Stadtraum. Es sind keine Rampen vorgesehen.(...)

Es wird eine möglichst leichte

first prize, and was recommended for further review. The jury described Calatrava's project in the following way:

"The author has purposefully taken as a model the tradition of Spree bridges with three arches. The reinterpretation of this is achieved using a contemporary construction, however.

The bridge is delicately integrated into the immediate area of the Spree. The proposed arched bridge, resting on two standing piers, is achieved without a protruding superstructure. Four high, slender illuminated masts pinpoint the structure within its urban setting and no approaches to the bridge are anticipated. (...)

The lightest possible construction has been aimed at, with all components being coordinated. The three span, steel bridge is stiffened with composite plates. The main arch system and the supporting cross ribs are spacially superimposed. (...)

The structure is filigree, and the bridge piers resemble boats in the water, giving an impression of only lightly supporting it. This lightness 'disguises' considerable forces, however, not immediately appreciated by the observer. The cross section selected appears somewhat posed, since the bridge does not take the most direct way through to its foundations beneath. The relationship of arch to bank beneath the bridge is decorative in effect, and the detail of the individual components has a certain poise."

Michael S. Cullen

Konstruktion angestrebt, bei der alle Teile statisch zusammenwirken. Die Dreifeld-Stahlkonstruktion ist mit Stahlbeton-Verbundplatten ausgesteift. Stabbogensystem und Biegeträgersystem sind räumlich überlagert.(...)

Die Struktur ist filigran, die Auflager im Wasser wirken wie Boote, auf denen sich die Brücke scheinbar nur leicht abstützt. Diese Leichtigkeit 'versteckt' aber beträchtliche Kräfte. Diese werden aber vom Betrachter nicht wahrgenommen. Der gewählte Querschnitt wirkt etwas manieriert, da die Druckkräfte nicht den direktesten Weg in den Boden nehmen. Der Bogenrisalit in der Böschung unter der Brücke wirkt dekorativ. Die Detaillierung einzelner Bauteile weist einen gewissen Manierismus auf."

Michael S. Cullen

The objective of this project is to develop, within Berlin's Spree bridge tradition, a modern bridge which is contemporary from both the constructional and design point of view. In its role as a city bridge, it is divided into three separate areas: pedestrian way, cycle way and road. The pedestrian and cycle ways lie above the road surface.

Das Ziel dieses Projekts ist es, aus der Tradition der Berliner Spreebrücken eine moderne Brücke zu entwickeln, die in konstruktiver und gestalterischer Hinsicht zeitgemäß ist. Als Stadtbrücke ist sie in drei Bereiche unterteilt: Fußweg, Radweg und Straße. Fußweg und Radweg liegen höher als die Straßenfläche.

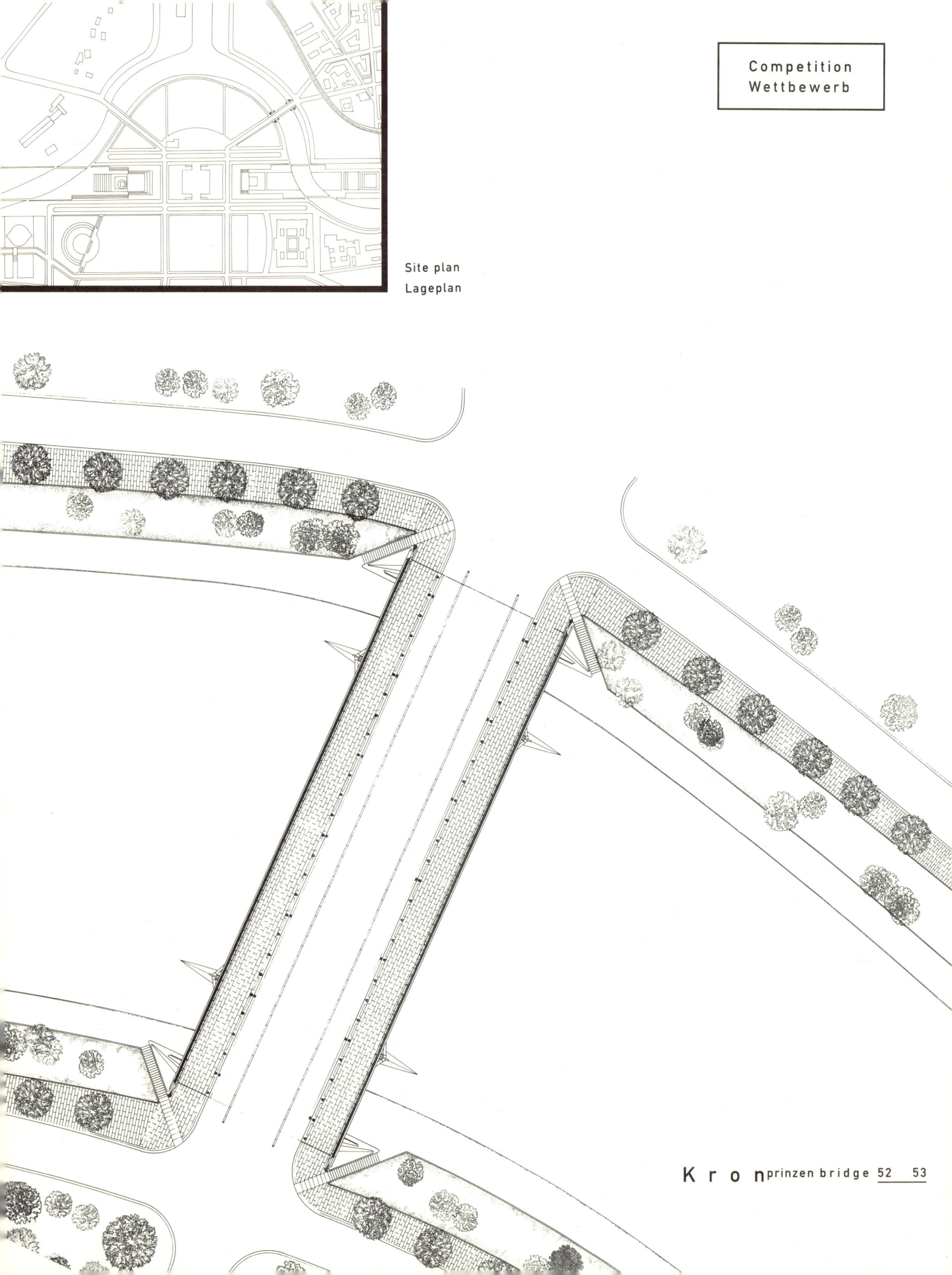

Competition
Wettbewerb

Site plan
Lageplan

Kronprinzen bridge 52 53

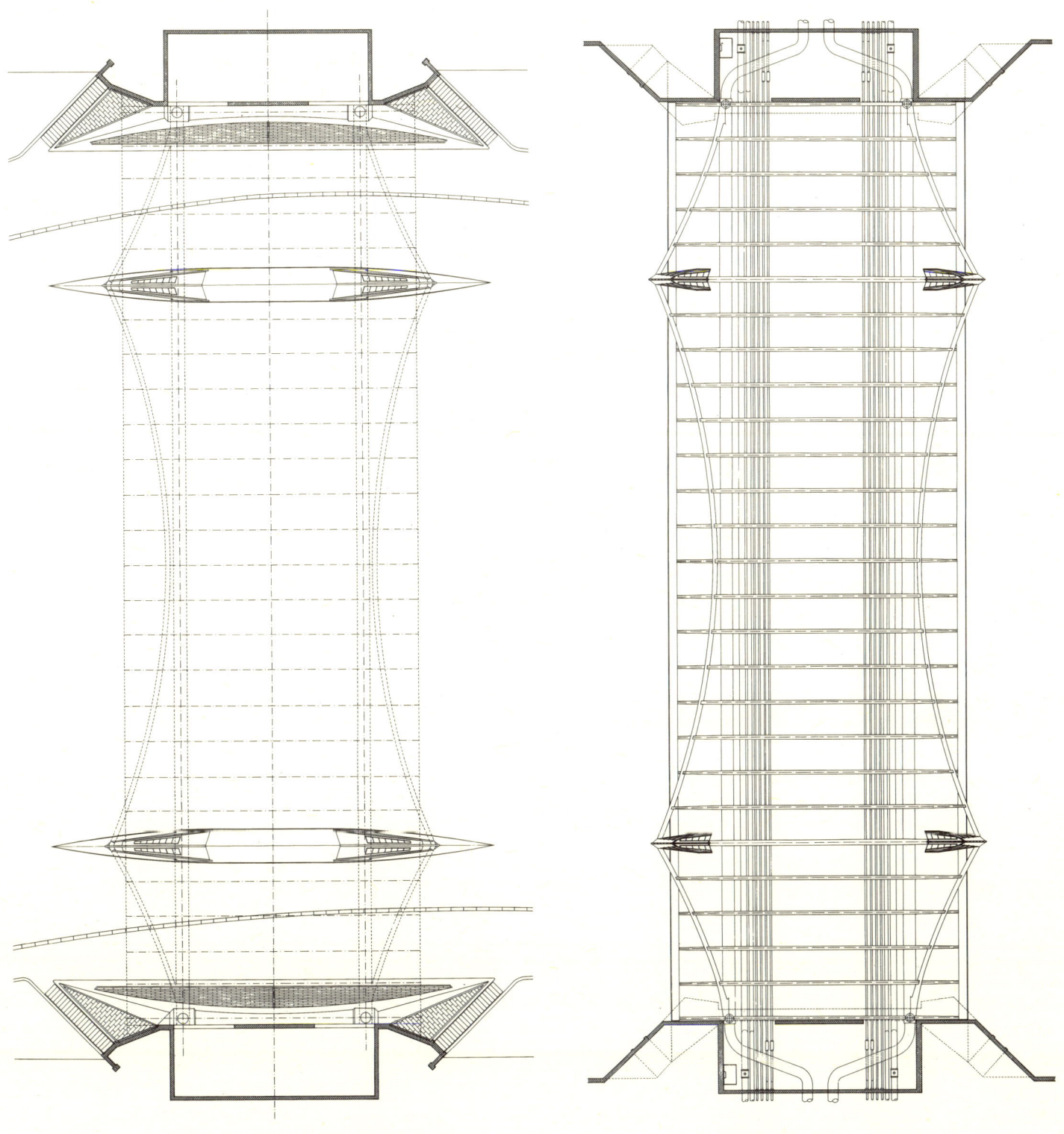

Plan of abutments and bridge supports
Widerlager und Flußpfeiler: Aufsicht

View from below
Untersicht

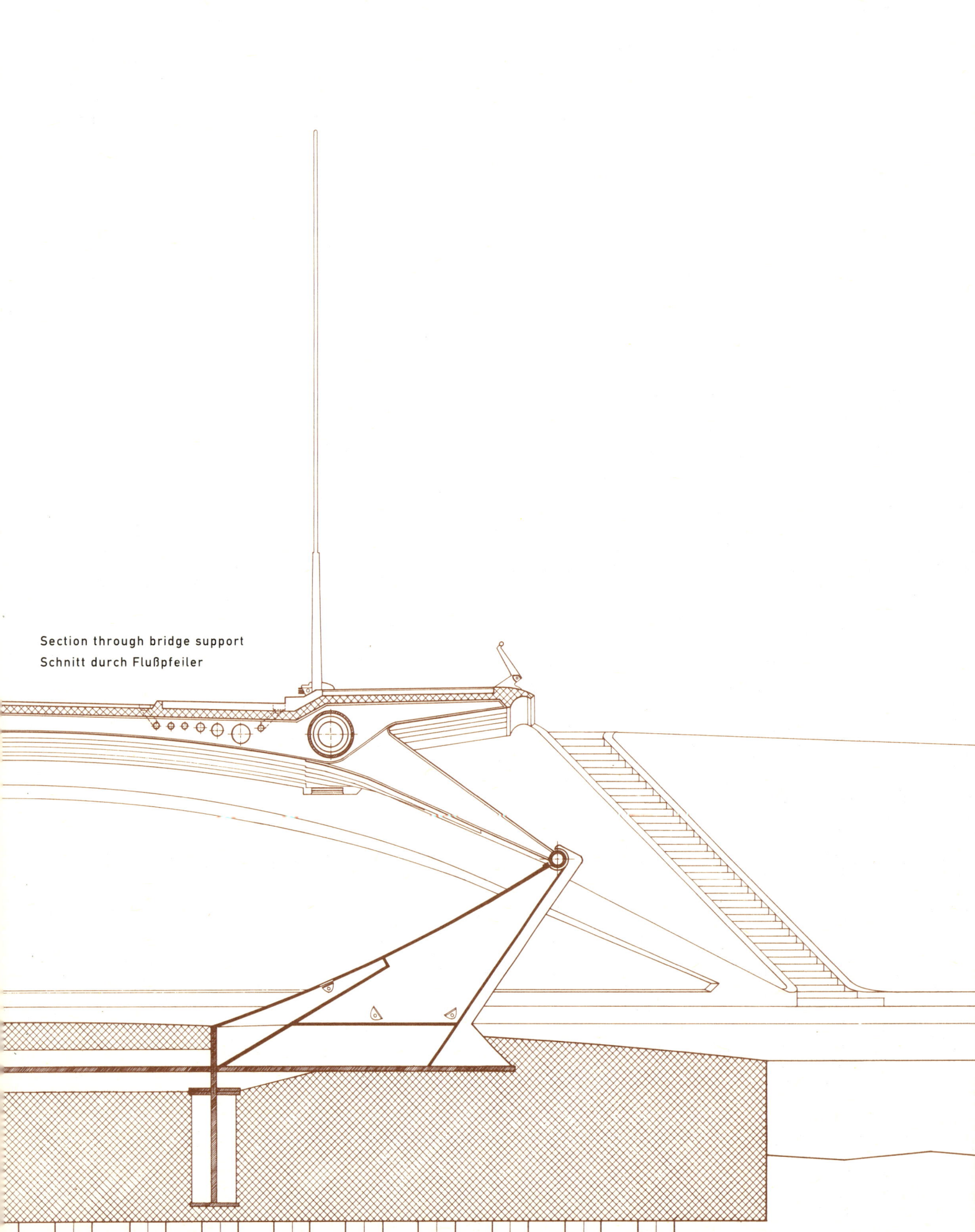

Section through bridge support
Schnitt durch Flußpfeiler

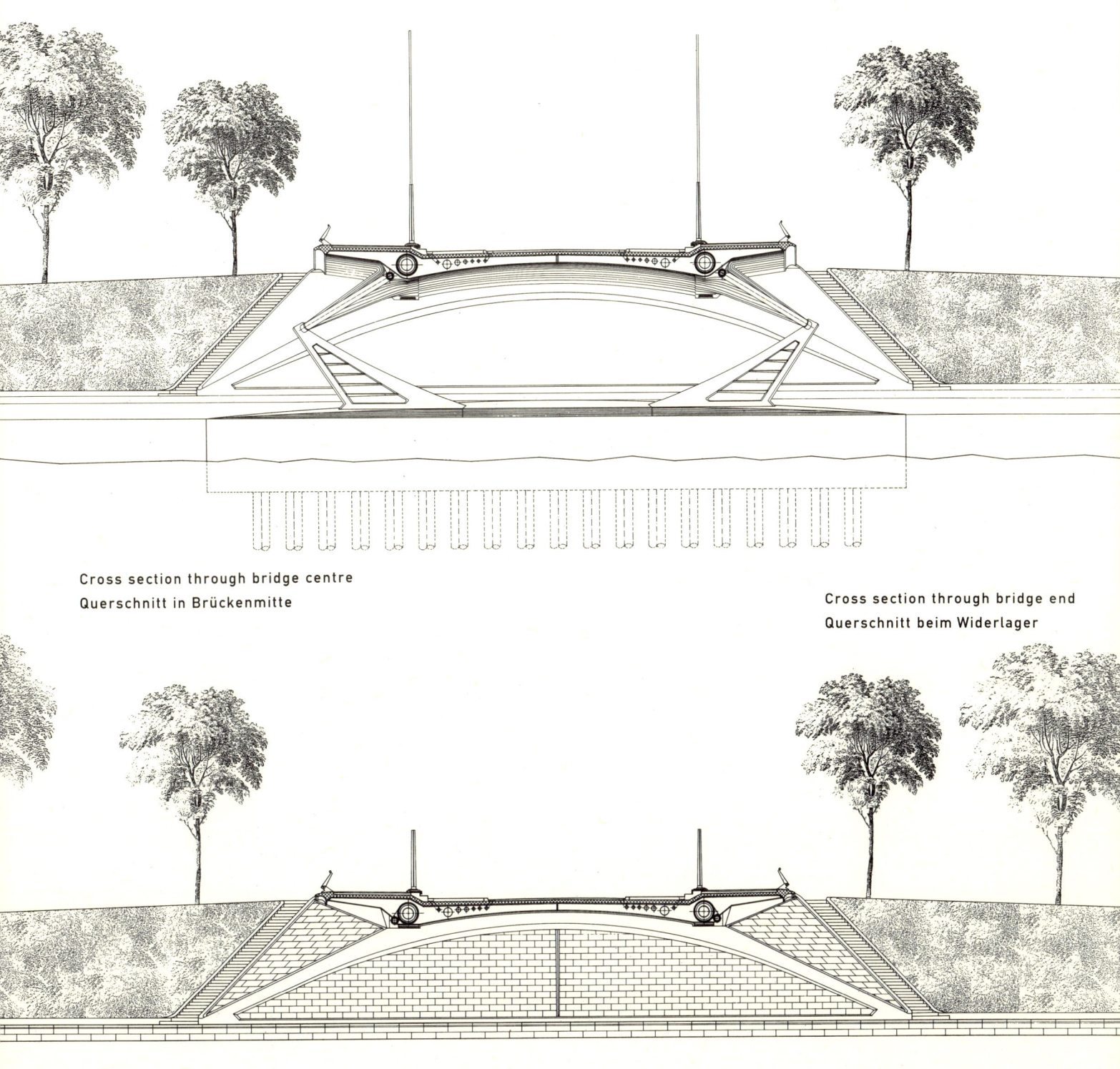

Cross section through bridge centre
Querschnitt in Brückenmitte

Cross section through bridge end
Querschnitt beim Widerlager

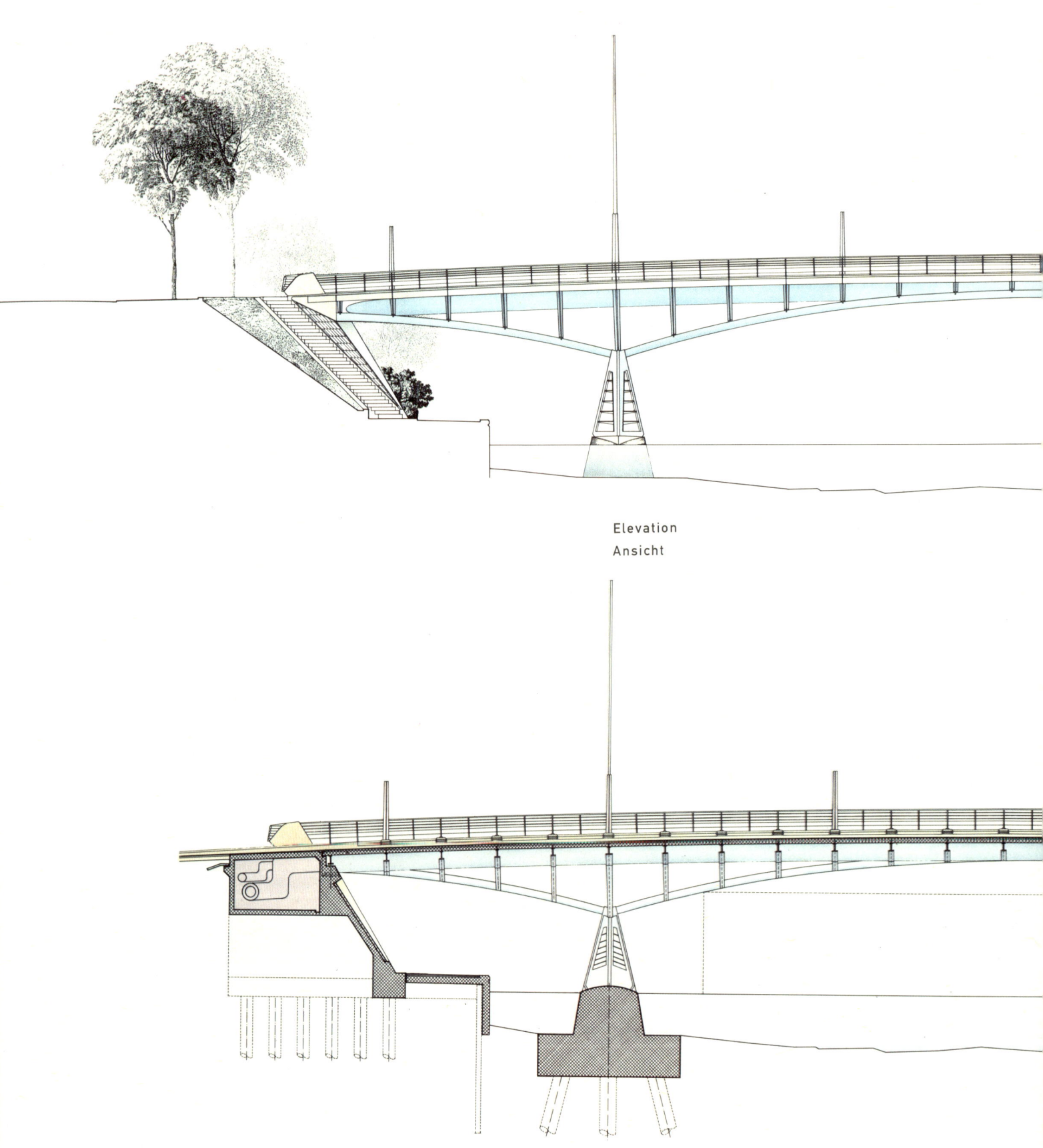

Elevation
Ansicht

Kronprinzen bridge

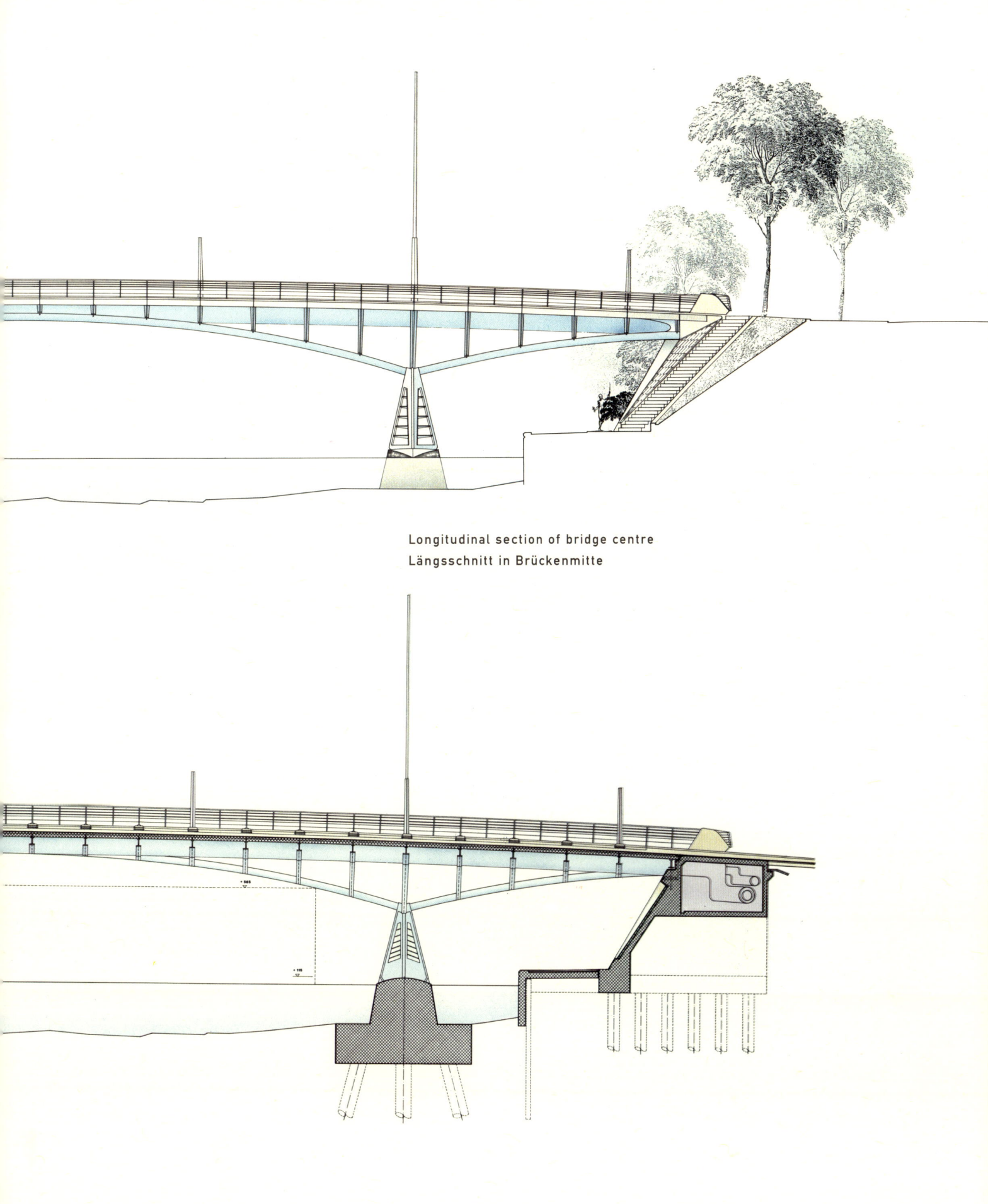

Longitudinal section of bridge centre
Längsschnitt in Brückenmitte

Underside of bridge
Brückenuntersicht

River support
Flußpfeiler

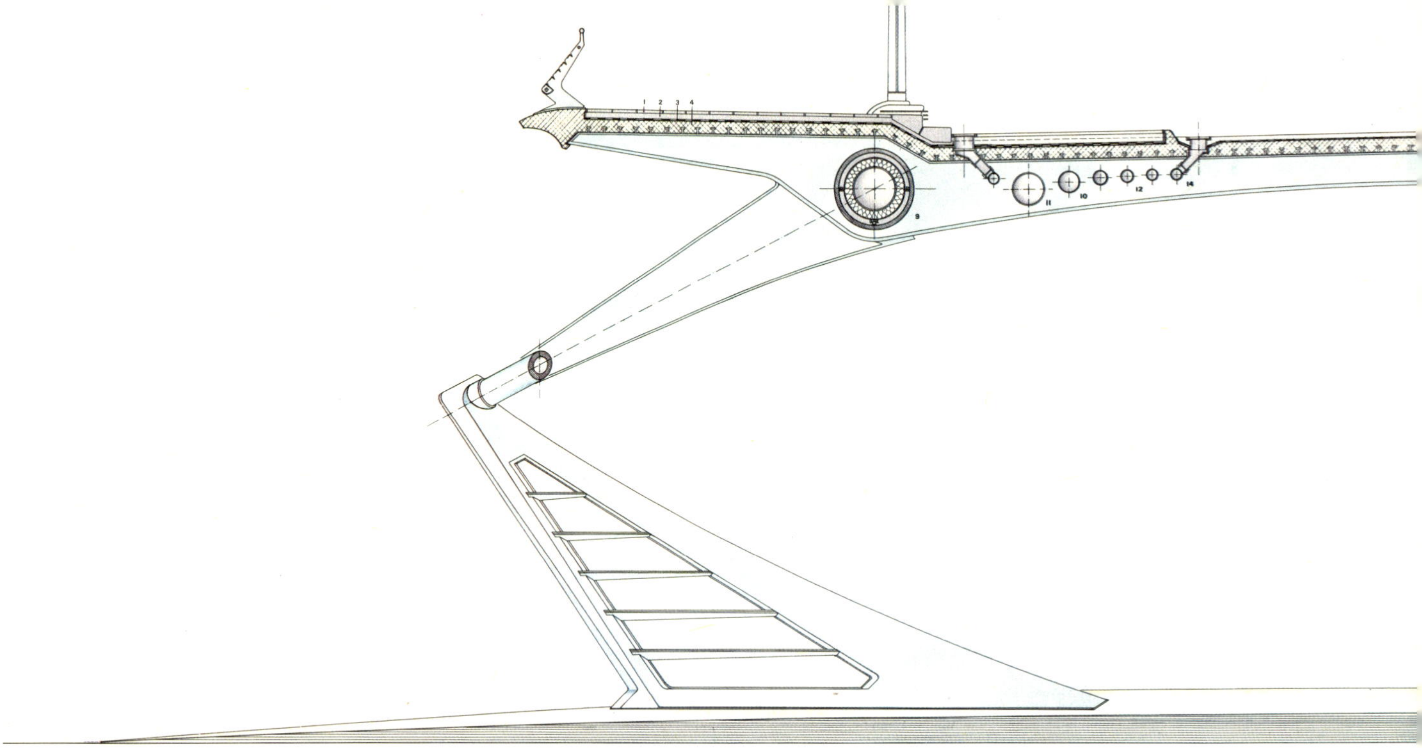

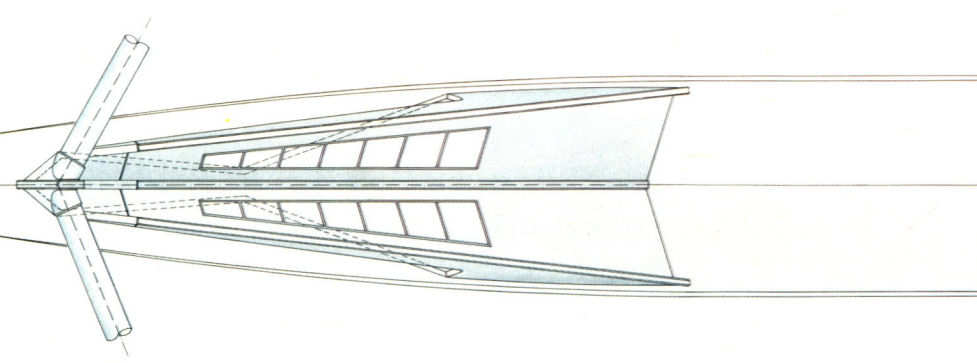

Bridge support, elevation
Flußpfeiler: Seitenansicht

Bridge support, plan
Flußpfeiler: Aufsicht

Bridge support, elevation
Flußpfeiler: Frontalansicht

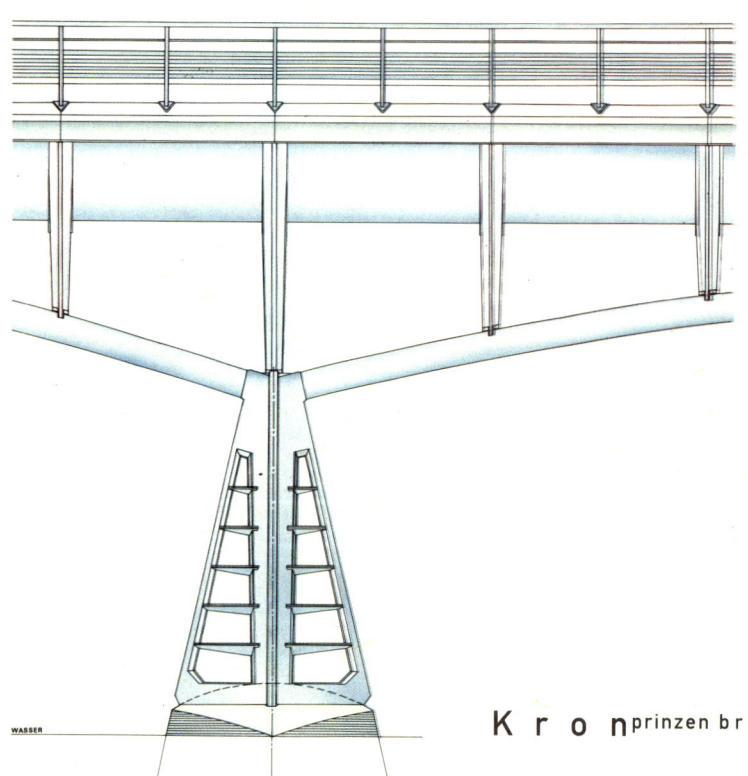

Kronprinzen bridge 60 61

Bending resistant connection between superstructure and base. The road deck plate is concrete, bonding with the steel structure.

Feste Auflagerung des Oberbaus auf dem Unterbau.
Die Fahrbahnplatte ist aus Beton und wirkt statisch im
Verbund mit der Stahlkonstruktion.

Details: railings, lamps, road surface
Details: Geländer, Lampen, Belag

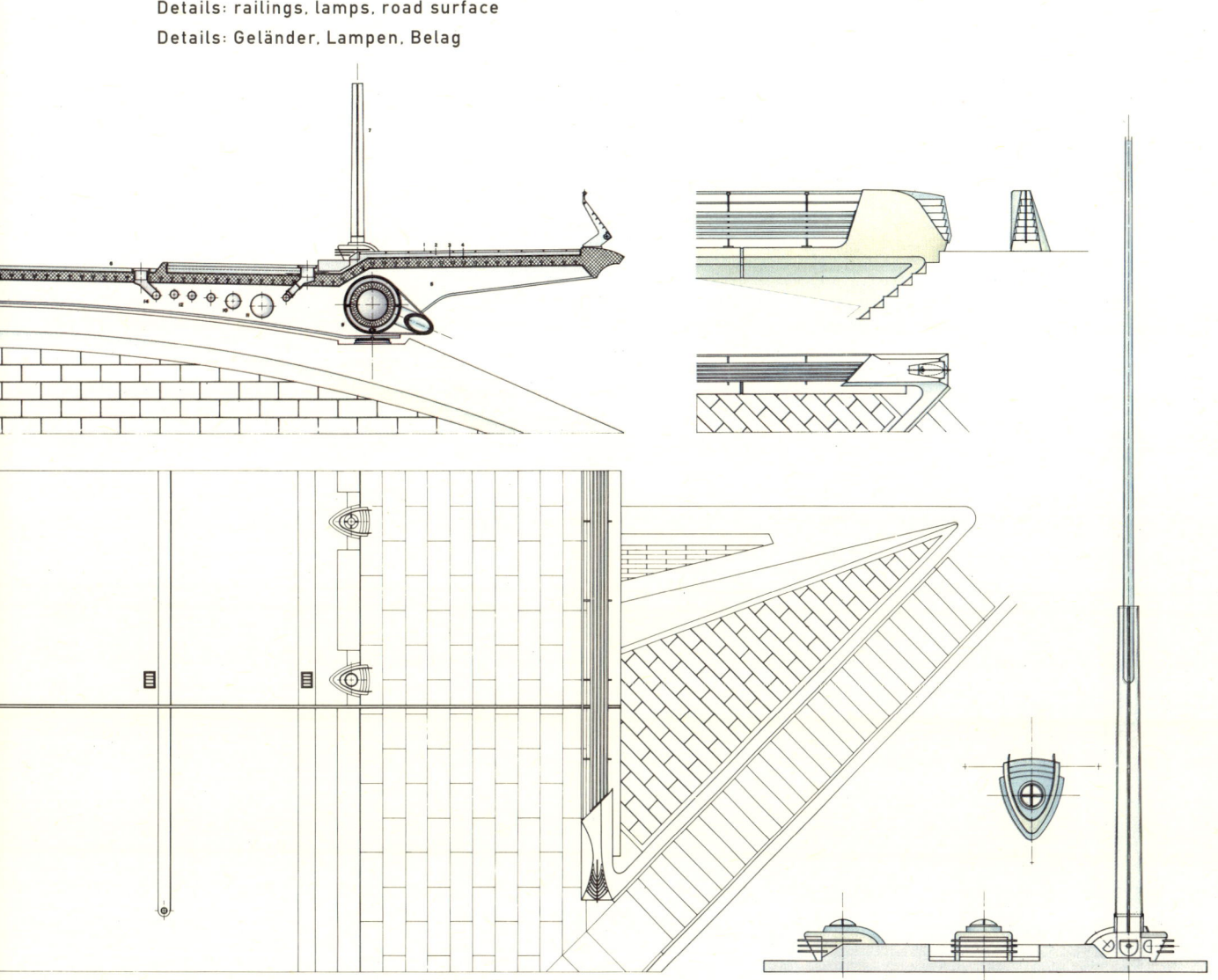

The superstructure is mounted to displace longitudinally on one fixed bearing, which is in turn mounted on the open framework bridge support. At one side, there is a fixed bearing.

Der Oberbau ist längsverschiebbar auf der aufgelösten Flußpfeilerkonstruktion gelagert. Ein festes Lager ist auf einer Uferseite angeordnet.

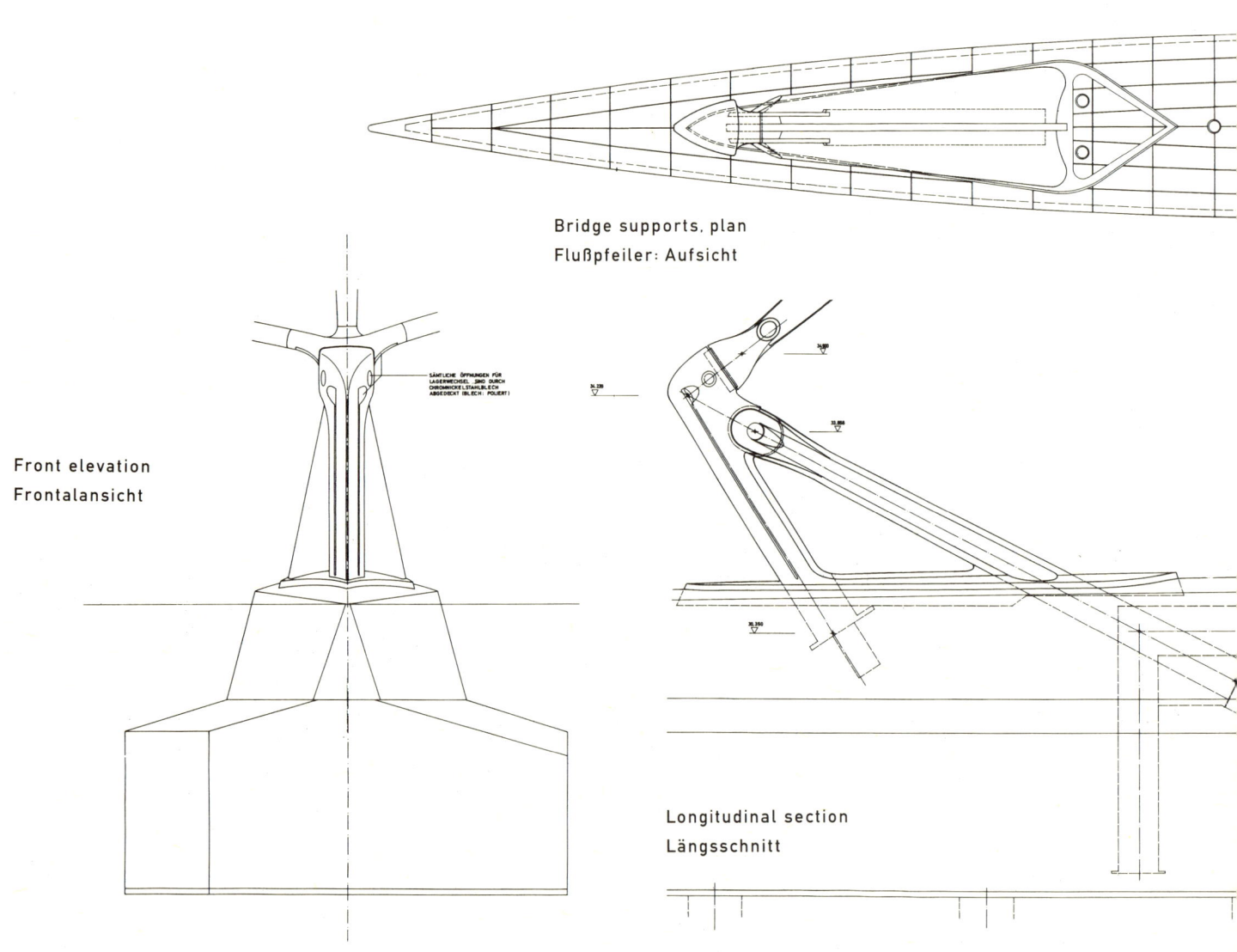

Bridge supports, plan
Flußpfeiler: Aufsicht

Front elevation
Frontalansicht

Longitudinal section
Längsschnitt

Kronprinzen bridge

First proposal
Erster Vorschlag

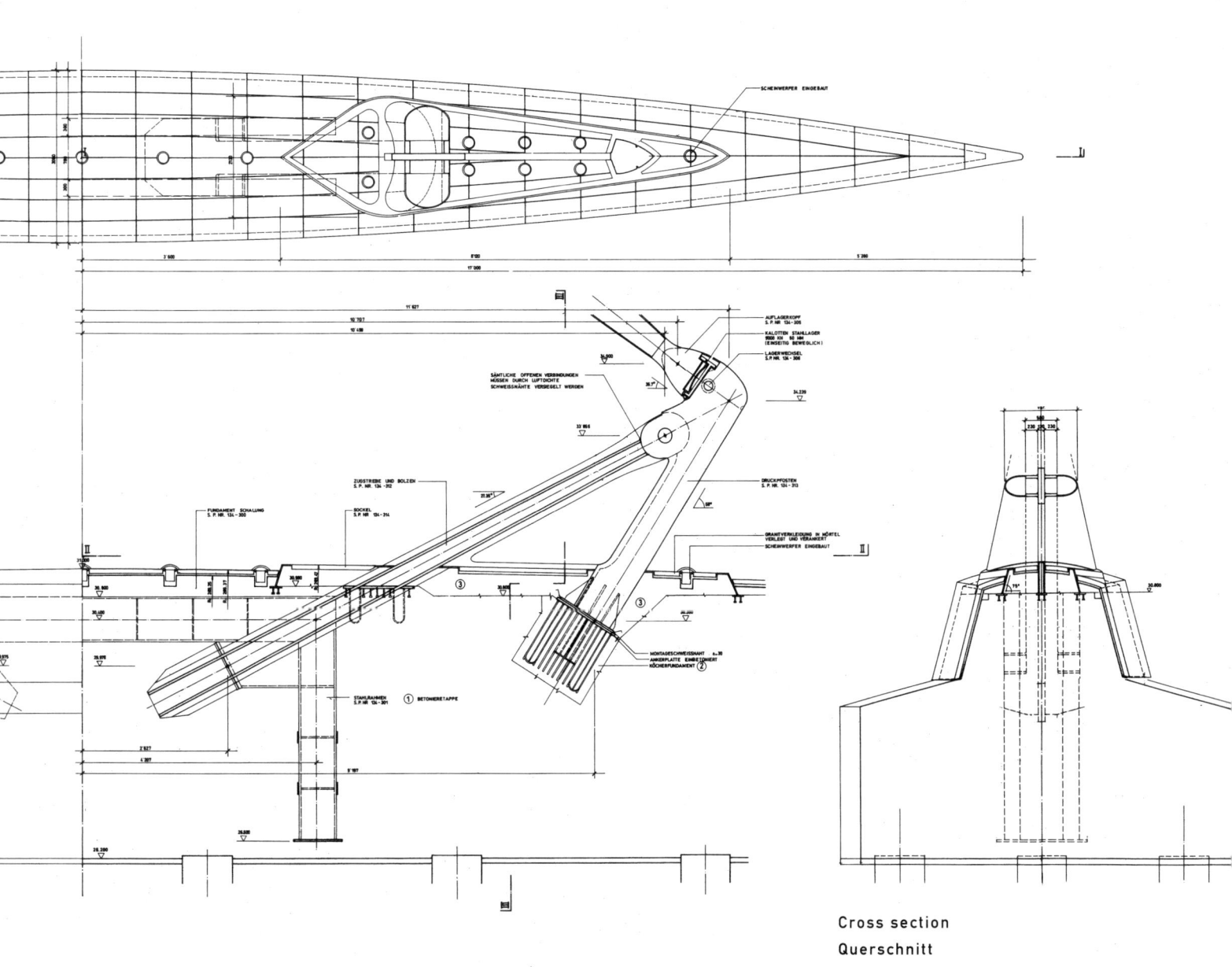

Cross section
Querschnitt

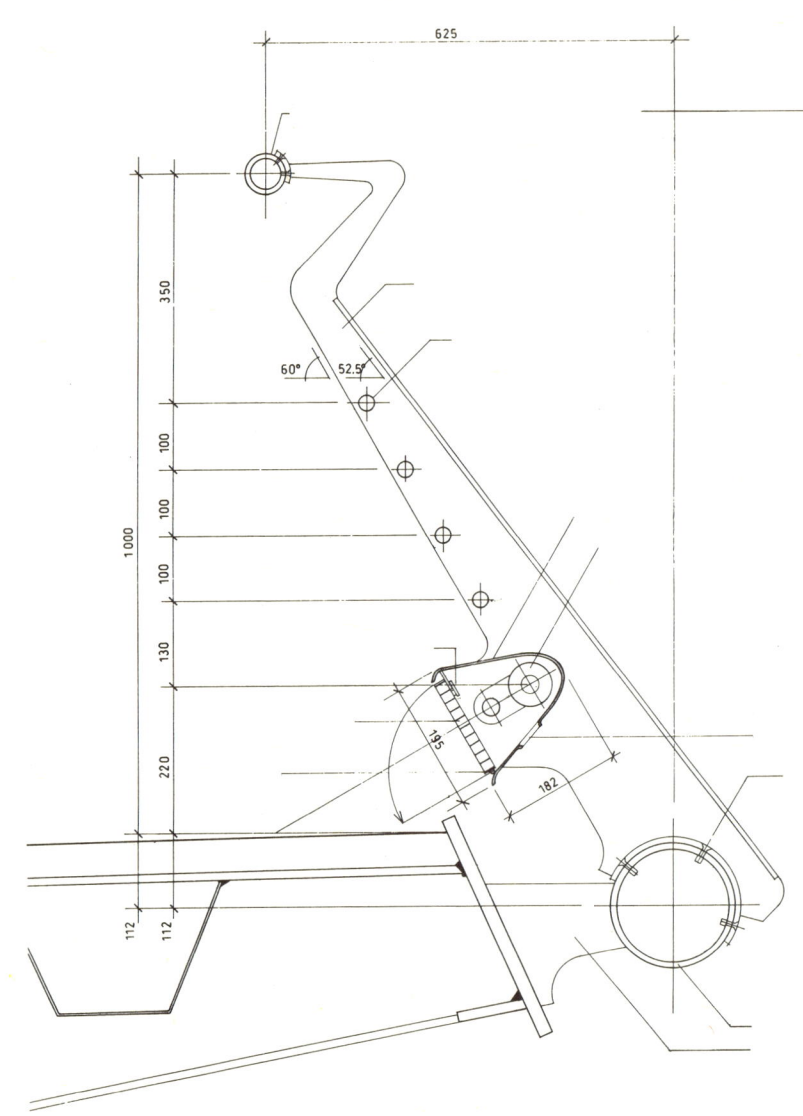

Railing detail
Geländer: Details

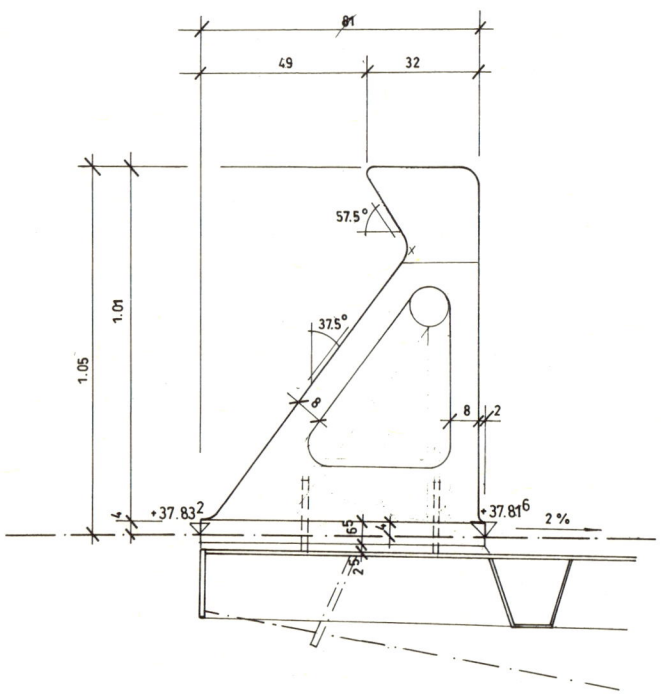

Kronprinzen bridge 64 65

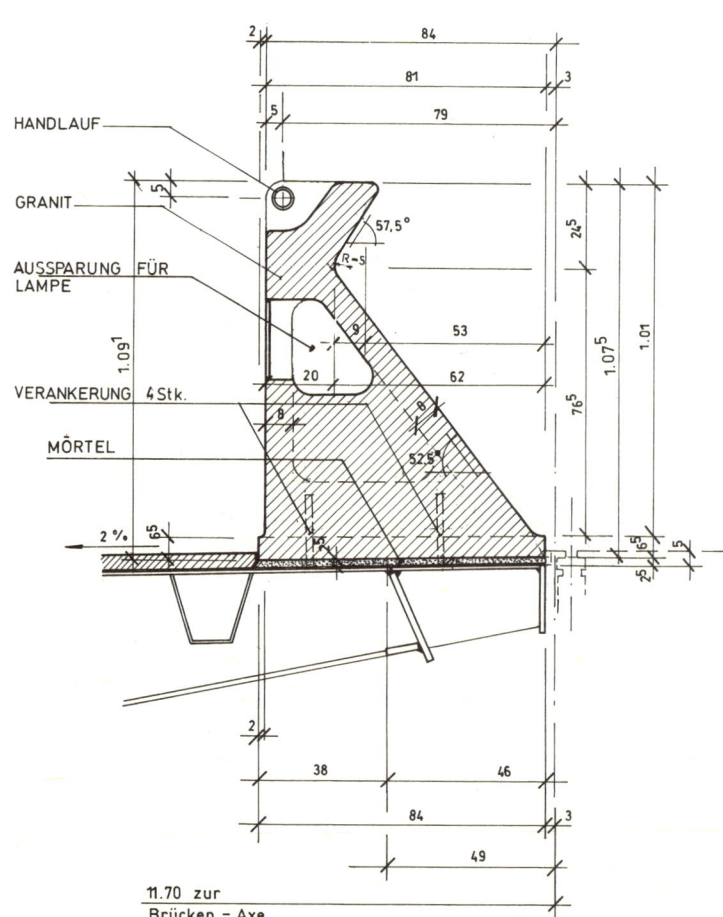

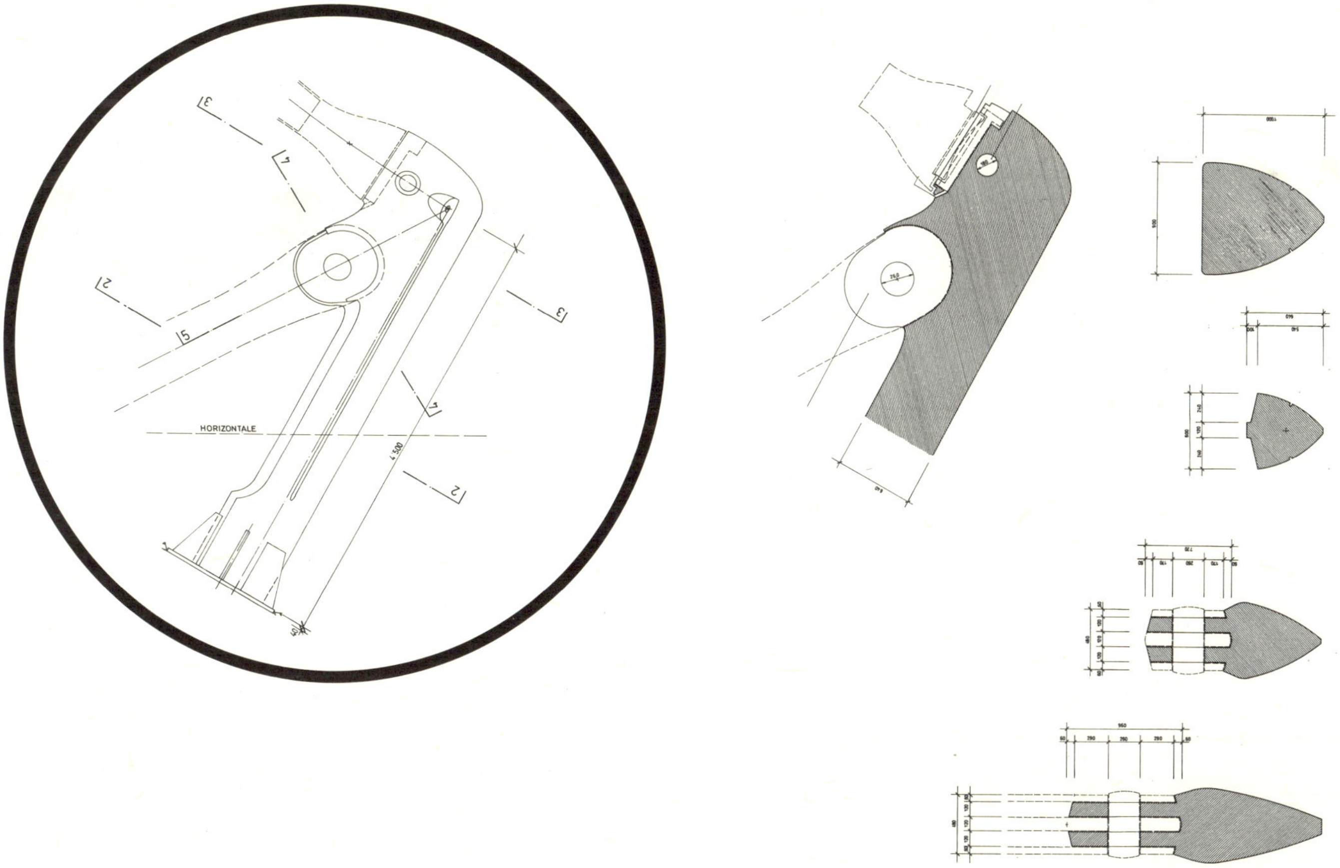

Granite railing end block
Geländerabschlußstein aus Granit

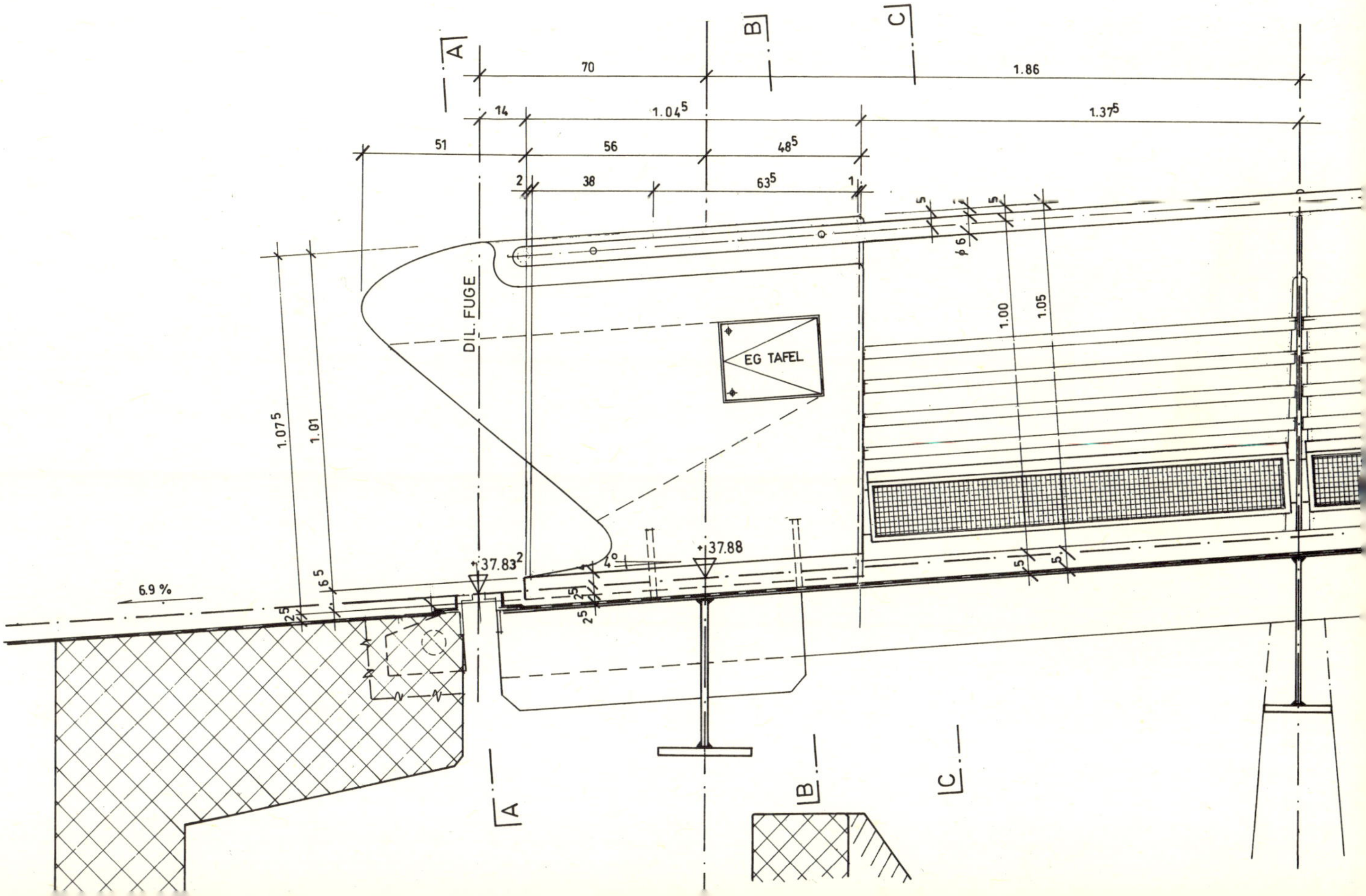

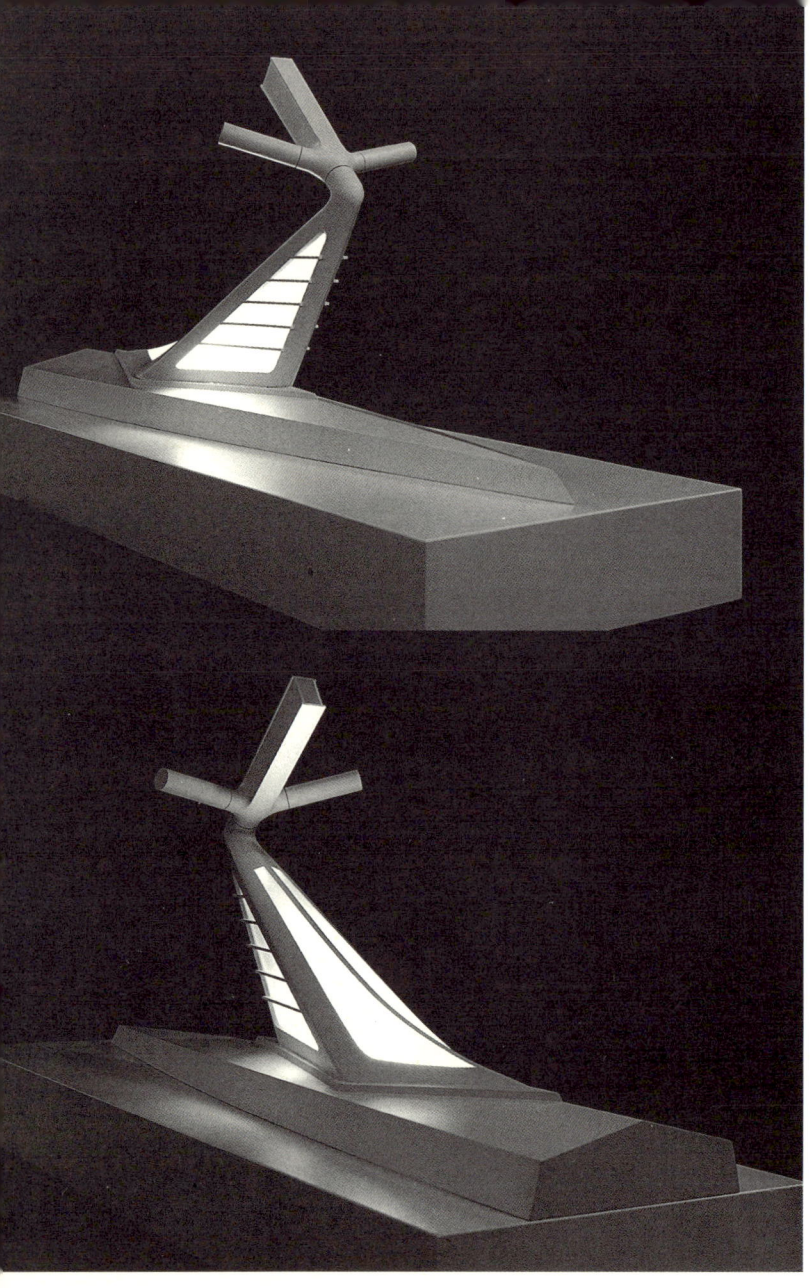

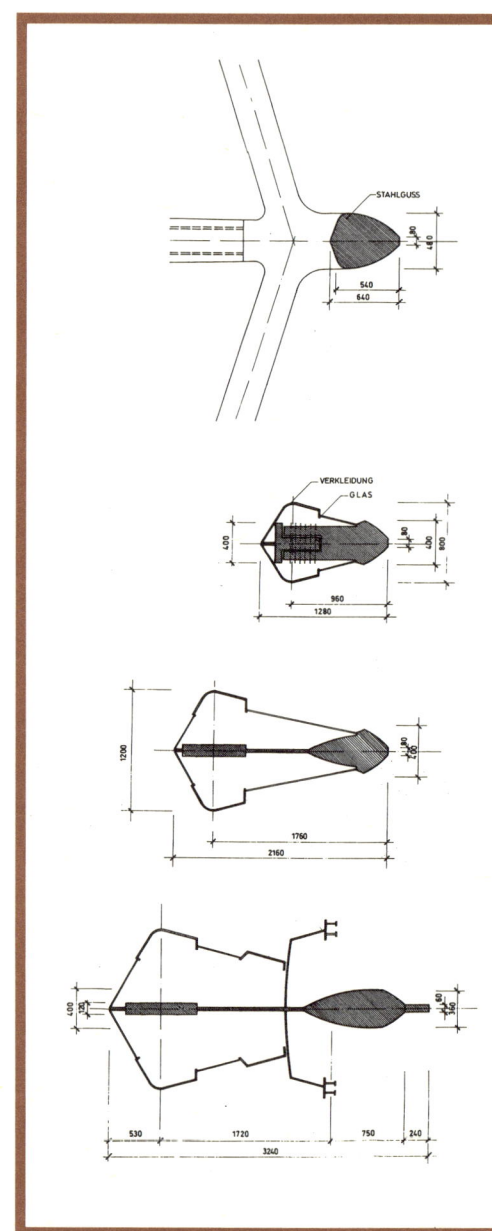

Non-displaceable connection between the superstructure and base.

Unverschiebliche Verbindung

zwischen Oberbau und Unterbau.

Second proposal
Zweiter Vorschlag

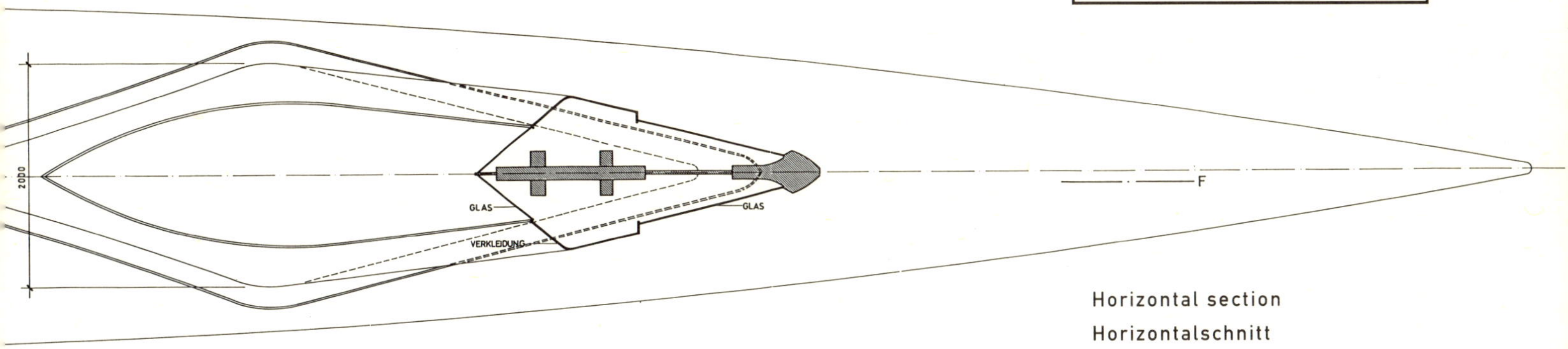

Horizontal section
Horizontalschnitt

Longitudinal section
Längsschnitt

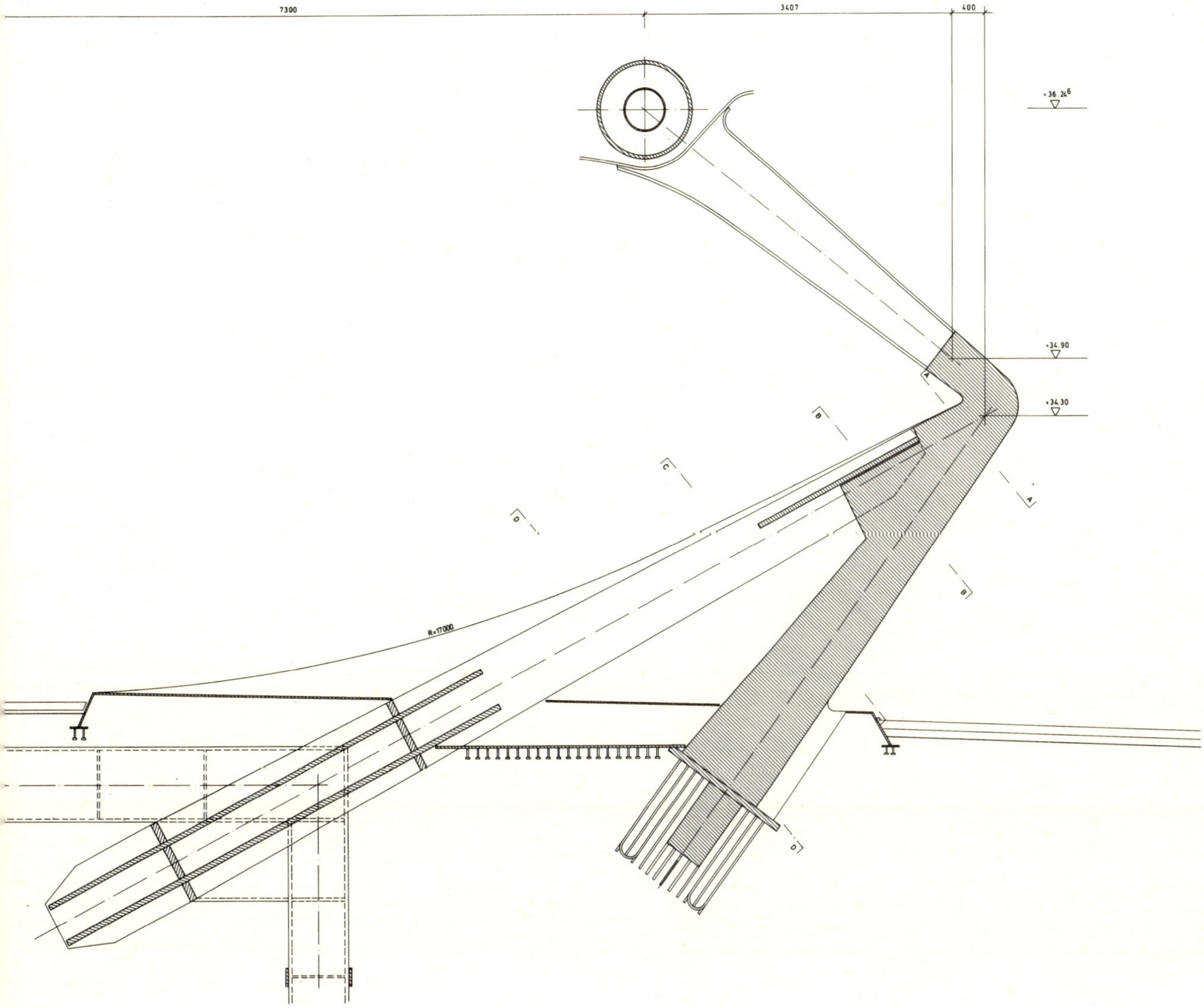

Third proposal
Dritter Vorschlag

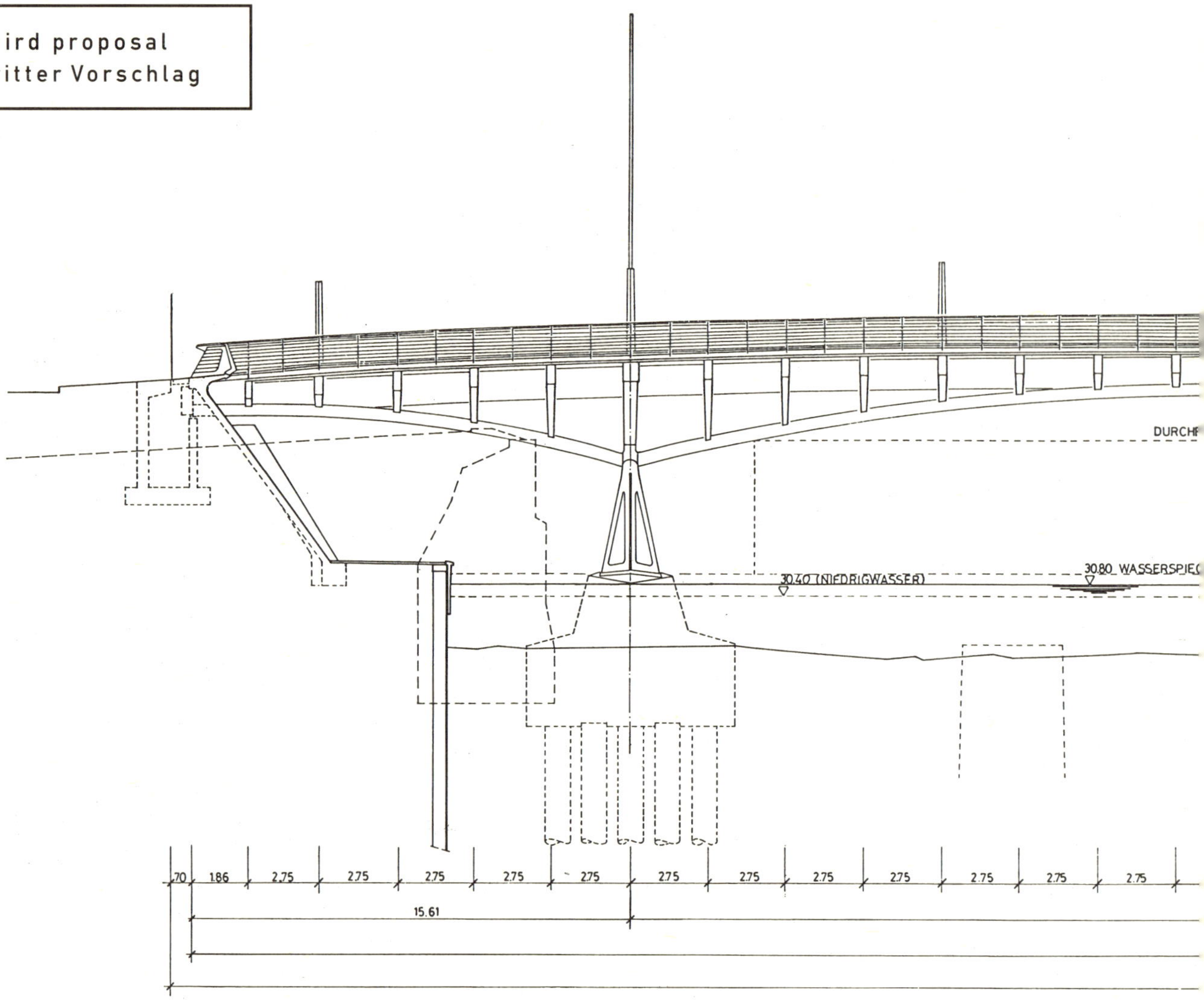

The concrete road deck plate in the competition design has been replaced by a light gauge steel system. A linkage connection combines the superstructure and the supporting base.

Die im Wettbewerbsentwurf geplante Fahrbahnplatte wird durch eine orthotrope Leichtfahrbahnplatte aus Stahl ersetzt. Zwischen Ober- und Unterbau besteht eine gelenkige Verbindung.

Kronprinzenbridge 68 69

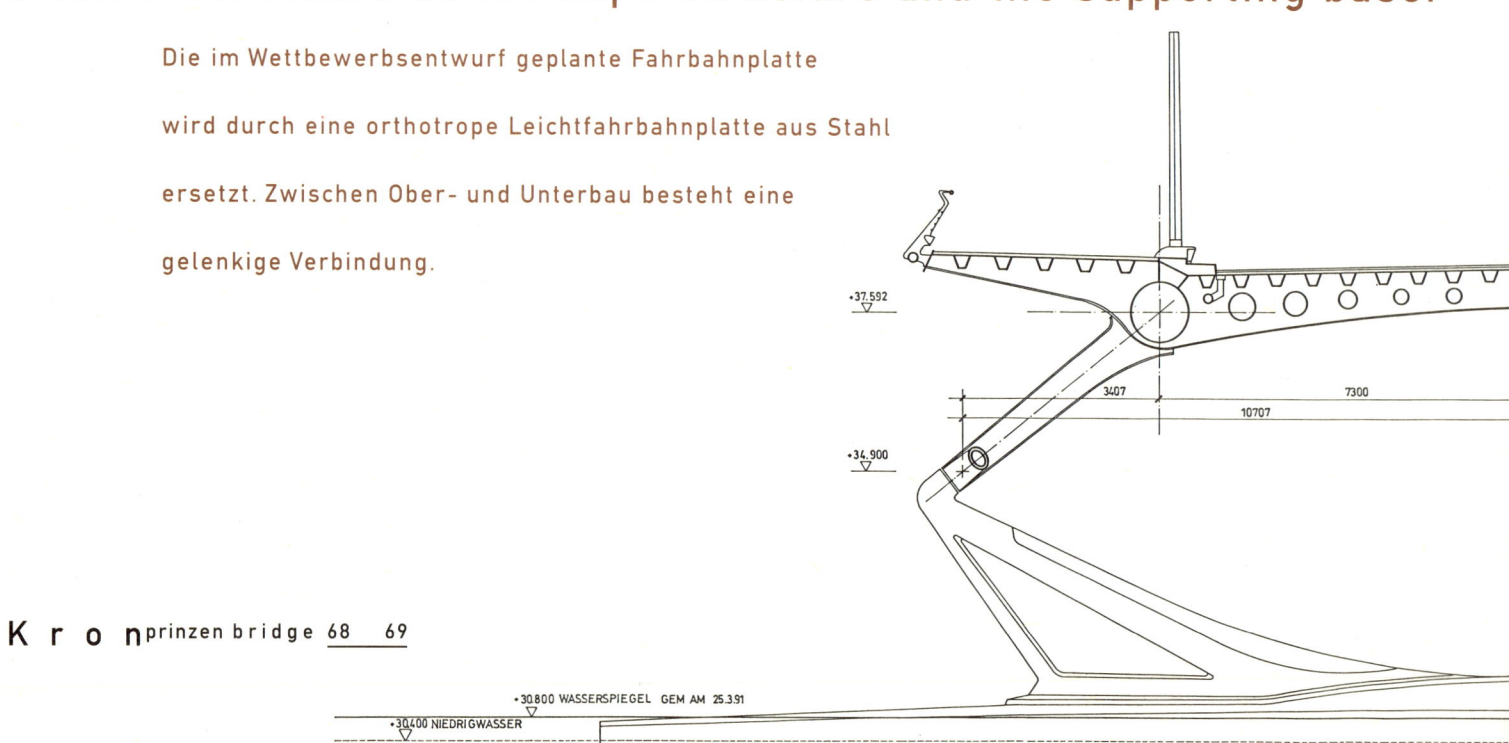

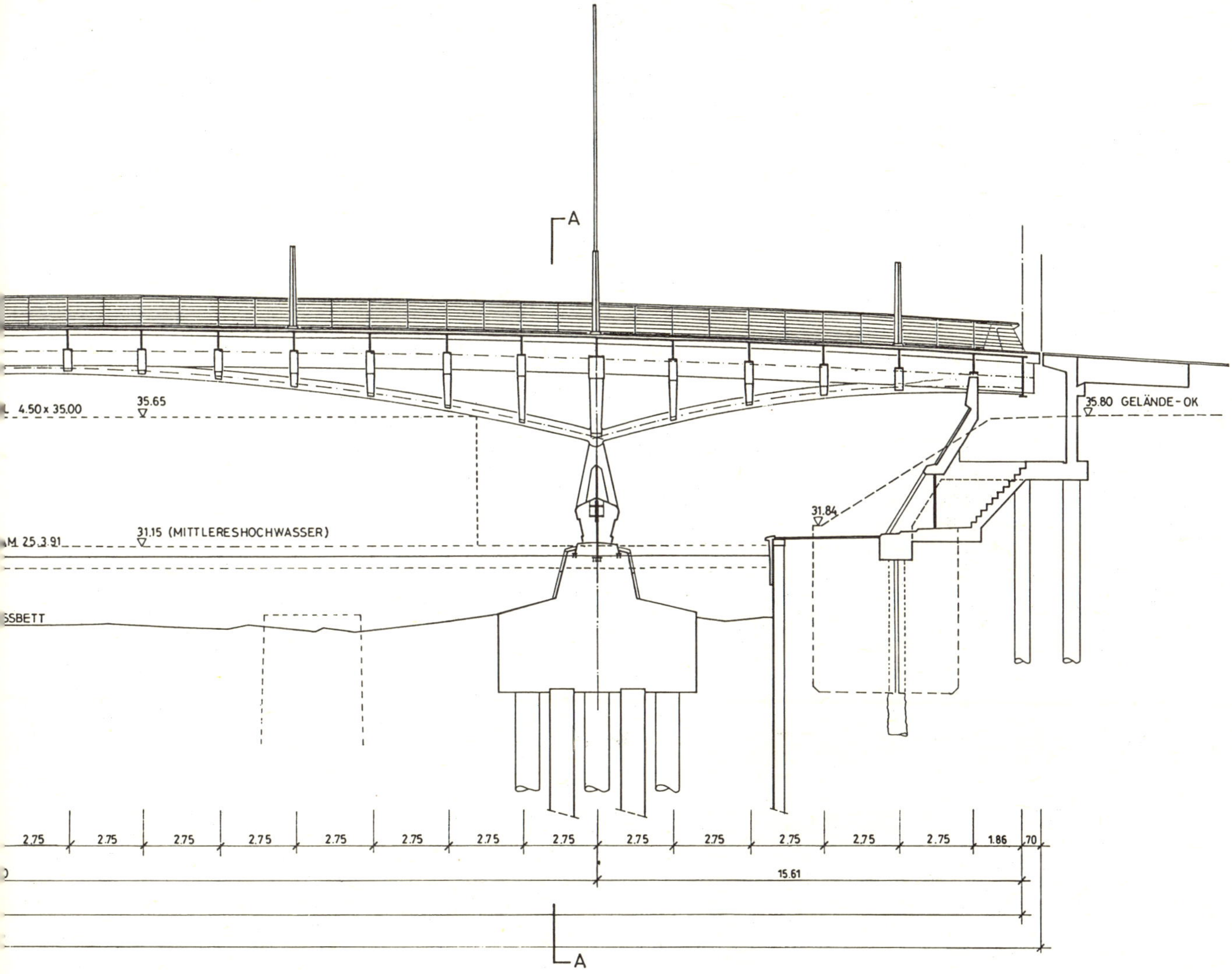

Elevation and longitudinal section
Aufsicht und Längsschnitt

Cross section, bride centre
Querschnitt in Brückenmitte

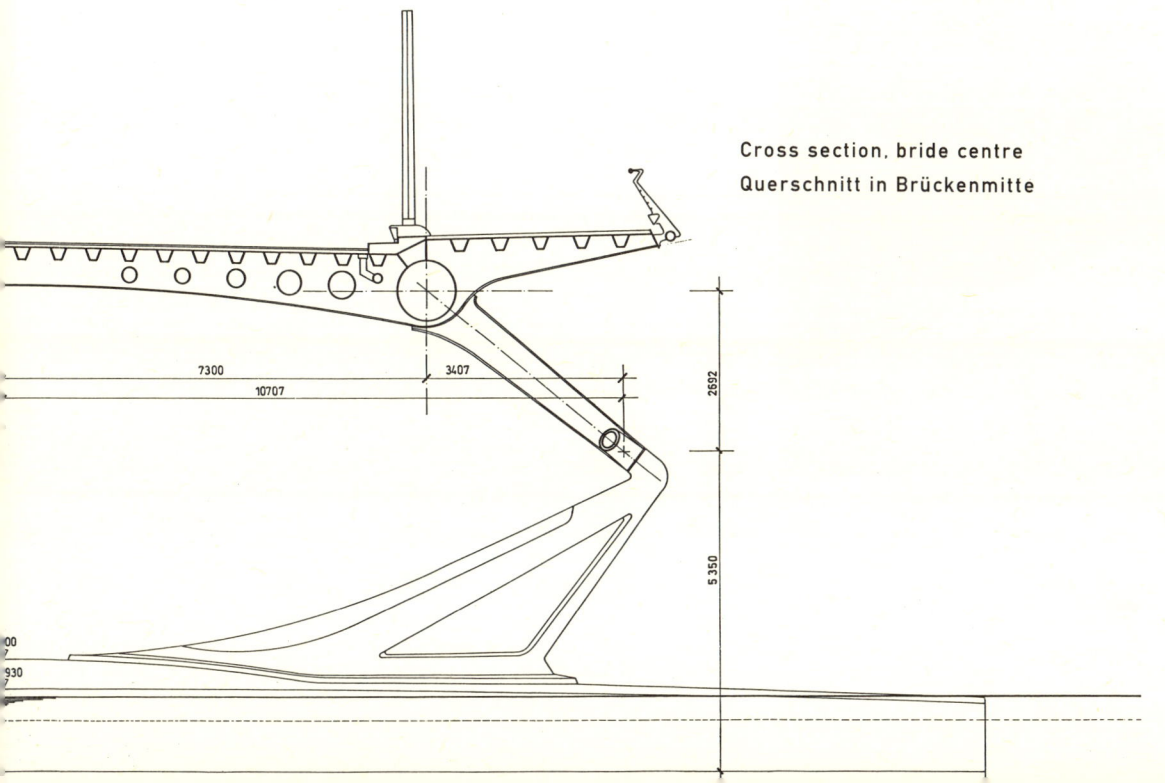

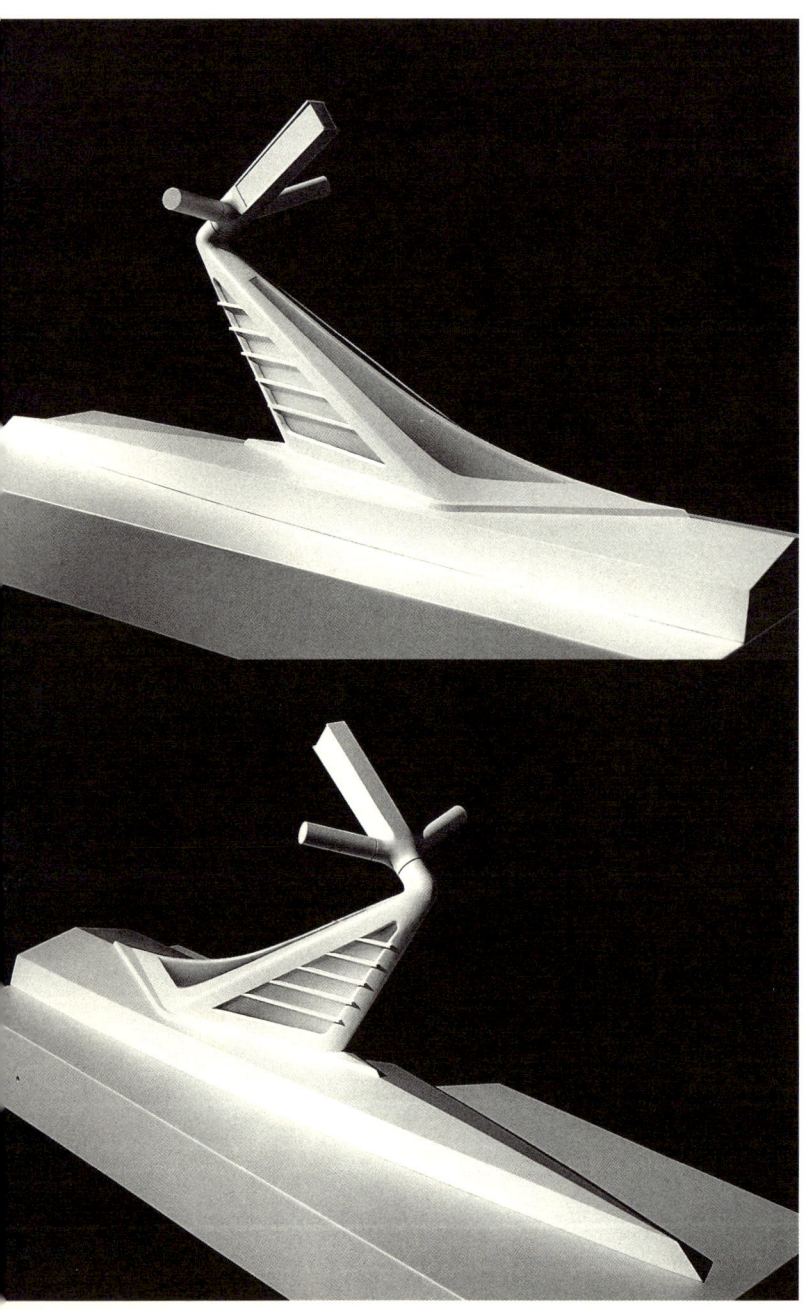

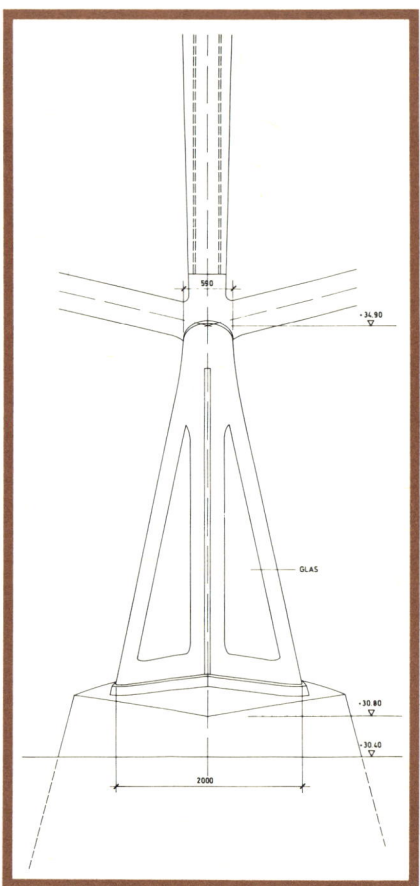

Front elevation
Frontalansicht

Kronprinzen bridge

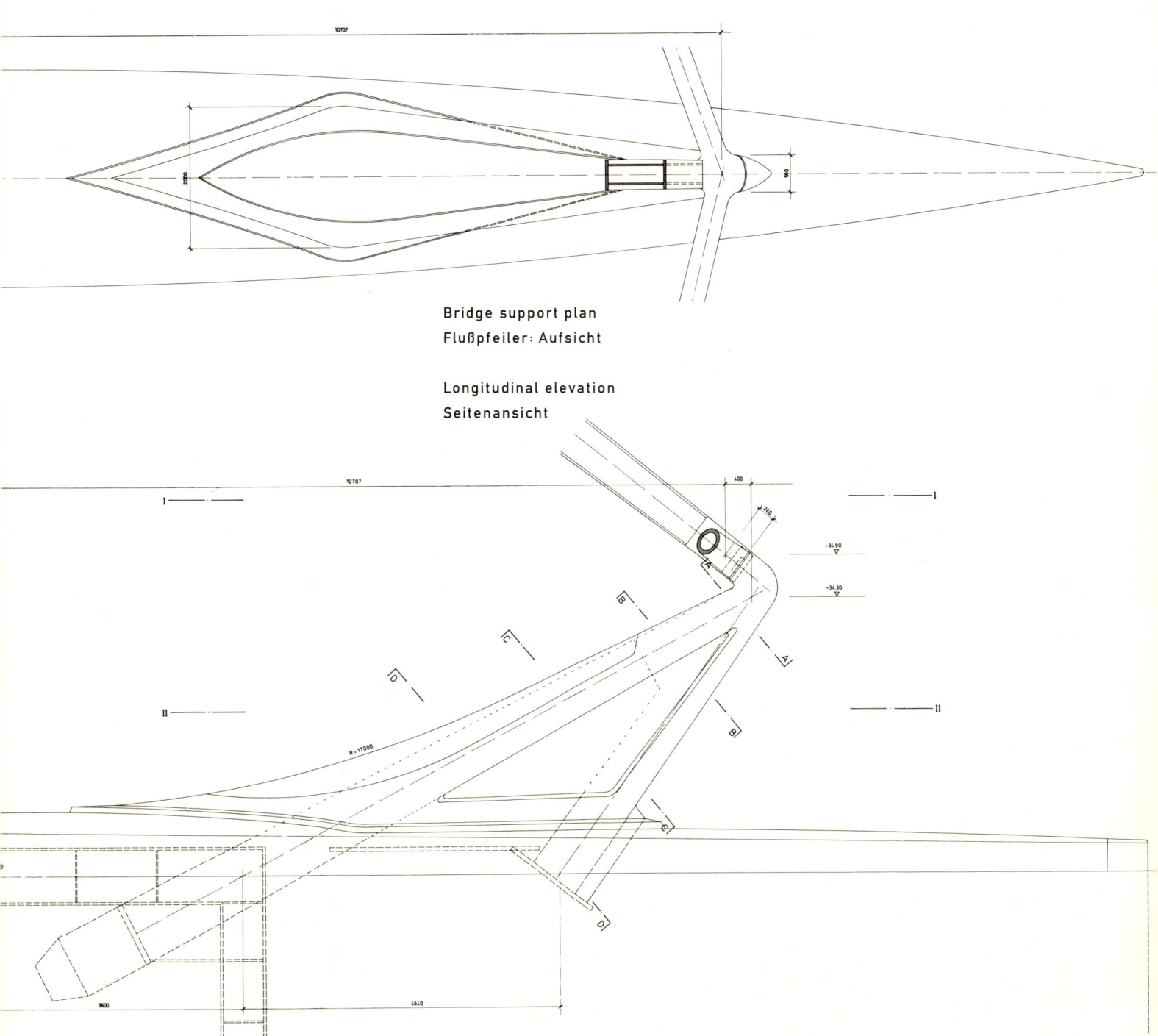

Bridge support plan
Flußpfeiler: Aufsicht

Longitudinal elevation
Seitenansicht

The actual construction incorporates a longitudinally displaceable bearing between the bridge superstructure and bridge support.

Die aktuelle Konstruktion beinhaltet die längsverschiebliche Lagerung zwischen Brückenoberbau, Flußpfeiler und Widerlager.

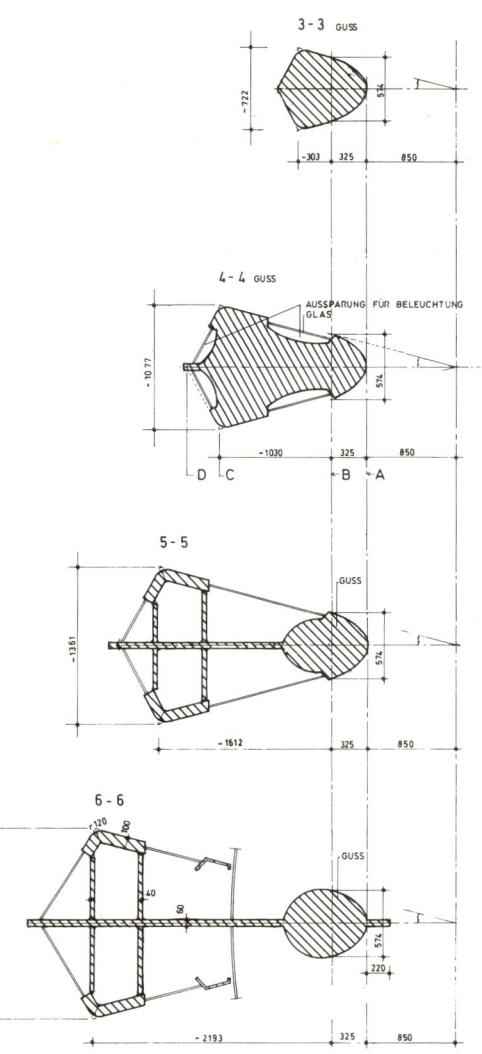
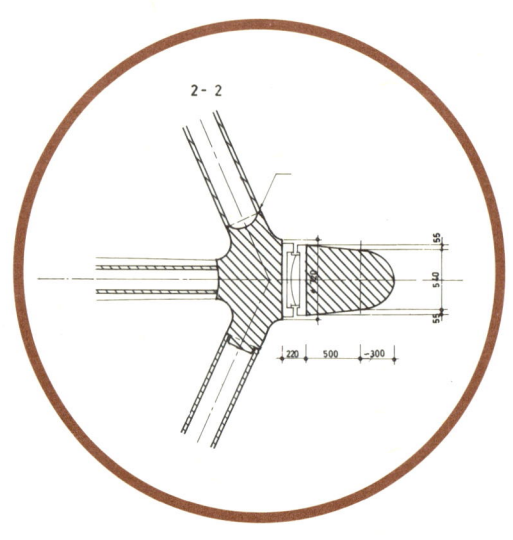

Bridge support, cross section
Querschnitt durch Flußpfeiler

The proposal now to be realised anticipates a displaceable bearing between the bridge superstructure and the river support structure.

Die zur Ausführung kommende Lösung sieht eine verschiebliche Lagerung zwischen dem Brückenoberbau und der Flußpfeilerkonstruktion vor.

Fourth proposal
Vierter Vorschlag

Pressure posts, longitudinal section
Längsschnitt durch Auflagerpyramide

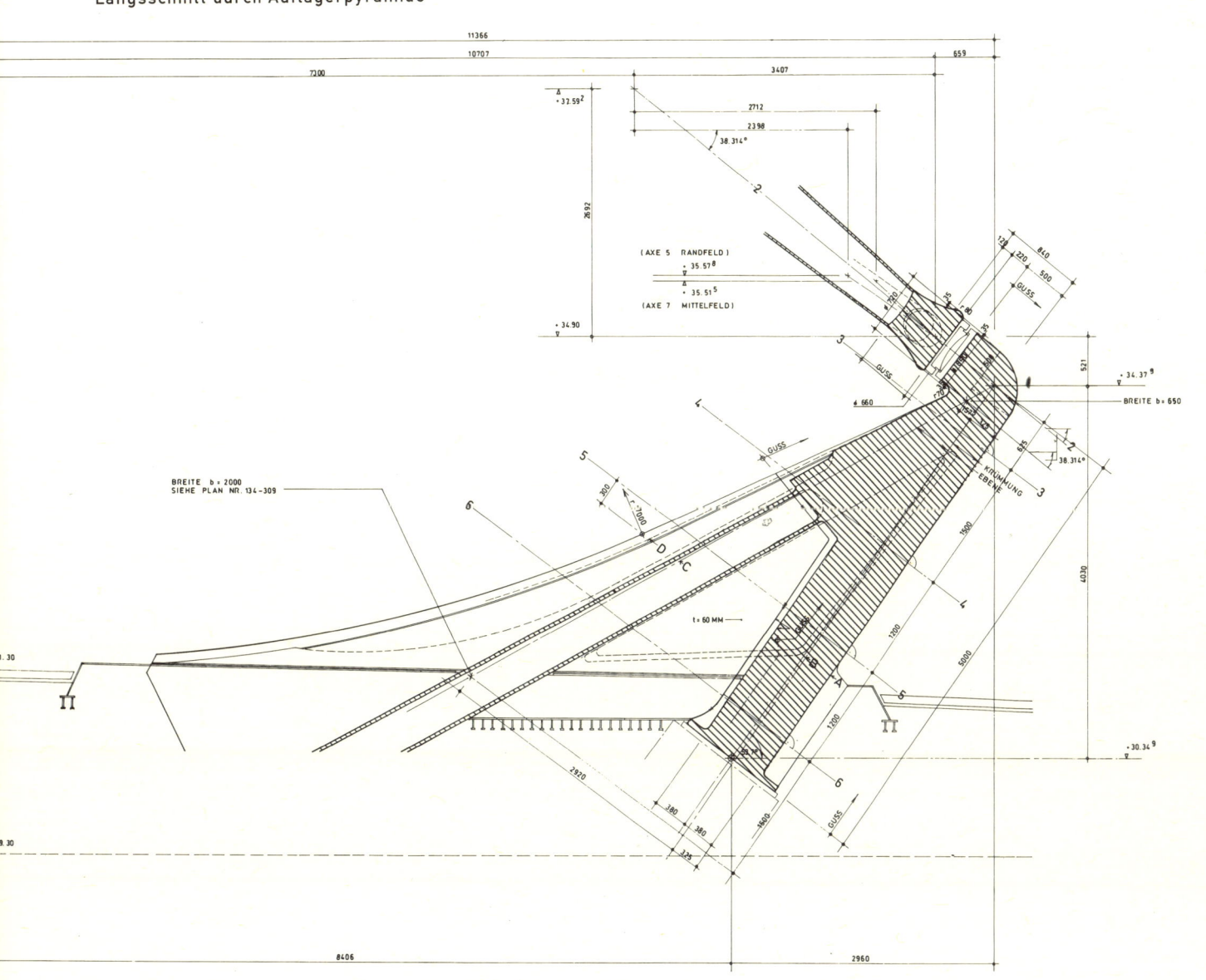

Bahnhof **S p a n**dau station **2**

Spandau lies to the northwest of Berlin. Although one of a total of 21 local city districts, its populace demonstrate a marked local patriotism. The district council thus decided, together with the Berlin Senate, to build a shopping and business centre at Spandau's Klosterstrasse main line station, with its catchment area of 300,000 people. The centre was to include platforms for intercity trains (a track each for Hamburg and Hannover), suburban trains and the metro, as well as a bus station. In the summer of 1991, invitations were sent out for a competition, which Calatrava won in December of that year.

The project for Spandau is a model example of the treacherousness of a procedure in which the initiator and the developer do not pull together. The district of Spandau, a city older than Berlin, always saw itself to be an appendage of Berlin during the era of the wall, only at the beginning of 1991 feeling able to place a request with the authorities for a main line connection on the Berlin-Hannover route. The Senate, in this case represented by the Senate Planning Director Hans Stimmann, in a limited competition, invited ideas for a main line station and business centre right next to Spandau Town Hall, with connections for suburban and metro trains. At the beginning of July 1991, Klosterstrasse was chosen as the site to accommodate 1,4 million passengers.

Calatrava won this ideas competition at the end of September 1991 with a proposal for two parallel commercial buildings with a total plan area of 40,000 sq. metres. They were to span the railway lines, to function as bridges. Second prize was won by the Swiss, Fabio Reinhart, with a proposal for 100,000 sq. metres, third prize being presented to the Hamburg architects Gerkan, Marg & Partner.

Because the Bundestag did not see itself in a position to be the sole builder of this kind of complex, it involved the "Pro Stadt" planning office to work out and implement a limited program to attract potential investors. The objective of this program was "to find one or more suitable investment or development companies for the construction of a business and shopping centre, linked to the building of Spandau main line station

Spandau liegt im Nordwesten Berlins. Er ist zwar nur einer der 21 Stadtbezirke, seine Bewohner zeigen aber einen ausgeprägten Lokalpatriotismus. So beschloß die Bezirksverwaltung mit dem Senat von Berlin zusammen, am Spandauer Fernbahnhof Klosterstraße mit einem Einzugsbereich von 300.000 Menschen ein Einkaufs- und Dienstleistungszentrum mit Bahnsteigen für die Fernbahn (je eine Linie nach Hamburg und Hannover), S-Bahn und U-Bahn sowie einen Omnibusbahnhof zu errichten. Im Sommer 1991 lobte man einen städtebaulichen Wettbewerb aus, den Calatrava im Dezember 1991 mit dem ersten Preis gewann.

Das Projekt für Spandau zeigt exemplarisch die Tücken eines Verfahrens, in dem Auslober und Nutzer nicht an einem Strang ziehen. Der Bezirk Spandau, als Stadt älter als Berlin, fühlte sich noch zu Zeiten der Mauer immer als Anhängsel Berlins und konnte seinen Wunsch nach einem Fernbahnanschluß auf der Strecke Berlin-Hannover bei der Senatsverwaltung für Bau- und Wohnungswesen erst Anfang 1991 durchsetzen. Der Senat, in diesem Falle vertreten durch Senatsbaudirektor Hans Stimmann, ließ einen beschränkten Ideenwettbewerb für einen Fernbahnhof mit Dienstleistungszentrum, Anschluß an S- und U-Bahn ausloben, und dies alles in unmittelbarer Nähe zum Spandauer Rathaus. Anfang Juli 1991 wurde dann der Standort an der Klosterstraße für 1,4 Millionen Fahrgäste festgelegt.

Calatrava gewann diesen Ideenwettbewerb Ende September 1991 mit zwei Dienstleistungsbauten von insgesamt 40.000 qm Baugrundfläche, die quer zur Bahntrasse stehen und wie Brücken funktionieren sollten. Den zweiten Preis gewann der Schweizer Fabio Reinhart mit 100.000 qm Baugrundfläche, den dritten Preis das Hamburger Büro Gerkan, Marg & Partner.

Weil sich die Reichsbahn außerstande sah, einen solchen Komplex allein zu errichten, holte sie das Planungsbüro "Pro Stadt" heran, um ein begrenztes Programm durchzuführen und mögliche Investoren zu gewinnen. Ziel des Investorenauswahlverfahrens war es, einen oder mehrere geeignete Entwickler/Investoren/Bauträger für die Errichtung

according to the design of the architect Santiago Calatrava, Zurich.

Railway planning guidelines stipulated the technical specifications and the basis for site and space utilisation, particularly the laying out of track and station.

The following were to be planned for the site, which amounts to a total area of approx. 48,000 sq. metres:

On an area of 16,000 sq. metres: Spandau main line station with three platforms (with pergola roofing) serving 7 tracks, 2 of these for suburban trains in the Falkensee direction, 2 for the Berlin-Hannover intercity route (commissioning planned for May 1997), 2 for the Berlin-Hamburg intercity route and the regional routes to Nauen and Potsdam, and one platform for freight traffic. The platforms rest on a bridge structure 6,6 metres above ground level. Beneath the platforms are individual buildings with a height of 6 metres and a utilisation area of approx. 2,500 sq. metres, of which 1,700 sq. metres are necessary for direct station purposes.

On an area of approx. 4,500 sq. metres: a station square with public parking, taxi, private vehicle and bus access, as well as green areas.

On an area of approx. 27,500 sq. metres: two office buildings, each with ten storeys and two basement levels. Both buildings, each with a width of 45 metres (including galleries), run to a length of approx. 185 metres in a north-south direction between Seegefelder Strasse and Brunsbütteler Damm, spanning or supporting the platforms along a distance of approx. 75 metres. The overall floor area above ground is approx. 133,000 sq. metres, with an overall interior space of approx. 400,000 cu. metres (of which 120,000 cu. metres is free space). Each of the two basement levels beneath the buildings have a plan area of approx. 36,500 sq. metres and a cubature of approx. 128,000 cu. metres.

Beneath the station installation between the two buildings an extension of approx. 10,400 sq. metres to the plan area of the first basement level is possible.

Office buildings, parallel to or connecting directly with the main site development and with a plan area of approx.

eines Dienstleistungs- und Einkaufszentrums in Zusammenhang mit dem Neubau des Fernbahnhofs Spandau nach dem Entwurf des Architekten Santiago Calatrava, Zürich, zu finden.

Vorgabe und Grundlage für die Grundstücks- und Raumnutzung ist die eisenbahntechnische Planung, insbesondere die Trassierung der Gleis- und Bahnhofsanlagen.

Für das Grundstück mit ca. 48.000 qm (260 m Länge, 185 m Breite) sollten folgende Bauten geplant werden:

Auf einer Fläche von ca. 16.000 qm der Fernbahnhof Spandau mit 3 Bahnsteigen (mit Pergola-Überdachung) und 7 Gleiströgen, davon 2 für die S-Bahn in Richtung Falkensee, 2 für die ICE-Strecke Berlin-Hannover (geplante Inbetriebnahme Mai 1997), 2 für die ICE-Strecke Berlin-Hamburg sowie die Regionalstrecken Richtung Nauen und Potsdam und ein Gleis für den Güterverkehr. Die Bahnsteige liegen auf einer Brückenkonstruktion 6,6 m über EG-Niveau. Unter den Bahnsteigen befinden sich Einzelgebäude mit ca. 6 m Höhe und ca. 2.500 qm Nutzfläche, davon werden ca. 1.700 qm unmittelbar für Bahnhofszwecke benötigt.

Auf einer Fläche von ca. 4.500 qm ein Bahnhofsvorplatz mit öffentlichen Stellplätzen, Taxi-, Pkw- und Buszufahrten sowie Grünflächen.

Auf einer Fläche von ca. 27.500 qm zwei Gewerbegebäude mit 10 Geschossen und zwei Untergeschossen. Die beiden Gebäude mit einer Breite von je 45 m (einschließlich Galerien) verlaufen auf einer Länge von je ca. 185 m in Nord-Süd-Richtung zwischen Seegefelder Straße und Brunsbütteler Damm und überspannen bzw. unterbauen die Bahnsteige auf einer Länge von ca. 75 m. Die oberirdische Bruttogeschoßfläche umfaßt ca. 133.000 qm bei einem Bruttorauminhalt von ca. 400.000 cbm (davon 120.000 cbm Luftraum). Die je zwei Untergeschosse unter den Gebäuden haben eine Baugrundfläche von ca. 36.500 qm und eine Kubatur von ca. 128.000 cbm.

Eine Erweiterung der Baugrundfläche im 1. UG um ca. 10.400 qm unter der Bahnhofsanlage zwischen den beiden Gebäuden ist möglich.

Auf dem Baugrundstück im Nordwesten

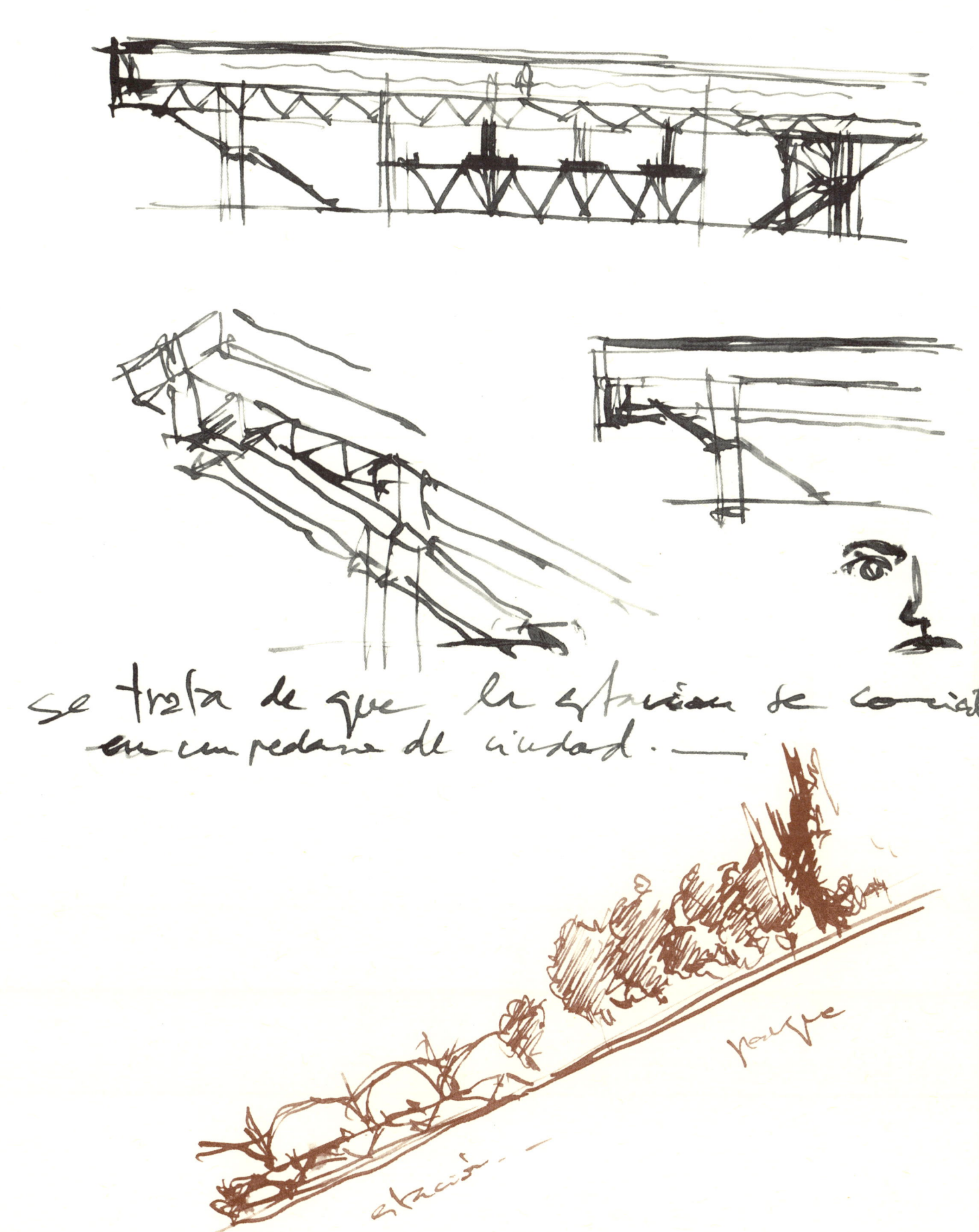

60,000 sq. metres (if necessary to also include apartments and shops, respectively restaurant facilities on the ground floor), are planned for the northwest section of the site with its approx. 19,000 sq. metres.

The investors Stanhope and ECE were selected on December 3rd, 1991, who then asked Calatrava to draw up definitive plans.

And yet Calatrava's project will not be realised. In the beginning, it appeared to run aground because of the relocation of the existing railway bridge over Klosterstrasse and the Havel, which would have cost a further 15 million DM. After this obstacle was overcome, at the end of February Calatrava received the news that his project would be built.

But the situation changed rapidly. When the Bundestag wanted to postpone relocation, the market for office space slackened. In addition, ECE maintained that it was not a viable proposition to build offices spanning the railway. ECE broke off its partnership with Stanhope, who also withdrew shortly after. On the 14th September 1993, the German Federal Railway decided to commence with an alternative project in 1994. Calatrava came away with nothing. The subject re-emerged during conversation:

MC: *The phrase "Spandau Station" certainly awakes mixed memories for you. How was this competition?*

SC: When the Senate Planning Authority invited us to take part, our experience in this area was, of course, known - particularly because of Zurich Stadelhofen, Luzern and Lyon. The circle of competitors, only 12, was very small. Apart from the normal preliminary discussions, the participants also made a thorough inspection of the future site.

MC: *Thus, a completely normal process up until the jury's decision. But after you'd won the competition, it all proceeded rather unusually.*

SC: A proposal was put to potential investors through "Pro Stadt", for which we had to provide comprehensive information, and make ourselves available in Berlin, all free of charge. The selected investment group, comprising an English and a German company, disagreed very quickly, partly as a result of apparent economic differences, and

mit ca. 19.000 qm sollen parallel bzw. unmittelbar im Anschluß an die Bebauung des zentralen Grundstücks 1 Bürogebäude (ggf. auch ein Anteil Wohnungen und Läden bzw. Gastronomie im EG) mit ca. 60.000 qm Baugrundfläche entstehen."

Dieser Wettbewerb fiel am 3. Dezember 1991 zugunsten der Investoren Stanhope und ECE aus, die Calatrava baten, die definitiven Pläne zu zeichnen.

Dennoch wird Calatravas Projekt nicht realisiert. Zunächst schien es an der Verlegung der vorhandenen Eisenbahnbrücke über die Klosterstraße und die Havel zu scheitern, die weitere 15 Millionen DM gekostet hätte. Als diese Hürde genommen wurde, erhielt Calatrava zunächst Ende Februar 1992 die Nachricht, daß sein Projekt verwirklicht werde.

Doch diese Lage änderte sich schnell. Weil sich der Bundestag mit der Umsetzung des Umzugsbeschlusses Zeit nehmen wollte, flaute der Markt für Büroflächen ab; zudem behauptete ECE, die Gebäude über den Gleisen könnten nicht rentabel errichtet werden. ECE schied aus der Gemeinschaft mit Stanhope aus, und auch Stanhope zog sich später zurück. Am 14. September 1993 beschloß die Reichsbahn, 1994 mit einem anderen Projekt zu beginnen; Calatrava ging leer aus. In den Gesprächen kam dieses Thema zur Sprache:

MC: *Das Stichwort "Bahnhof Spandau" weckt bei Ihnen sicher zwiespältige Erinnerungen. Wie verlief dieser Wettbewerb?*

SC: Als die Anfrage zur Wettbewerbsteilnahme aus der Senatsbauverwaltung kam, war dort unsere Erfahrung auf diesem Gebiet - besonders wegen der Bahnhöfe Zürich-Stadelhofen, Luzern und Lyon - natürlich bekannt. Mit etwa einem Dutzend Teilnehmern war der Kreis recht klein. Neben den üblichen Vorbesprechungen gab es für die Teilnehmer auch eine gründliche Besichtigung des künftigen Standortes.

MC: *Bis zur Jury-Entscheidung also ein ganz normales Verfahren, nach Ihrem Wettbewerbssieg aber wurde es etwas eigenartig fortgeführt.*

SC: Es schloß sich ein vom Büro "Pro Stadt" ausgelobter Investorenwettbewerb an, Dokumentationen zu liefern und selbst in Berlin zur Verfügung zu stehen hatten. Die

disbanded.

MC: And thus your design was put on hold?

SC: There will naturally be very varied specifications for such a complicated plan, but we stuck to them. In addition to the interlinking of different traffic systems - metro, suburban services, bus and personal transport - extensive commercial space was demanded by the main line services, and apart from that a very complex piece of urban planning was intended, right in the centre of Spandau. We proposed two large office buildings on both sides of the station and integrated with it, and we extended the park in front of Spandau Town Hall out over the tracks. It was thus a very complex urban planning project, far exceeding the commission for the planning of a station.

In the new situation, the railway administration were anxious to drastically reduce the total structural volume, and involved the services of other engineering firms. These firms had anticipated this, and destroyed the architectonic unity of our plan. This is the dramatic thing here: the client must decide if he wants good architecture or not. Compromise solutions are seldom good, and mostly bad; in any case, difficult. They can't for instance present the commission for the restricted station area to one engineering firm, and then say "They haven't done so well here, so let's give it to someone else." Each design, especially of such a complex nature, is a unity. You can't "adapt" it to a completely different, newly defined commission, or "simplify" it.

Michael S. Cullen

siegreiche Investorengruppe - bestehend aus einer englischen und einer deutschen Firma - scheiterte aber recht schnell an anscheinend auch wirtschaftlichen Differenzen untereinander und trennte sich.

MC: *Damit stand Ihr Entwurf zur Disposition?*

SC: Für solch ein kompliziertes Vorhaben gab es natürlich sehr differenzierte Vorgaben, an die wir uns auch gehalten hatten. Neben den Verknüpfungen verschiedener Verkehrsträger - U-Bahn, S-Bahn, Omnibus, Individualverkehr - mit der Fernbahn wurden auch umfängliche gewerbliche Nutzflächen gefordert, und es war außerdem eine komplexe städtebauliche Situation im Zentrum Spandaus vorzusehen. Beiderseits des Bahnhofs projektierten wir - in diesen integriert - zwei große Bürogebäude, den Park vor dem Rathaus Spandau erweiterten wir über die Gleistrasse hinaus. Es war also ein sehr komplexes städtebauliches Projekt, das weit über die Planungsaufgabe Bahnhof hinausging.

In der neueren Situation verlangte die Reichsbahn zum einen eine drastische Reduzierung des Bauvolumens, zum andern schaltete sie andere Ingenieurbüros ein, die dem schon vorgriffen und die architektonische Einheit unseres Entwurfes zerstörten. Das war das eigentlich Dramatische bei dieser Sache: Der Auftraggeber muß sich entscheiden, ob er gute Architektur machen will oder nicht. Zwischenlösungen sind selten gut, meist schlecht und in jedem Fall schwierig. Sie können zum Beispiel nicht den engeren Bahnhofsbereich wie ein Geschenk bei einem Ingenieurbüro in Auftrag geben und später sagen: "Dieser Teil ist nicht so gut bearbeitet, den geben wir an ein anderes Büro." Jeder Entwurf, besonders von solch komplexer Natur, ist eine Einheit. Man kann ihn nicht einer völlig anderen, neuen Aufgabenstellung "anpassen" oder ihn "vereinfachen".

Michael S. Cullen

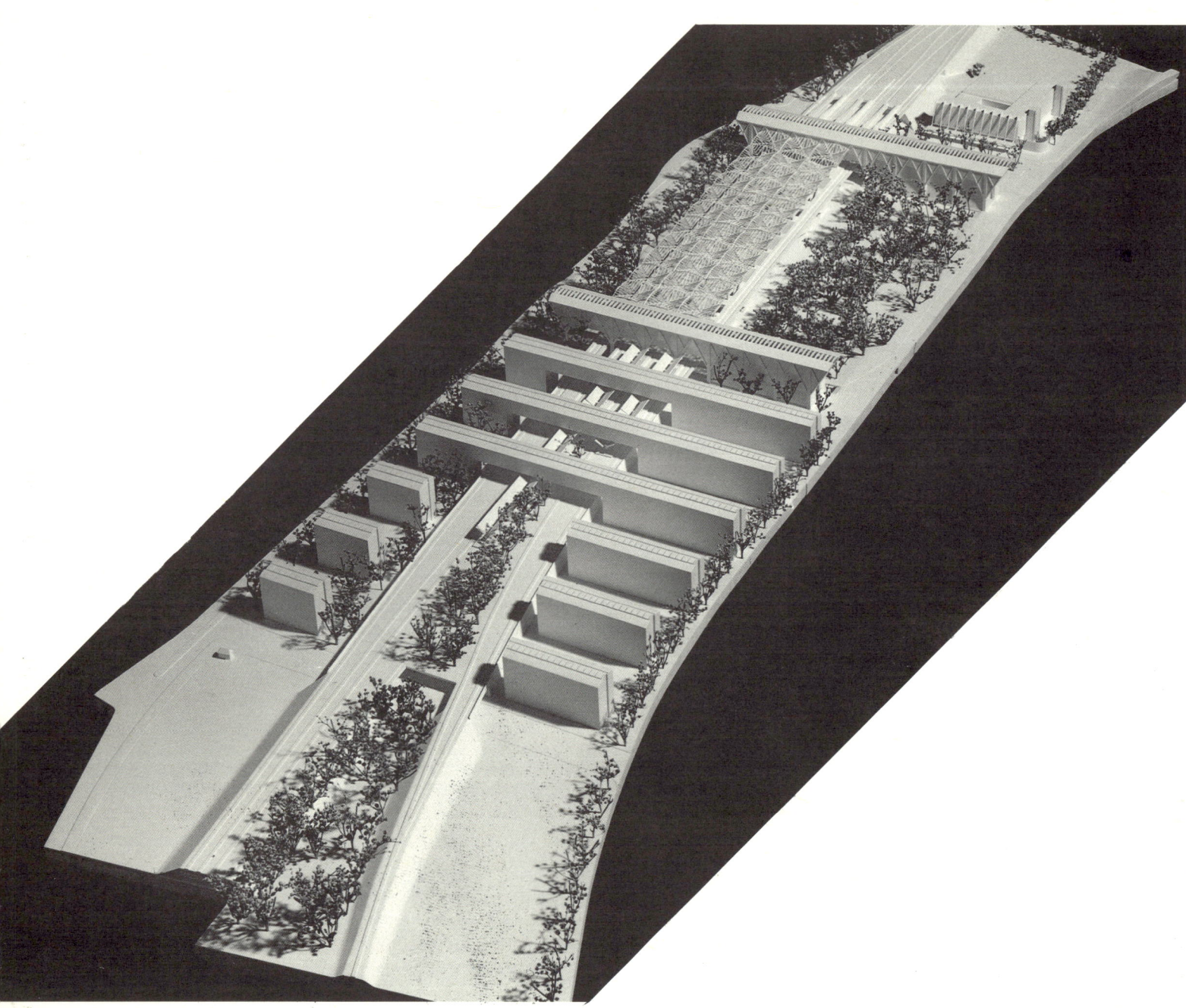

Competition model, from west
Wettbewerbsmodell von Westen

Spandau station 80

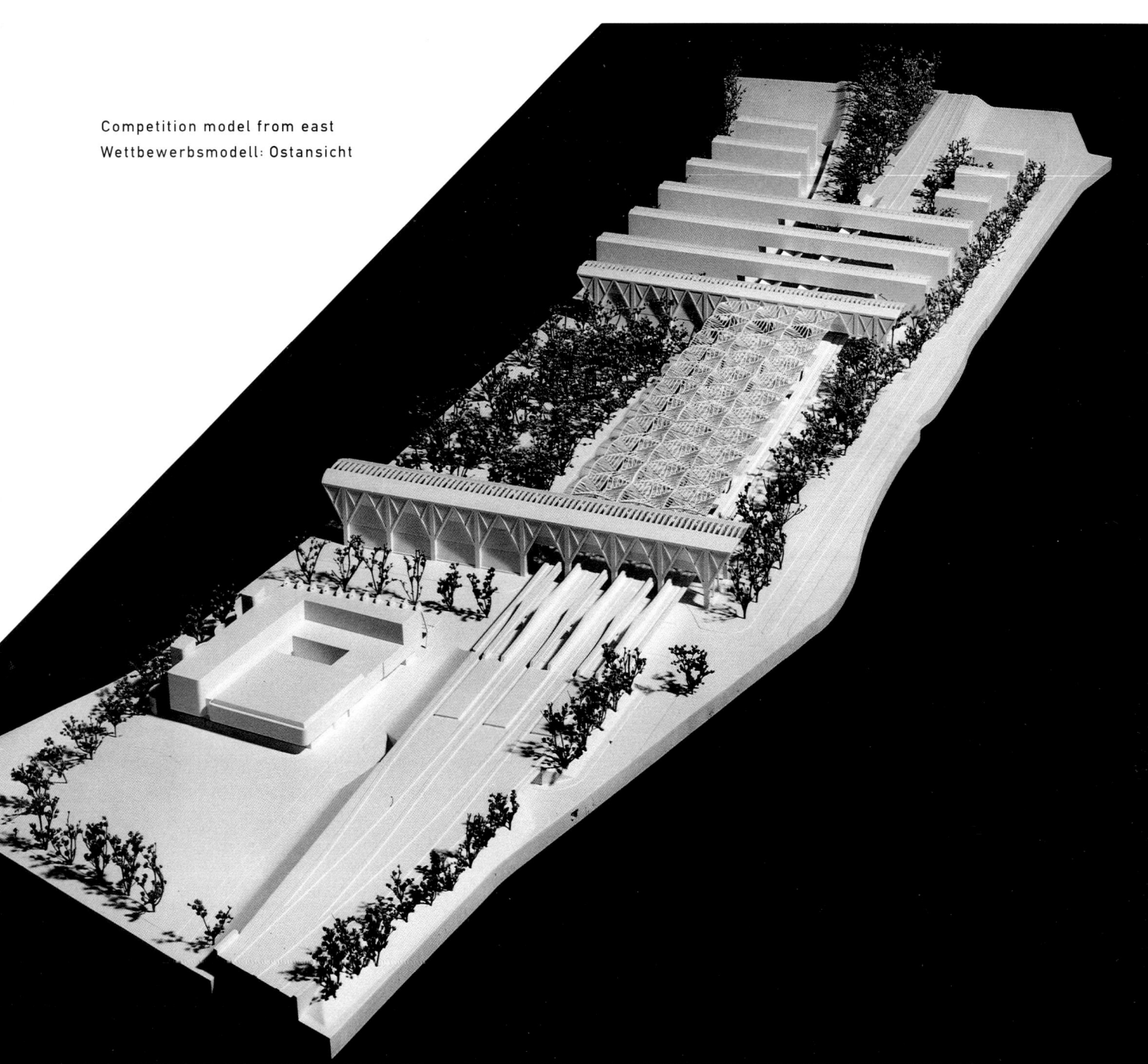

Competition model from east
Wettbewerbsmodell: Ostansicht

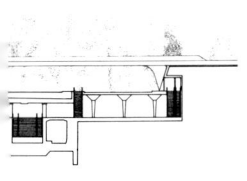
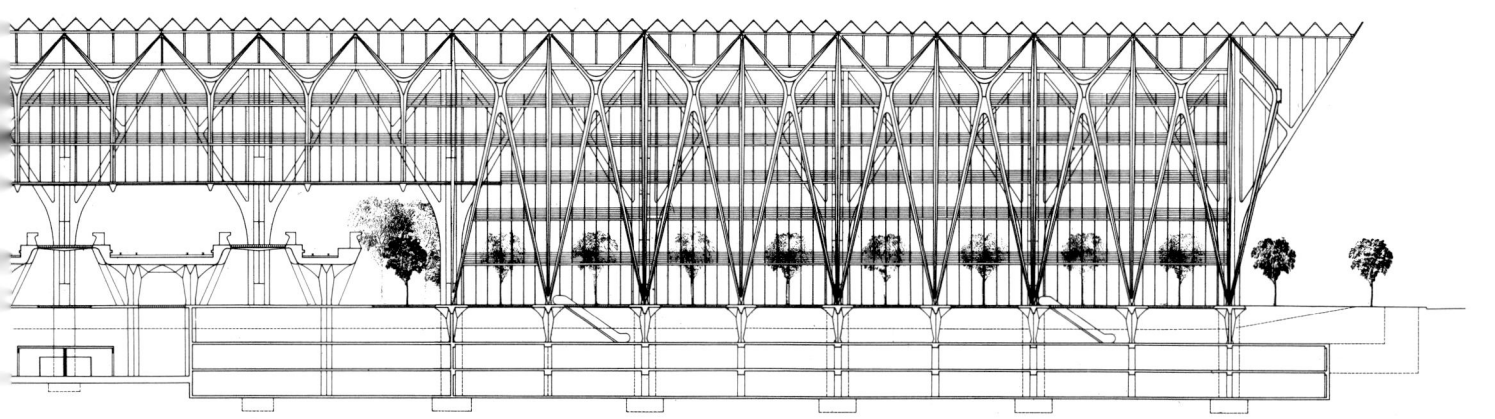

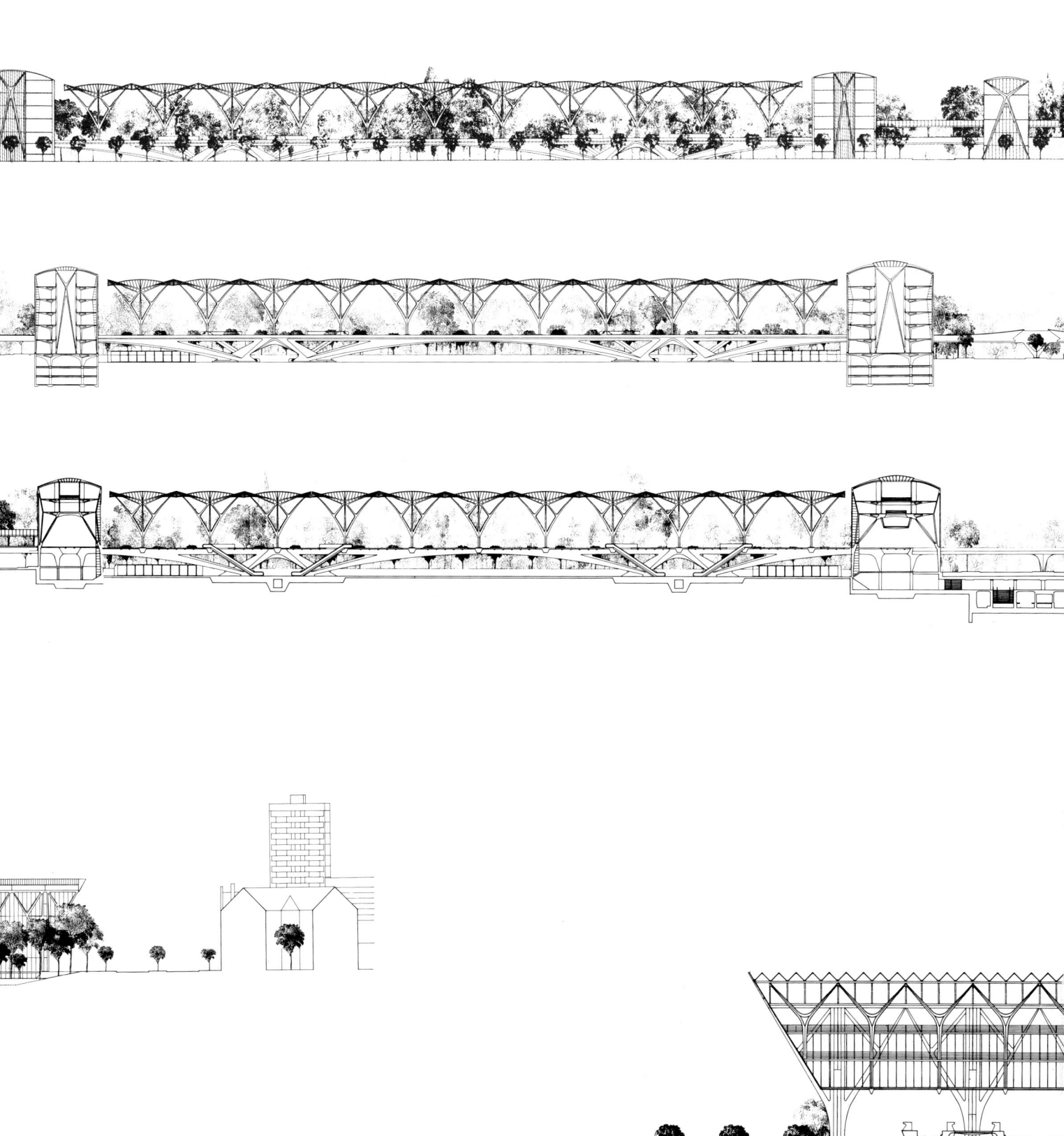

Section through commercial buildings
Kopfbau: Längsschnitt

Access to the separate transport systems is concentrated around the station. A nucleus for public transport is created at the meeting point between the station and the Klosterstrasse office buildings.

Die Zugänge zu den einzelnen Verkehrsmitteln werden um den Bahnhof konzentriert. Ein neuer Knoten des öffentlichen Verkehrs entsteht am Schnittpunkt des Bahnhofs mit dem Büroriegel Klosterstraße.

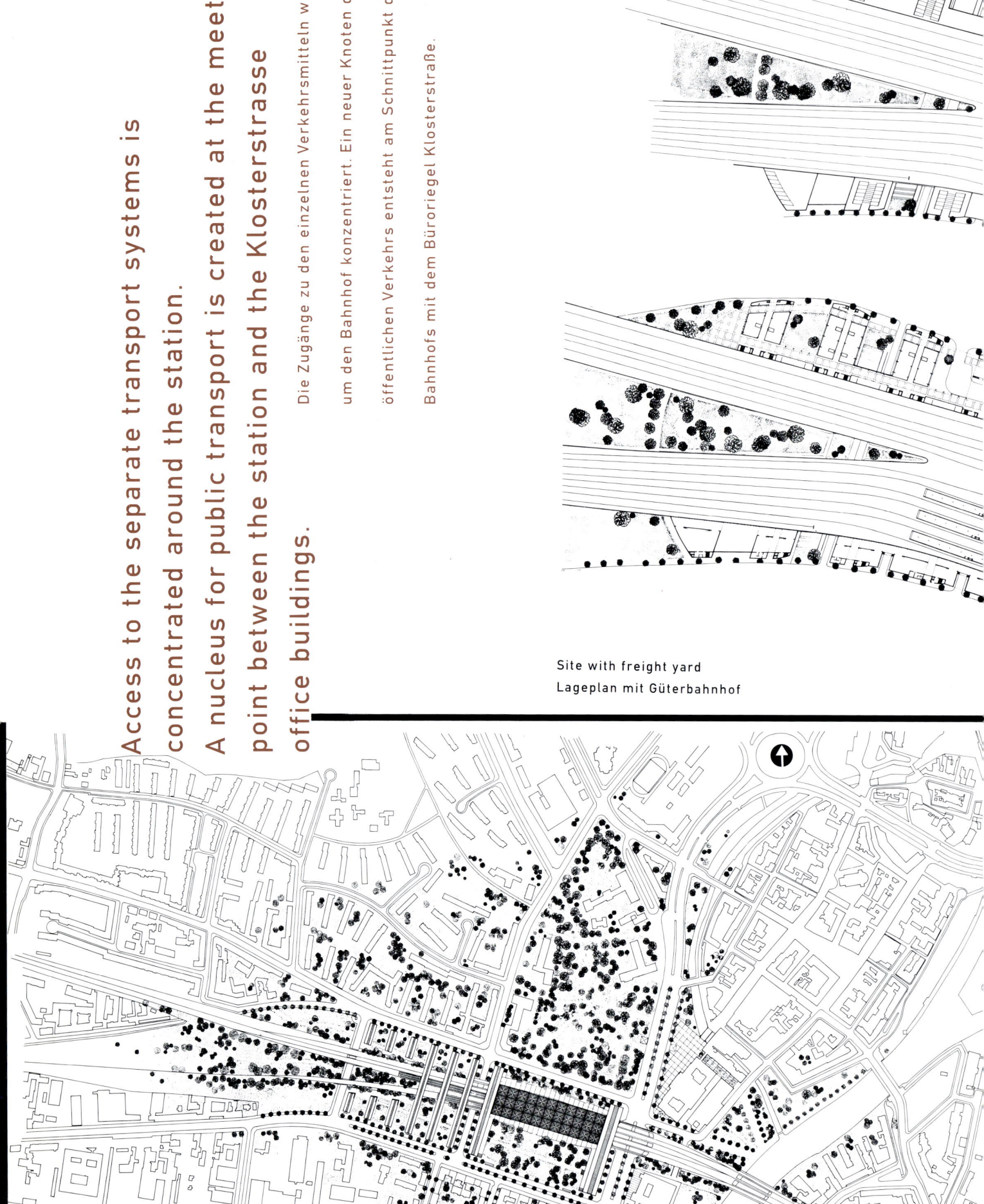

Site with freight yard
Lageplan mit Güterbahnhof

Revised project
Überarbeitung

Competition
Wettbewerb

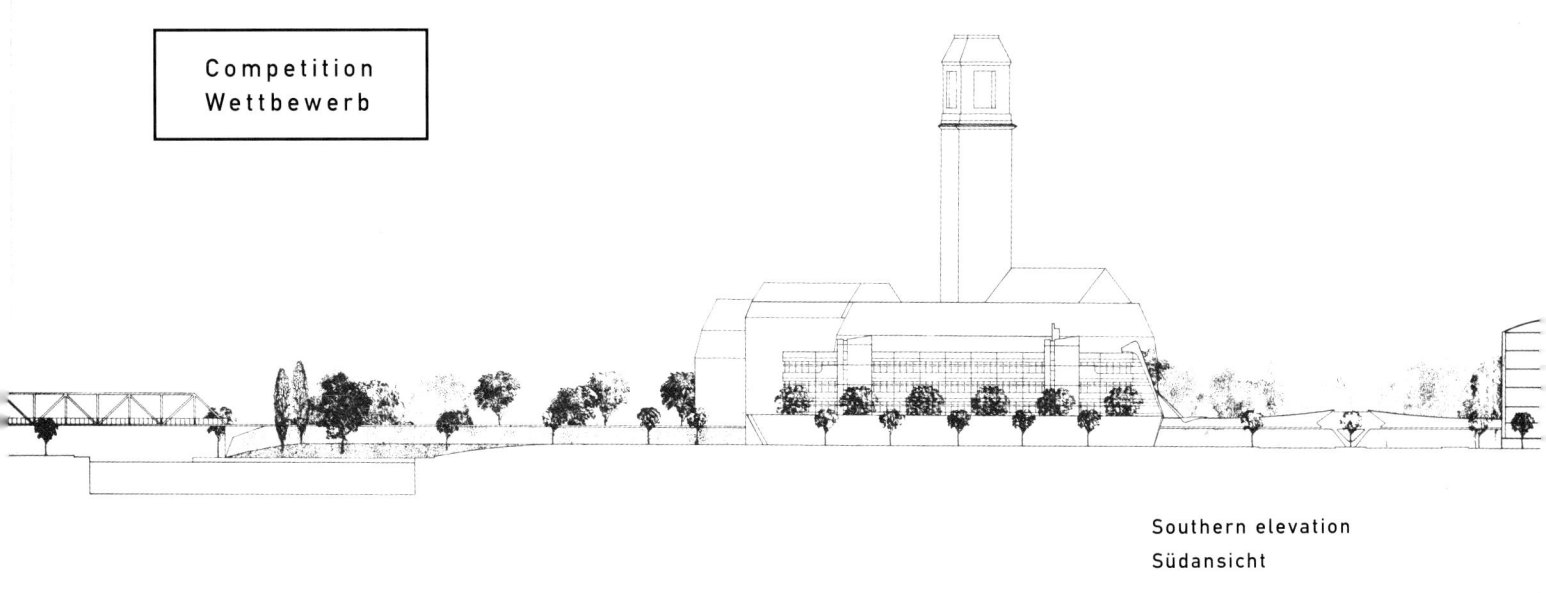

Southern elevation
Südansicht

Elevation of station
Bahnhof: Ansicht

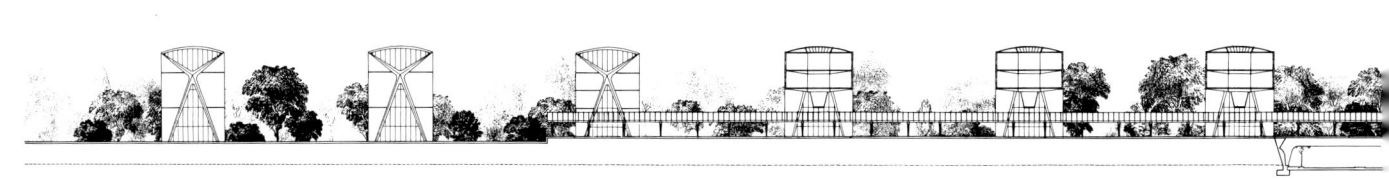

Longitudinal section through station
Bahnhof: Längsschnitt

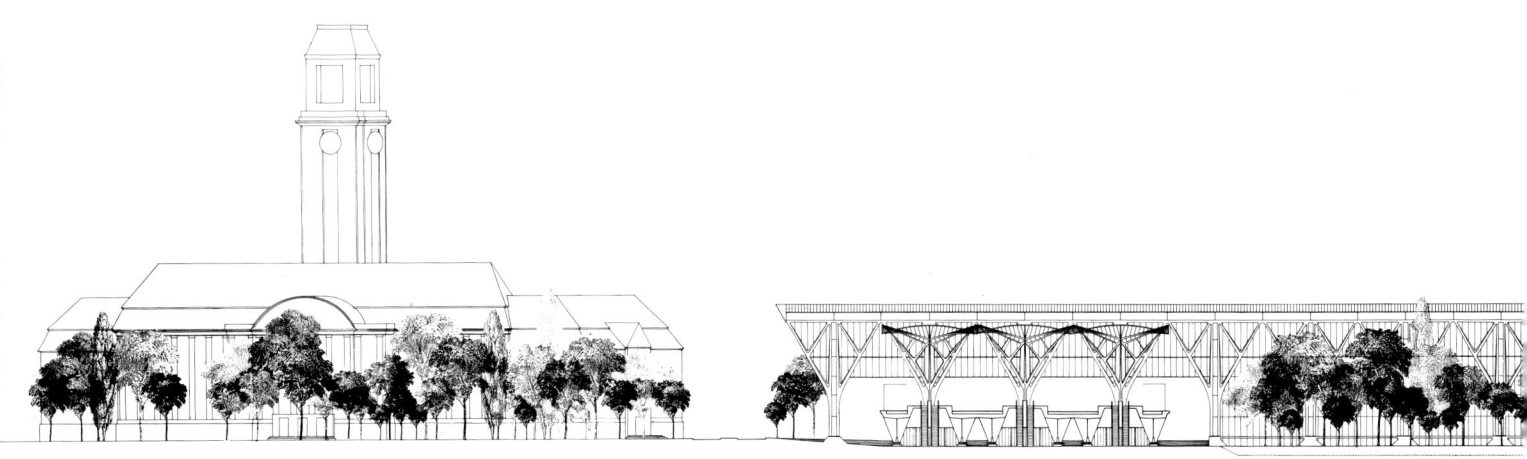

Section through the park
Schnitt durch den Park

The office buildings, including north-south oriented shopping galleries, border the station and delineate the southern portion of the park.

Die Kopfbauten mit den Einkaufsgalerien in Nord-Südrichtung umrahmen den Bahnhof und begrenzen den südlichen Teil des Parks.

South-west elevation
Südwestansicht

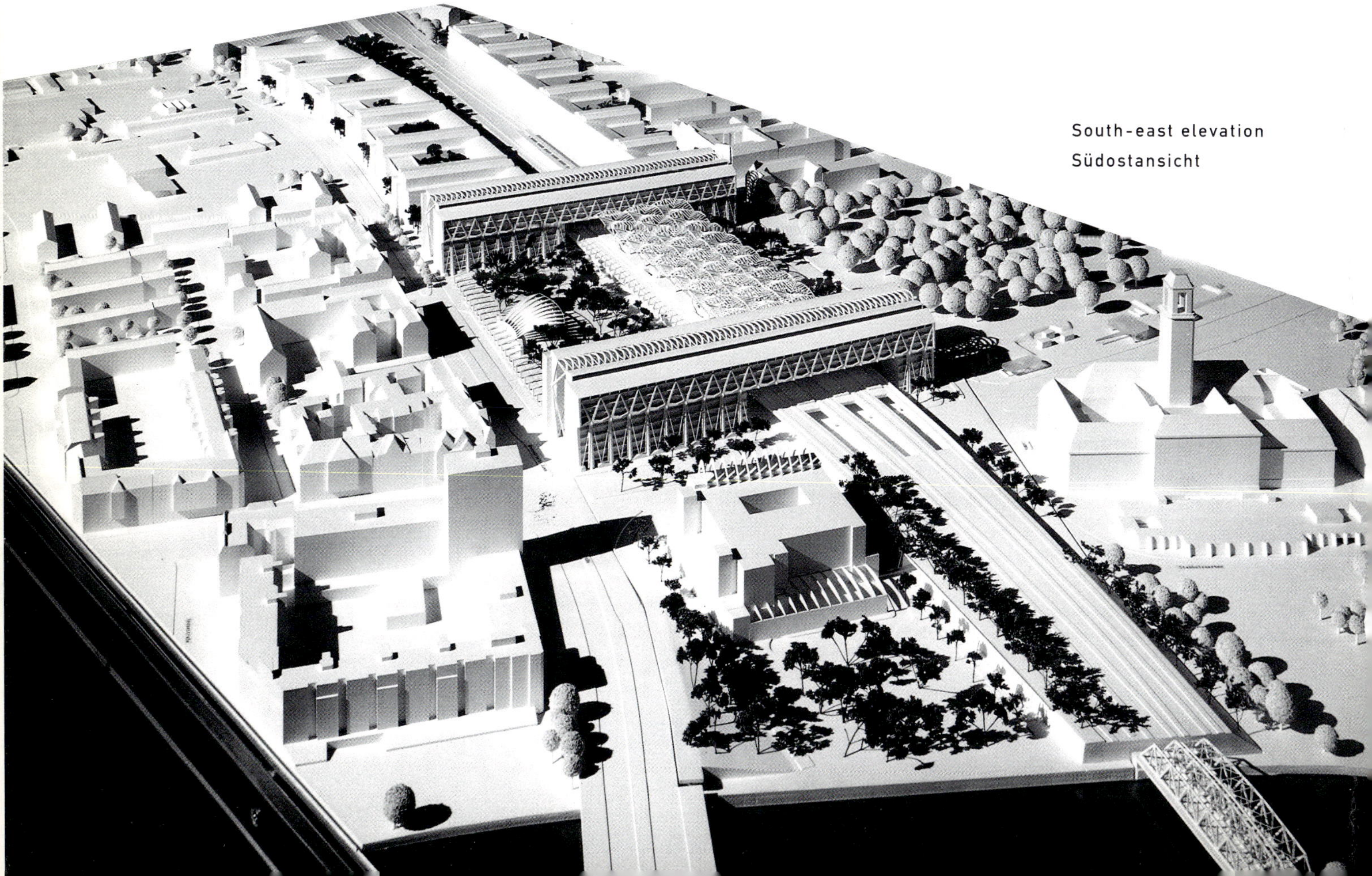

South-east elevation
Südostansicht

The design aims to create a centre, uniting the district and

linking the old part of the town of Spandau and

Wilhelmstadt with the banks of the Havel. A new, generous

        Ziel des Entwurfs ist es, die bestehende Altstadt von

space, a connection between north and south,

        Spandau, die Wilhelmstadt und das Havelufer miteinander

is envisaged through a continuation of the park passing

        zu verknüpfen, um ein quartierverbindendes Zentrum zu

beneath the rail tracks.

        schaffen. Durch die Fortsetzung des Parks unter der

        Bahntrasse wird eine neue großräumige Nord-Süd-

        Verbindung zwischen den einzelnen Quartieren vorgesehen.

Site without freight yard
Lageplan ohne Güterbahnhof

S p a n dau station 89

Platform roofing
Bahnsteigüberdachung

North elevation
Nordansicht

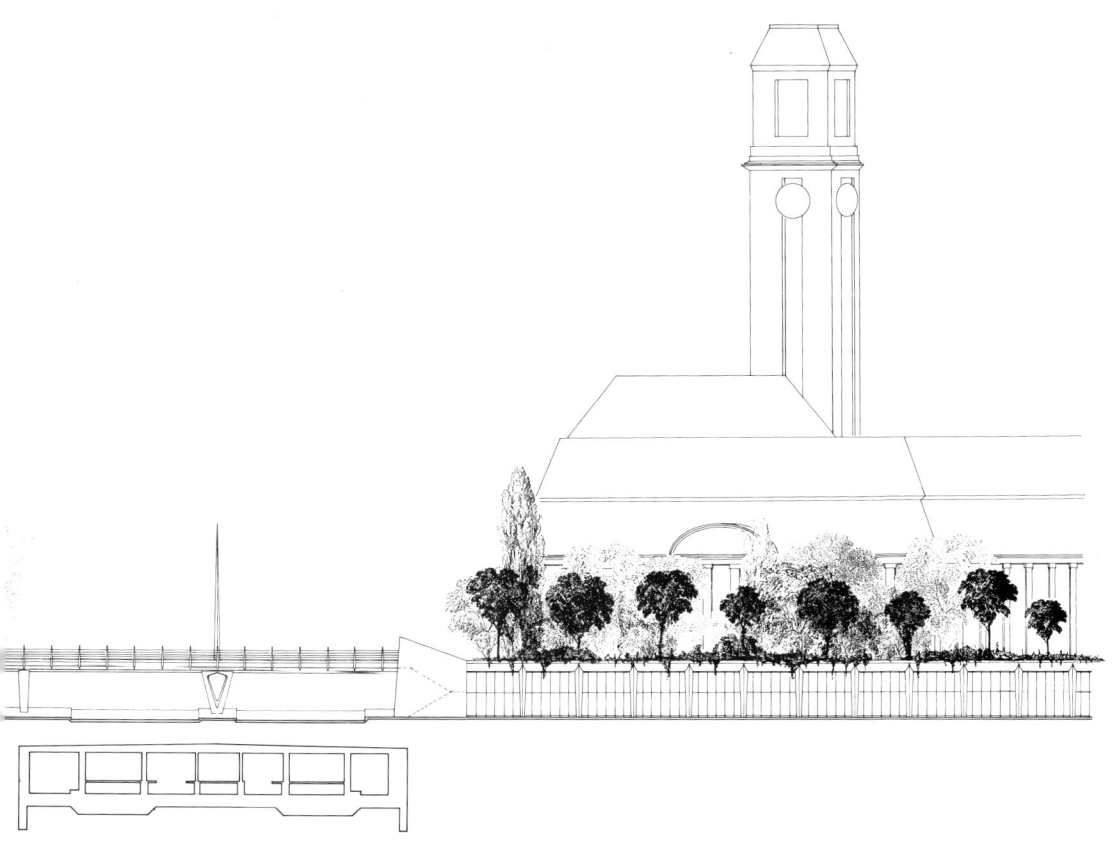

Elevation of station
Ansicht des Bahnhofs

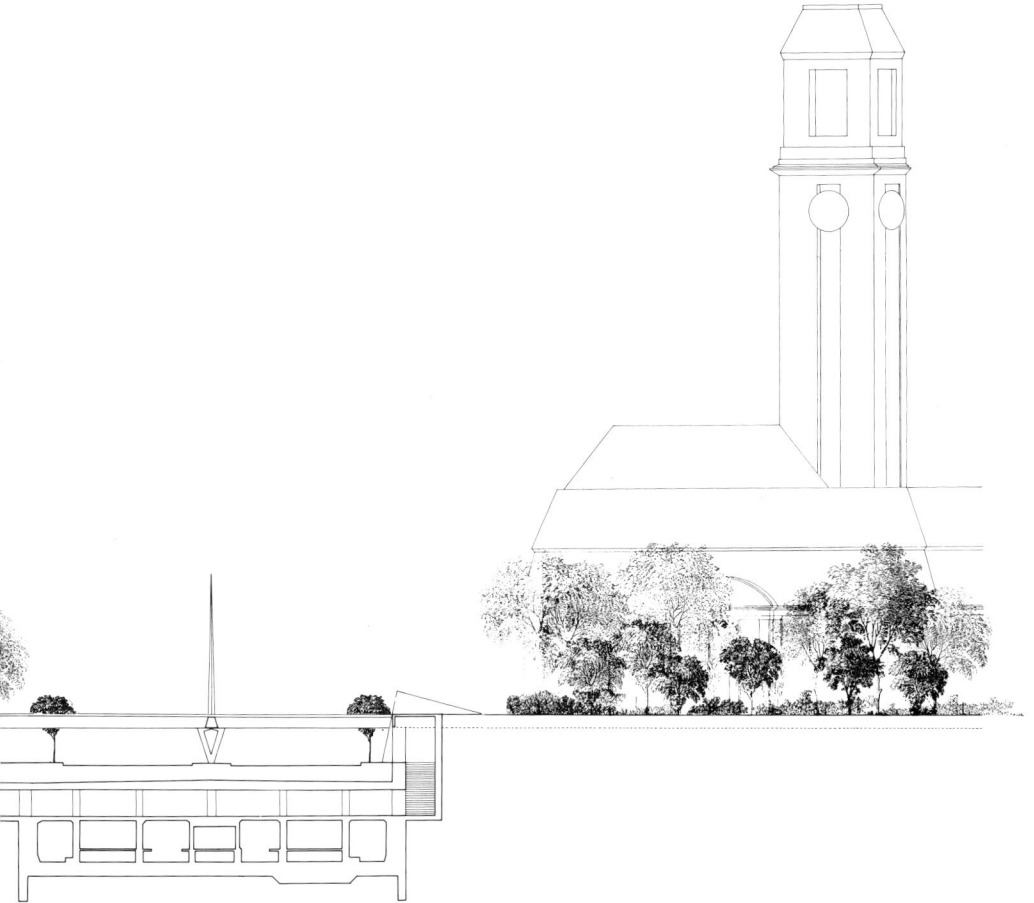

Section through station
Schnitt durch den Bahnhof

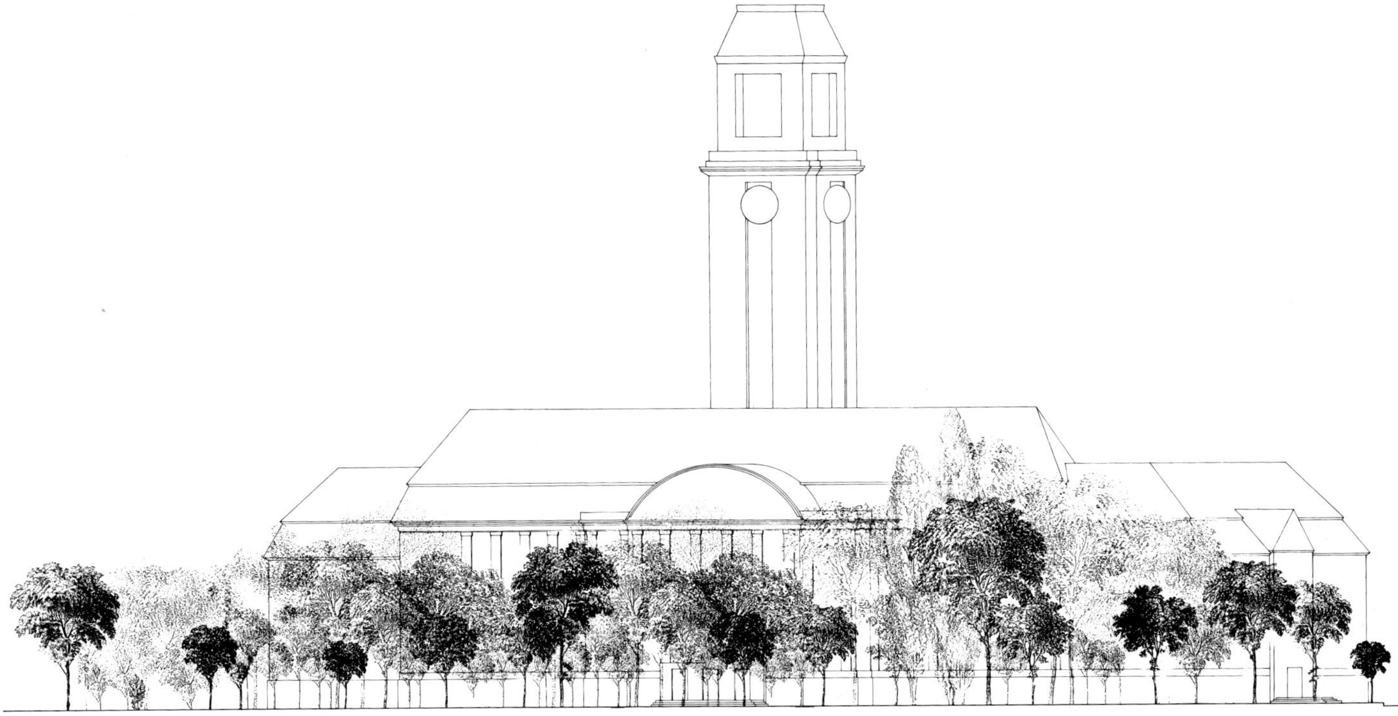

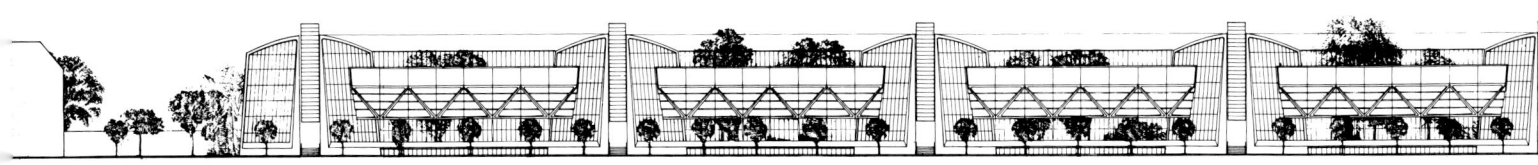

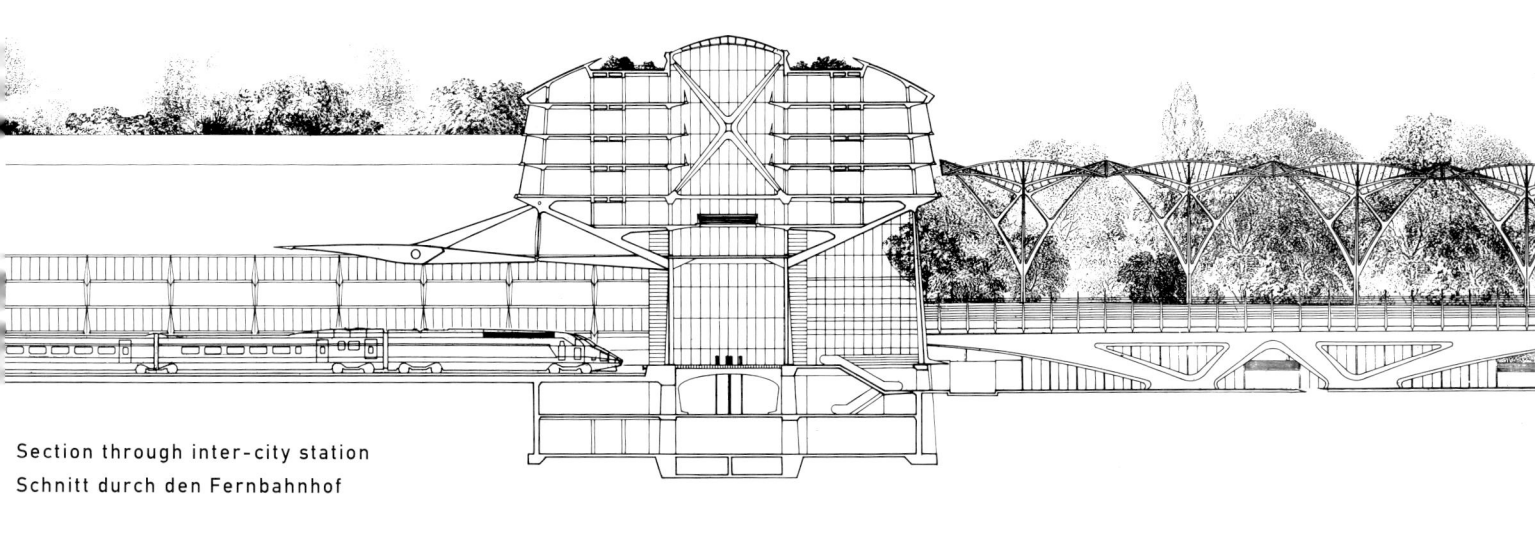

Section through inter-city station
Schnitt durch den Fernbahnhof

Section through gallery between Klosterstrasse and Havel
Schnitt durch die Galerie zwischen Klosterstraße und Havel

Der Bahnhof besteht aus einer weitgespannten

brückenähnlichen Konstruktion, die den neuen

Bahnhofsplatz überdeckt. Es entsteht ein klar definierter

The station is cradled within the long bridge spans over the

städtischer Platz innerhalb des Parks. Hier laufen alle

new station square, forming a clearly defined urban space

Wege zusammen.

within the park. Here, all paths meet.

S p a n dau station 95 98

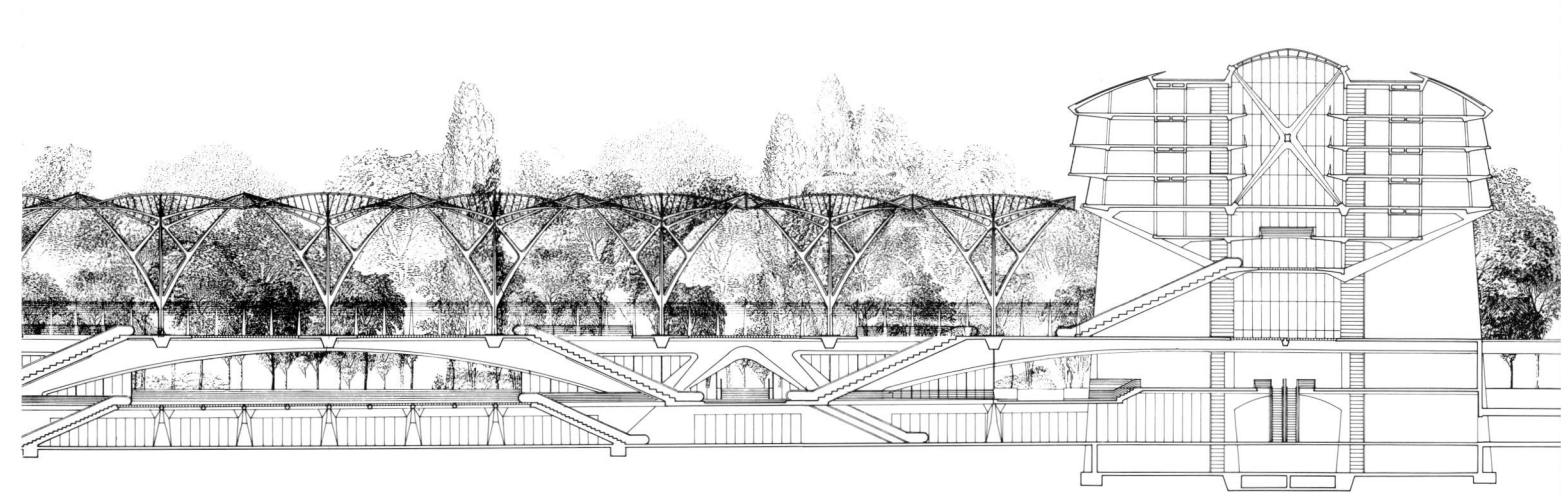

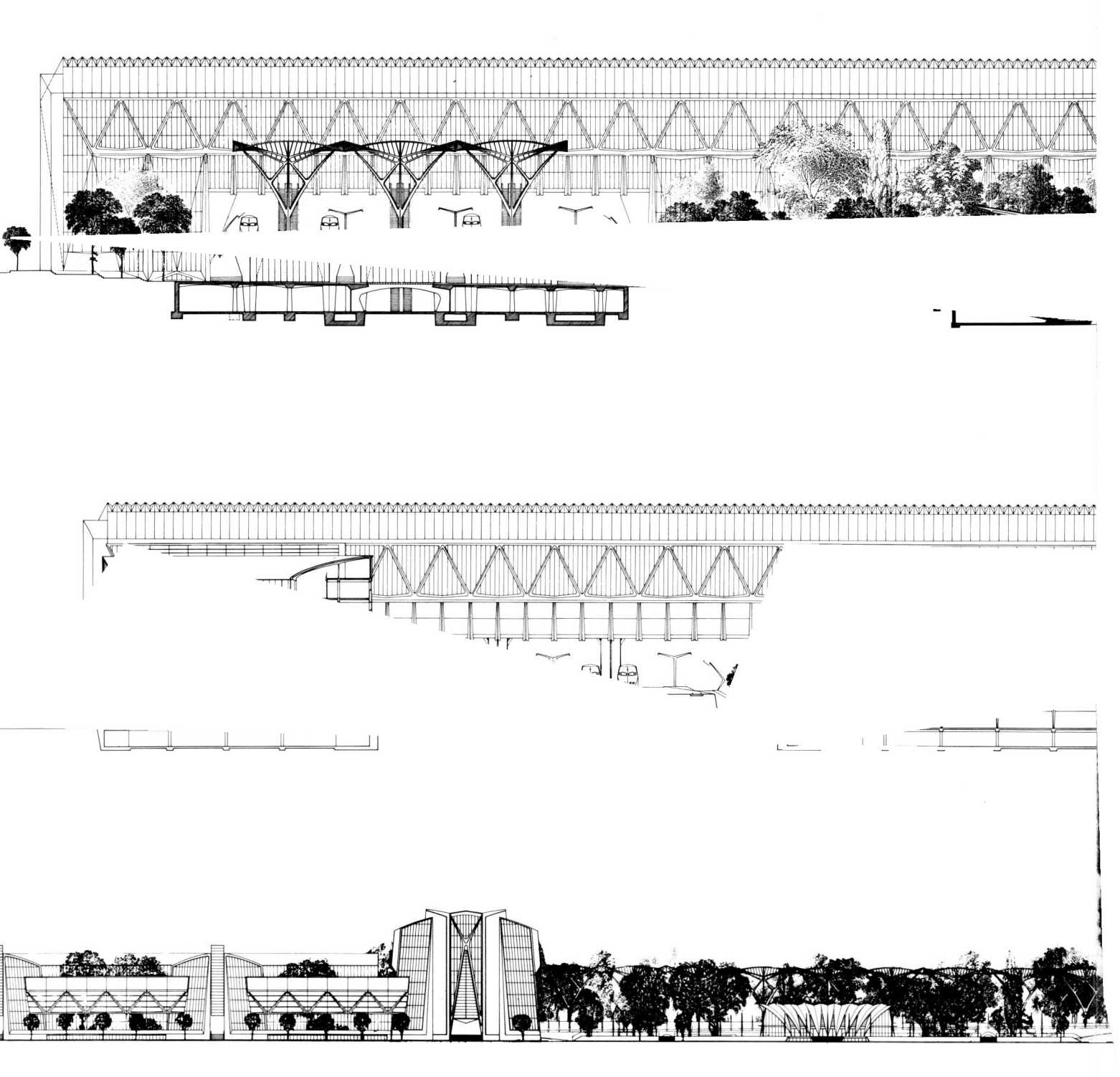

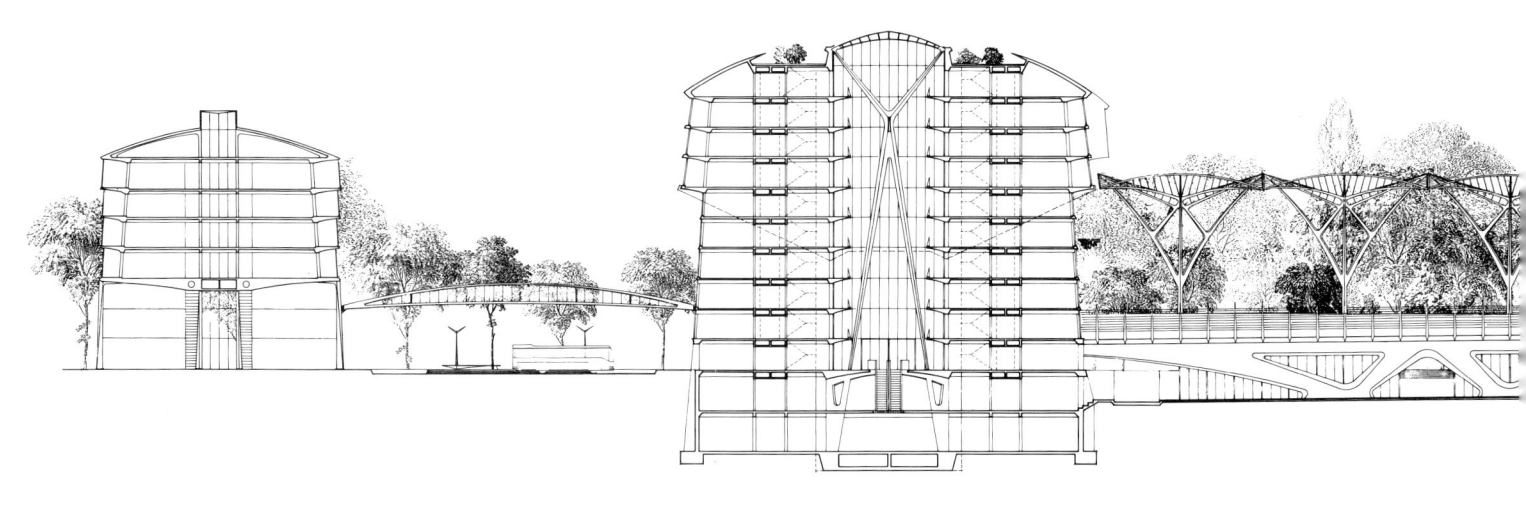
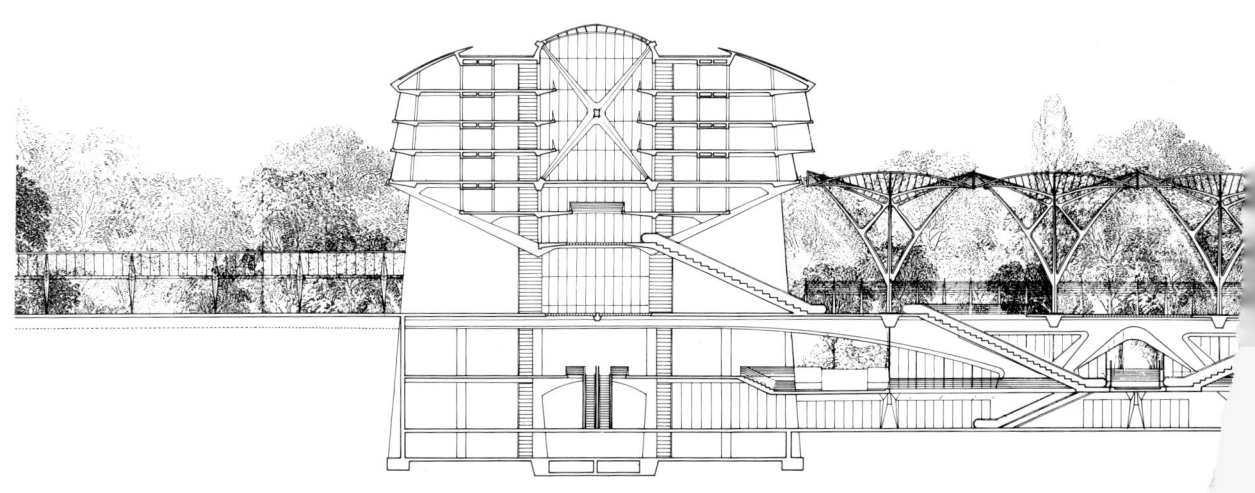

Span dau station 91 94

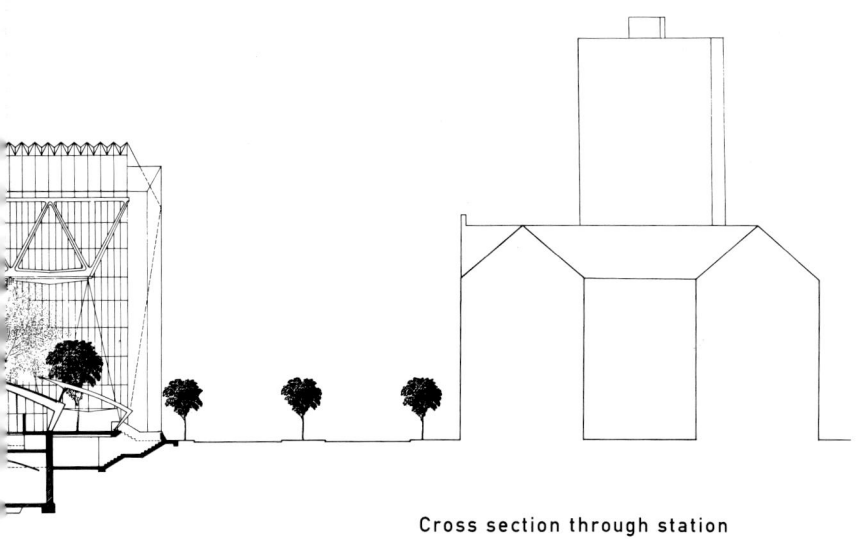

Cross section through station
Querschnitt durch den Bahnhof

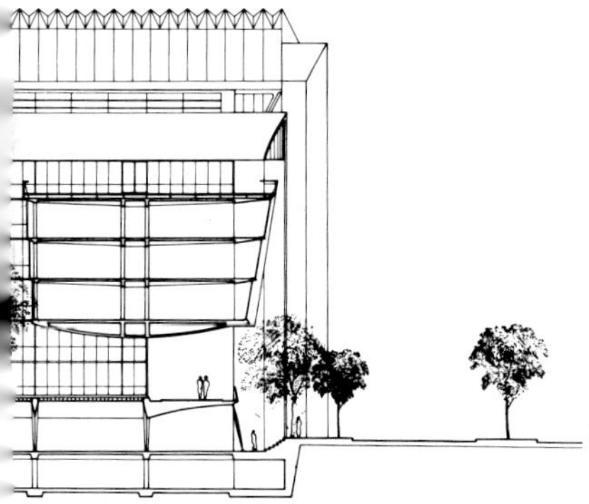

Cross section through station entrance
Querschnitt durch die Bahnhofseinfahrt

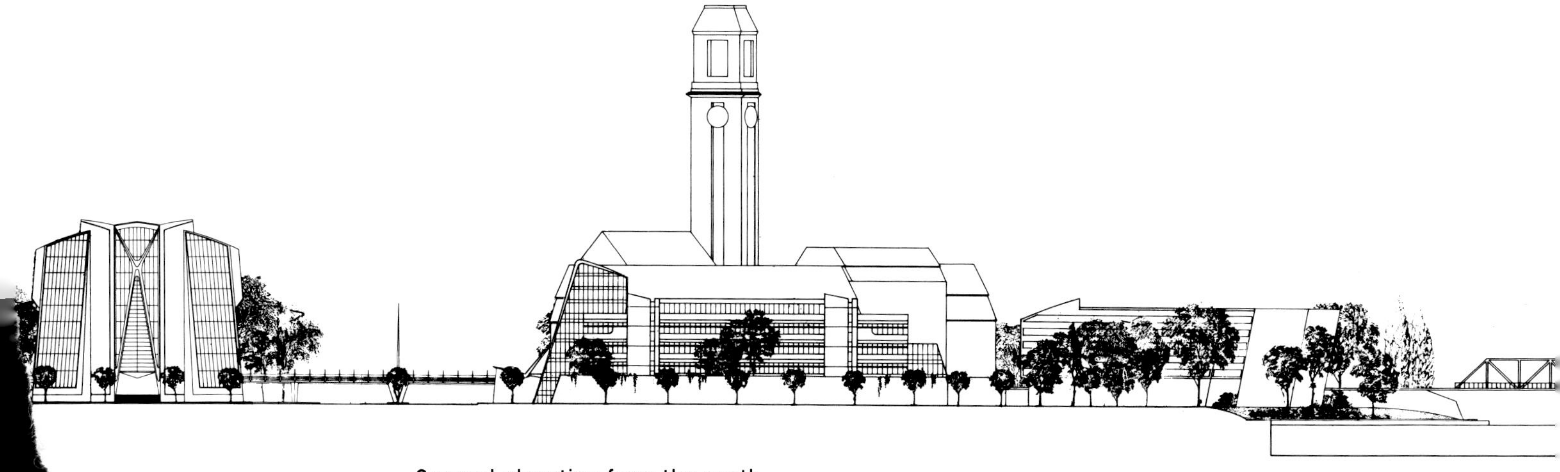

General elevation from the south
Südansicht der Gesamtanlage

Elevation from the east
Ostansicht

Oberbaumbrücke bridge

Soon **after** the collapse of the wall, the Berlin Senate decided to reinstate the many ruptured connections as soon as possible. The Oberbaum Bridge, in the district of Friedrichshain, which had once connected Friedrichshain and Kreuzberg, was one of them. Since the conservationists had rejected the idea of a competition, the commission for the reconstruction of the bridge was awarded to an engineering firm. Calatrava was initially called in to provide expertise, and his commission to design the centre span grew out of this involvement.

As with the "Unterbaum", the "Oberbaum" originally closed off the river at the city boundary. At the end of the Middle Ages, the "Oberbaum" was located near the Märk Museum, with the "Unterbaum" near the site of the Reichstag. With the building of the Akzisemauer in about 1730, the Oberbaum was relocated to the east. In those days, too, the 150 metres wide Spree was spanned by a wooden footbridge. The responsibility for this bridge, as with all others in Berlin, was transferred to the Municipal Council from the Prussian Exchequer in 1876. Because these old, in part dilapidated, bridges were due for replacement with better and stronger ones, the engineers Pinkenburg and Bernhardt of the city's bridge department drew up new plans, under the supervision of the urban planner James Hobrecht.

At the same time, Siemens & Halske applied for planning permission to build a viaduct at approximately the same location, which was to carry their electric overhead railway between the Warsaw Bridge and the Zoological Gardens. Because of the extent of protest from neighbouring landowners, however, in 1893 the plans were combined, as a result of which a bridge for road and railway traffic was to be built in time for the trade exhibition in Treptow in 1896. Otto Stahn, who had already designed a bridge in the Brick Gothic style possessing two towers reminiscent of the Prenzlauer Gate, was commissioned as architect. The overhead railway viaduct is strongly influenced by Chorin Monastery's cloister. Stahn went so far as to only permit hand decorated tiles from Rathenow, and then only in the

Schon bald nach dem Fall der Mauer beschloß der Berliner Senat, die vielen gekappten Verbindungen möglichst schnell wiederherzustellen. Dazu gehörte auch die Oberbaumbrücke im Bezirk Friedrichshain, die Friedrichshain und Kreuzberg verbunden hat. Da die Denkmalschützer einen Wettbewerb ablehnten, wurde der Auftrag zur Wiederherstellung der Brücke an eine Ingenieurbaufirma vergeben. Calatrava wurde zunächst zur Begutachtung herangeholt, und daraus entwickelte sich dann der Auftrag, den gesamten. Mittelteil für den Viadukt zu gestalten.

Wie der "Unterbaum" diente auch der "Oberbaum" ursprünglich dem Zweck, den Fluß an der Stadtgrenze abzuriegeln. Am Ausgang des Mittelalters befand sich der "Oberbaum" in der Nähe des Märkischen Museums, der "Unterbaum" beim Reichstag. Beim Bau der Akzisemauer um 1730 wurde der Oberbaum nach Osten verschoben. Auch damals überbrückte man die hier 150 m breite Spree mit einer hölzernen Stegbrücke. Wie diese wurden die anderen Brücken 1876 vom preußischen Fiskus an den Berliner Magistrat überantwortet. Weil diese alte, teilweise baufällige Brücke durch eine leistungsfähigere ersetzt werden sollte, begannen im Büro des städtischen Brückenbaus unter Leitung des Stadtplaners James Hobrecht die Ingenieure Pinkenburg und Bernhardt dafür Pläne zu entwickeln.

Um dieselbe Zeit beantragte Siemens & Halske den Bau eines Viadukts, der etwa an der gleichen Stelle ihre elektrische Hochbahn, die von der Warschauer Brücke zum Bahnhof Zoologischer Garten führen sollte, aufnehmen konnte. Wegen vieler Anrainerproteste kam es erst 1893 zu einer Vereinbarung, nach der eine einzige Brücke für den Straßen- und Hochbahnverkehr gebaut werden sollte. Alles sollte bis zur Gewerbeausstellung in Treptow 1896 fertiggestellt werden. Als Architekt wurde Otto Stahn engagiert, der eine Brücke im Stile der märkischen Backsteingotik entwarf: Die zwei Türme erinnern deutlich an das Prenzlauer Tor, der Hochbahnviadukt ist stark an den Kreuzgang von Kloster Chorin angelehnt. Stahn ging in seinen Vorstellungen so weit, daß er nur

monastery format as seen in Chorin, Lehnin or Zinna.

The bridge was generously dimensioned, with a roadway width of 14,35 - considered very wide in those days - and was held to be one of the technical wonders of its day. So, too, was the speed of its construction: begun in January of 1895, it was in service and carrying traffic only a year later! The overhead railway viaduct was completed in 1896, but because of difficulties elsewhere on the line, trials were only begun in 1902.

The bridge connected Warschauer Strasse to the east with Skalitzer Strasse to the west. The longest bridge span, between both the tower structures, was 22 metres. Through a quirk of the district boundaries, the whole of the bridge is situated in Friedrichshain, although the Skalitzer Strasse is part of the Kreuzberg district. It's no wonder, therefore, that the bridge displays the Friedrichshainer crest.

The bridge was damaged during the second world war, with the centre span being blown up by military commandos in the final days. Shortly after the war, this section was temporarily reconstructed; the metro ran until the 13th August 1961, and for the remaining thirty years it was used only by pedestrians.

Shortly after Reunification, the authorities decided to complete the bridge as part of the Berlin inner ring road, thus bringing significant relief to the inner city through the connection of Skalitzer Strasse and Warschauer Strasse. The engineering firm of Wachendorf, König & Partner were commissioned to submit plans for the centre span of a road and footbridge.

On the recommendation of the Architectural Workshop, invitations for a competition were to be sent out, but the Regional Curator maintained that a conservation concept was required for a monument, and not an architectural one. In the autumn of 1991, Calatrava was called in for expert advice.

Calatrava's design for the centre span anticipated a slender steel framework structure. The plan had to be reworked several times, since the bridge had in the meantime become a political bone of contention. Opposing groups both within

handgestrichene Ziegel aus Rathenow und auch nur im Klosterformat, wie in Chorin, Lehnin oder Zinna zuließ.

Die Brücke wurde groß dimensioniert; schon damals galt eine Fahrdammbreite von 14,35 m als sehr breit. Und schon damals galt der Bau als eine technische Meisterleistung, nicht zuletzt wegen der kurzen Bauzeit: Begonnen im Januar 1895, wurde der Bau bereits ein Jahr später (!) dem Straßenverkehr übergeben. Der Hochbahnviadukt konnte zwar schon 1896 fertiggestellt werden, doch wegen anderer Schwierigkeiten entlang der Trasse konnten Siemens & Halske erst 1902 mit dem Probebetrieb beginnen.

Die Brücke verbindet die Warschauer Straße im Osten mit der Skalitzer Straße im Westen. Zwischen beiden Turmbauten beträgt die größte Öffnung der Brücke 22 m. Durch die merkwürdige Bezirkseinteilung befindet sich die gesamte Brücke im Bezirk Friedrichshain, obwohl die Skalitzer Straße zum Bezirk Kreuzberg gehört; kein Wunder, daß das Friedrichshainer Bezirkswappen diese Brücke zeigt.

Während des Zweiten Weltkrieges wurde die Brücke teilweise beschädigt, den Mittelteil sprengten militärische Kommandos in den letzten Kriegstagen in die Luft. Kurz nach Kriegsende wurde dieser Teil mit einer provisorischen Konstruktion wiederhergestellt; bis zum 13. August 1961 fuhren U-Bahnen. Danach konnte diese Brücke fast dreißig Jahre lang nur für den Fußgängerverkehr genutzt werden.

Kurz nach der Wende beschlossen Verkehrs- und Bauverwaltung, diese Brücke als Teil des inneren Berliner Straßenringes zu vollenden und so durch diese Verbindung von Skalitzer und Warschauer Straße zu einer deutlichen Entlastung der Innenstadt beizutragen. Die Ingenieurfirma Wachendorf, König & Partner wurde beauftragt, Pläne für den mittleren Teil einer Straßen- und Fußgängerbrücke einzureichen. Auf Empfehlung der Architekturwerkstatt sollte ein Wettbewerb ausgelobt werden, doch der Landeskonservator bestand darauf, daß für ein Denkmal nicht Architekten, sondern Denkmalkonzepte erforderlich seien. Im Herbst 1991 rief man Calatrava an, um von ihm ein Gutachten einzuholen.

the Senate and outside favoured a solution which would have greatly restricted road traffic on the bridge, and given precedence instead to tram transport. It was the view of the Senate that this was not a workable idea, since the overhead railway was anyway anticipated, as with the original bridge. A further problem arose from the need to enlarge the shipping clearance; for modern ships, the original clearance would no longer have been sufficient to conform with new European Standards.

It was, additionally, decided in 1993 to plan the bridge to include a tramway. The Senate Planning Authority's bridge department were, however, of the opinion that Calatrava's structure was inadequate for the anticipated horizontal forces. However, he was not requested to review his proposal, and it was decided that the section of the bridge on which road traffic and tramway would pass would be a concrete construction by Wachendorf & König. Only the overhead railway viaduct was given to Calatrava.

In Calatrava's design, the Oberbaum Bridge is on two levels. Whilst the road and tramway traffic run on the lower level, the overhead railway runs on the upper level, along a viaduct on the upstream side of the structure, between the Warsaw Bridge and the district of Kreuzberg. The viaduct is a 22 metre long steel frame structure with a lower bracing arch. All the bridge components are given expression, to clearly state that this bridge has a history.

Michael S. Cullen

Calatravas Entwurf für den Mittelteil sah eine verschlankte Stahlrahmenkonstruktion vor. Der Plan mußte mehrfach überarbeitet werden, weil in der Zwischenzeit die Brücke zum politischen Zankapfel geworden war. Oppositionelle Gruppen inner- und außerhalb des Berliner Senats favorisierten eine Lösung, die den Straßenverkehr sehr stark reduzieren und dem Straßenbahnverkehr den Vorrang einräumen sollte. Aus dem Senat war jedoch zu hören, daß dies nicht praktikabel sei, weil ohnehin schon - wie bei der früheren Brücke - die Hochbahn, also eine Schienenverbindung, vorgesehen sei. Ein weiteres Problem bestand in der notwendigen Vergrößerung der Schiffsdurchfahrtshöhe, weil für neue Schiffe die alte Durchfahrtshöhe nach der neuen gültigen Euro-Norm nicht ausgereicht hätte.

1993 wurde entschieden, die Brücke doch auch noch für den Straßenbahnverkehr vorzusehen. Die Brückenbauabteilung der Senatsverwaltung für Bau- und Wohnungswesen befand dabei, daß die Konstruktion Calatravas nicht genug gegen den erwarteten horizontalen Schub leistet; er wurde aber nicht mehr gebeten, seine Lösung zu überarbeiten. So wurde beschlossen, daß der Teil der Brücke, auf dem Straßen- und Straßenbahnverkehr rollen soll, eine Betonkonstruktion von Wachendorf & König erhalten und nur für den Hochbahnviadukt der Entwurf von Calatrava realisiert werden soll. Der Baubeginn für dieses Projekt ist zur Zeit nicht bekannt.

Die Oberbaumbrücke besteht in Calatravas Entwurf aus zwei Ebenen und mehreren Bahnen. Während der Straßen- und Straßenbahnverkehr im unteren Bereich fließt, fährt die Hochbahn zwischen der Warschauer Brücke und dem Bezirk Kreuzberg auf einem Viadukt auf der Oberstromseite im oberen Bereich. Der Viadukt ist eine 22 m lange Stahlrahmenkonstruktion mit unterem Sprengwerk. Sie läßt die alten Brückenteile sprechen und gibt so deutlich zu erkennen, daß diese Brücke eine Geschichte besitzt.

Michael S. Cullen

Initial proposal
Erster Vorschlag

Framework construction for the metro viaduct
Hochbahnviadukt als Fachwerk

Site plan
Lageplan

Elevation, from upstream
Ansicht: Oberwasserseite

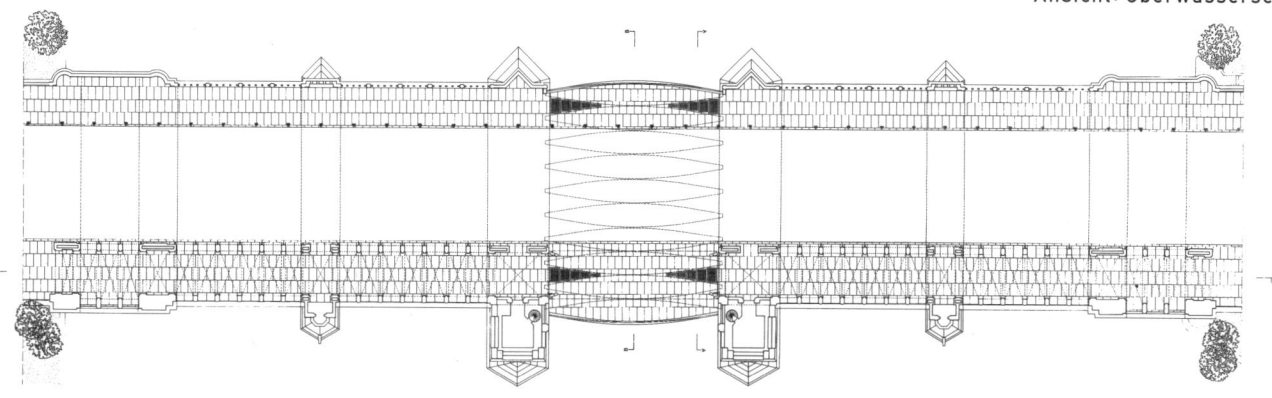

Plan of the road deck
Aufsicht: Fahrbahn

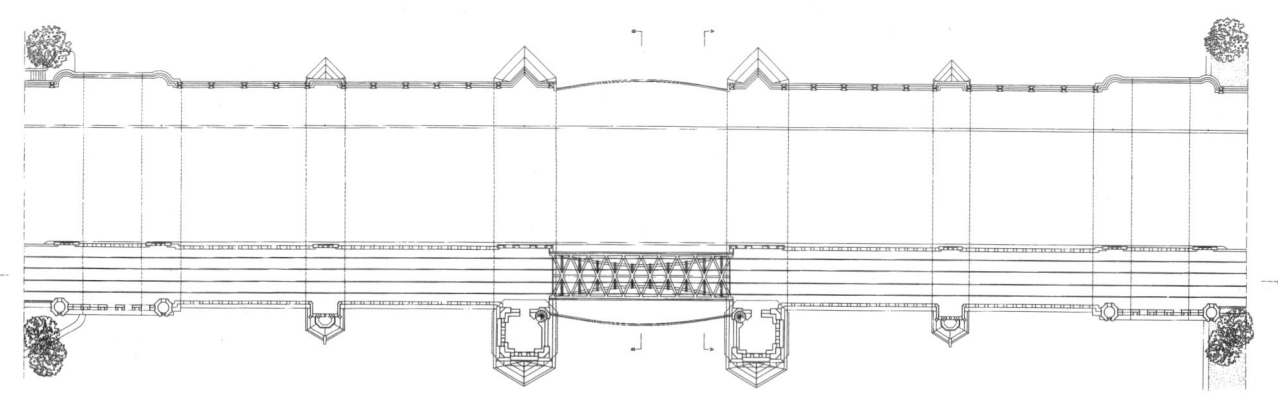

Plan of the metro viaduct
Aufsicht: Hochbahnviadukt

Cross section
Querschnitt

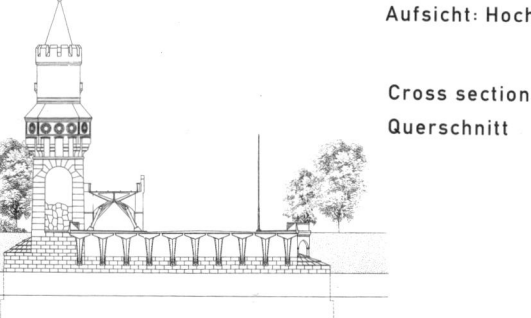

Oberbaum bridge

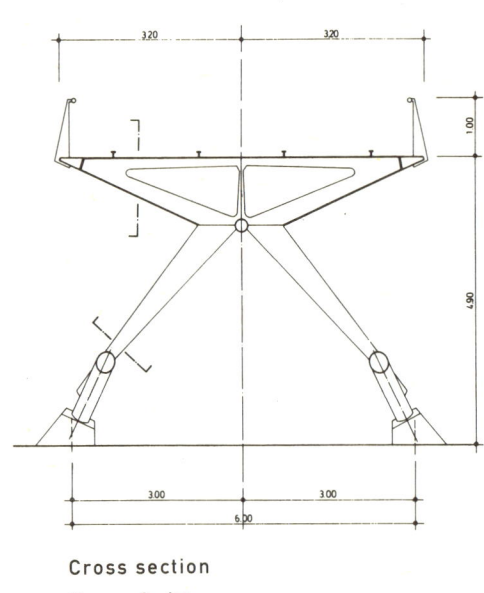

Cross section
Querschnitt

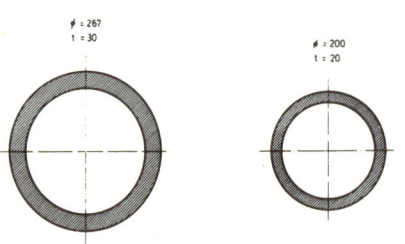

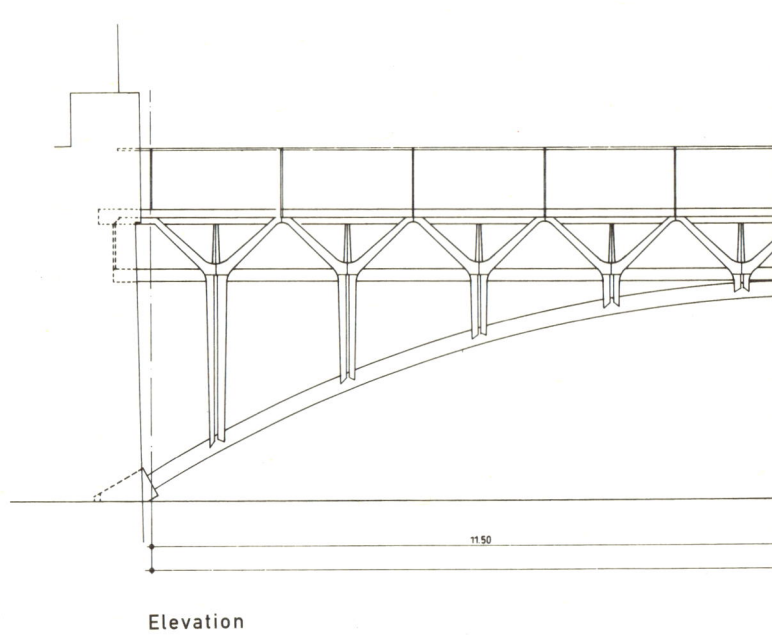

Elevation
Ansicht

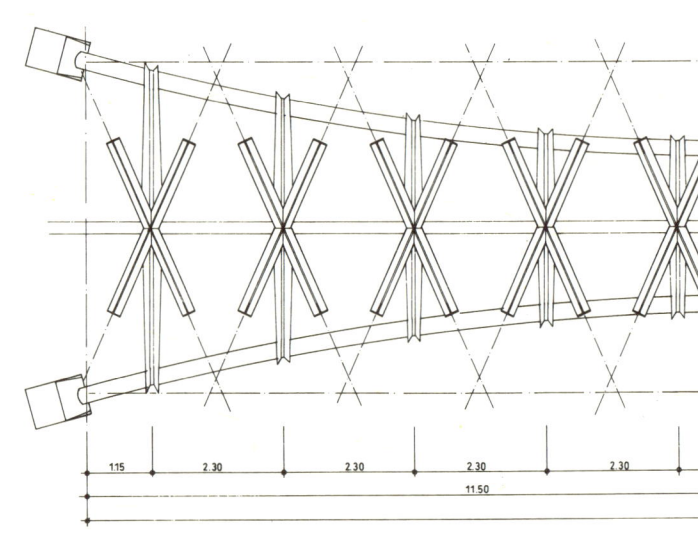

Horizontal section
Horizontalschnitt

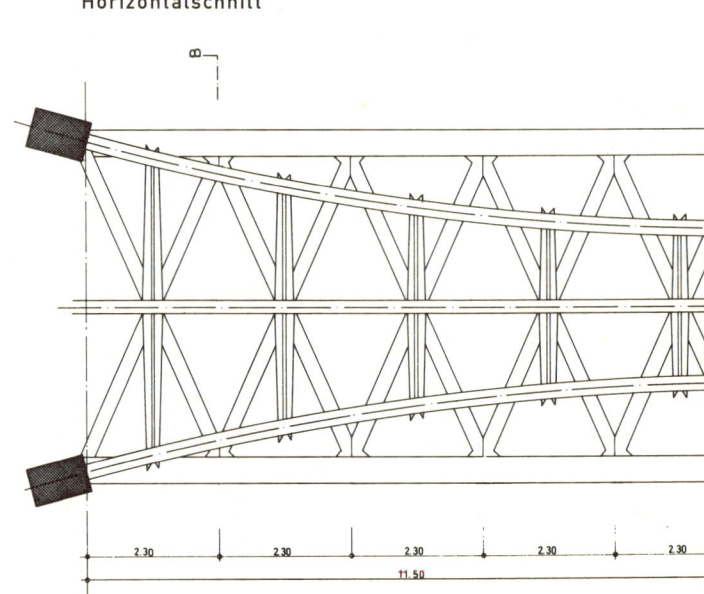

Oberbaum bridge 106 107

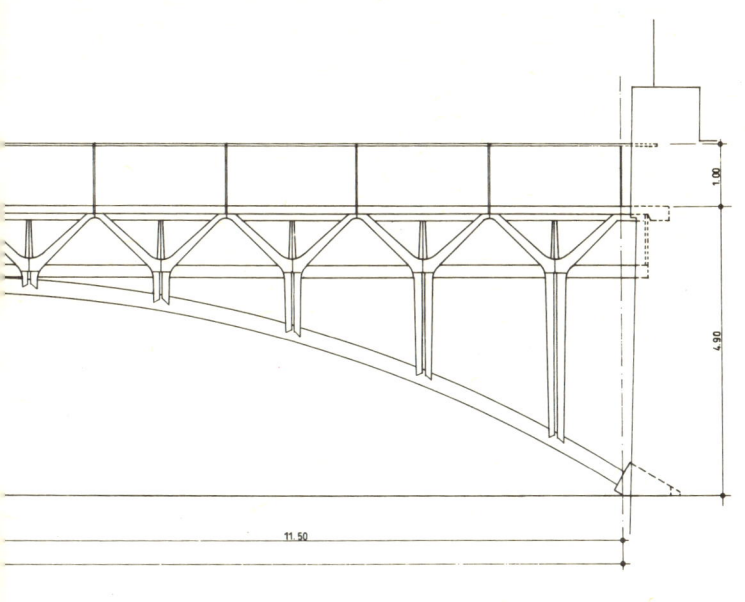
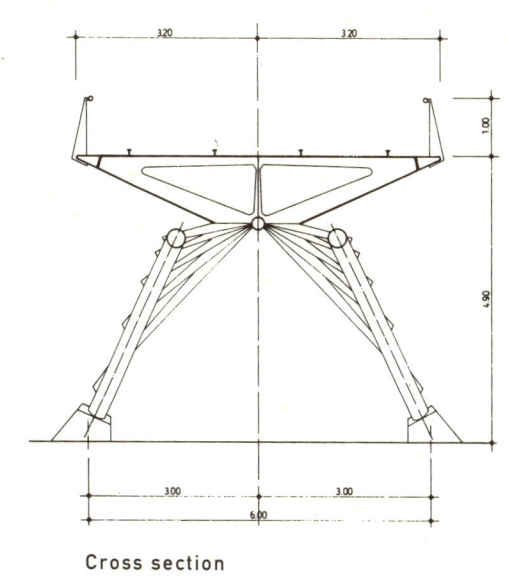

Cross section
Querschnitt

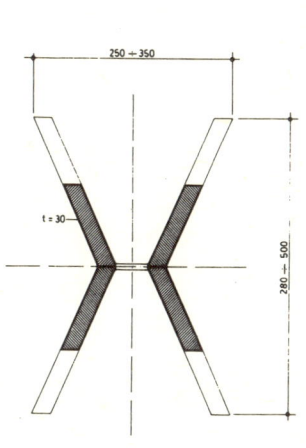
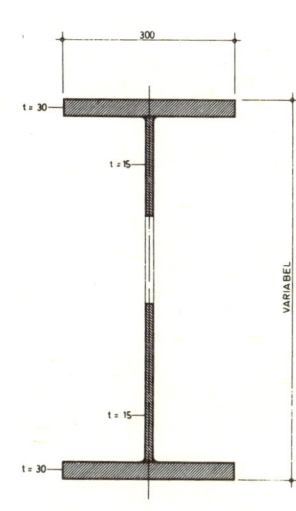
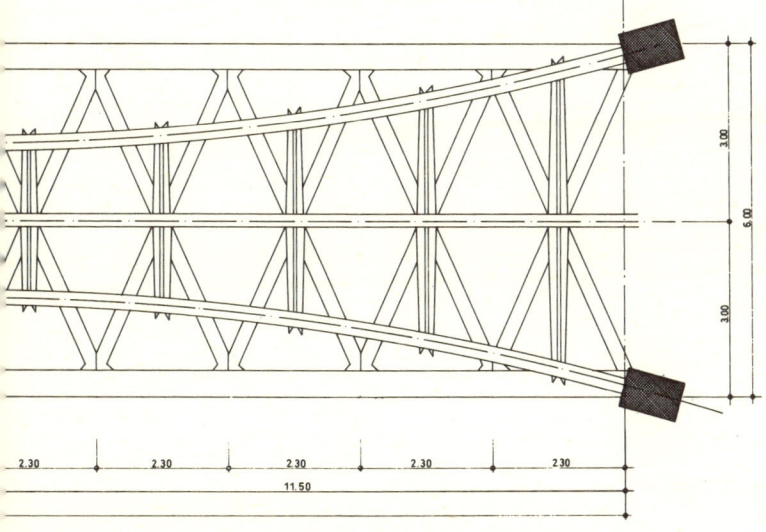

View from below
Untersicht

Second proposal
Zweiter Vorschlag

Metro viaduct designed as a truss
Hochbahnviadukt als Sprengwerk

Oberbaum bridge 108 109

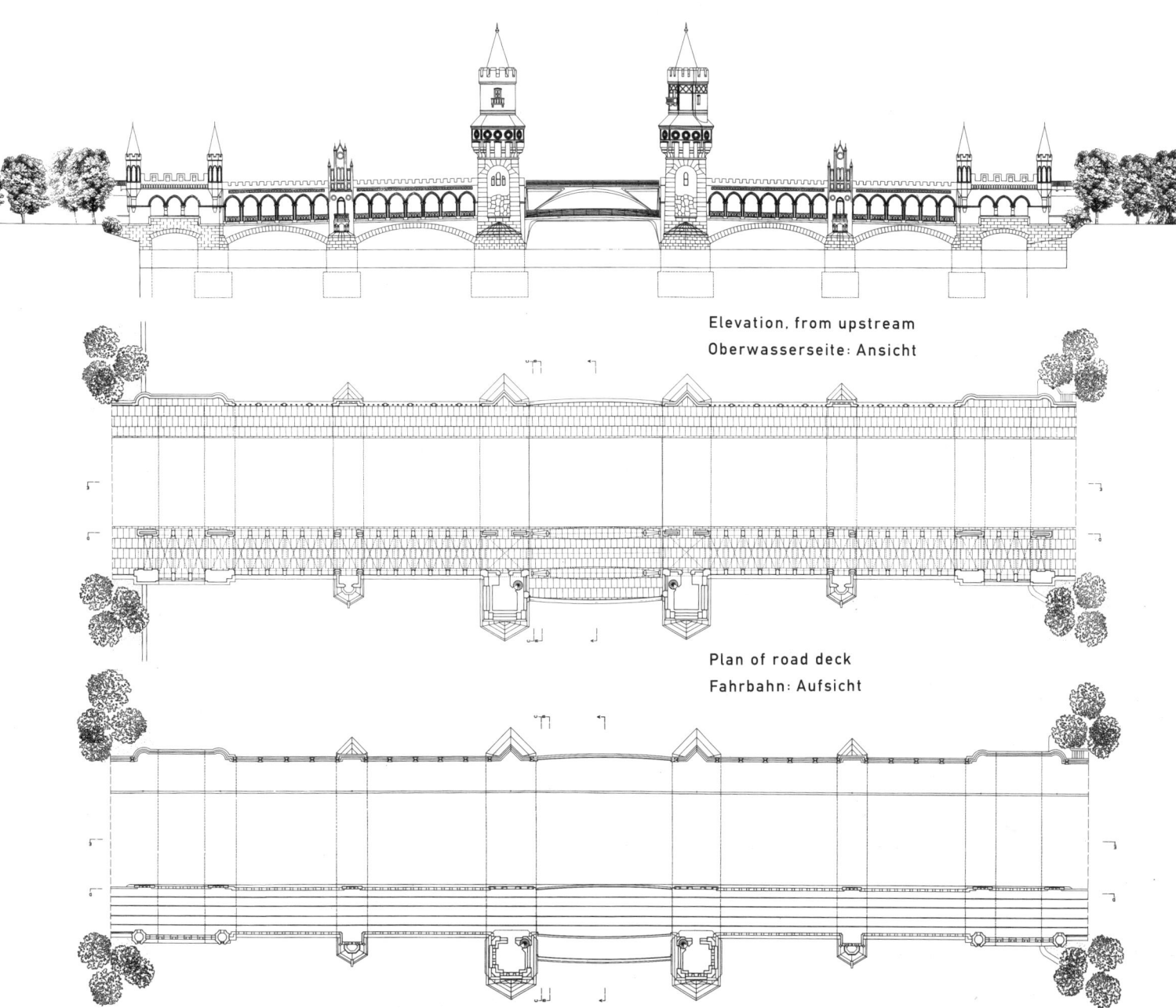

Elevation, from upstream
Oberwasserseite: Ansicht

Plan of road deck
Fahrbahn: Aufsicht

Plan of metro viaduct
Hochbahnviadukt: Aufsicht

Second reviewed proposal
Überarbeiteter zweiter Vorschlag

The appearance of the existing bridge sections influence the quality of line, rhythm and poise and thus recreate the original continuity – not only with regard to materials, but also to the form.

Die Formgebung, der Rhythmus und das statische Prinzip der neuen Konstruktion orientieren sich an der alten Brücke. Es wird eine Einheit wiederhergestellt – nicht im materiell-technischen, sondern im bildlichen Sinn.

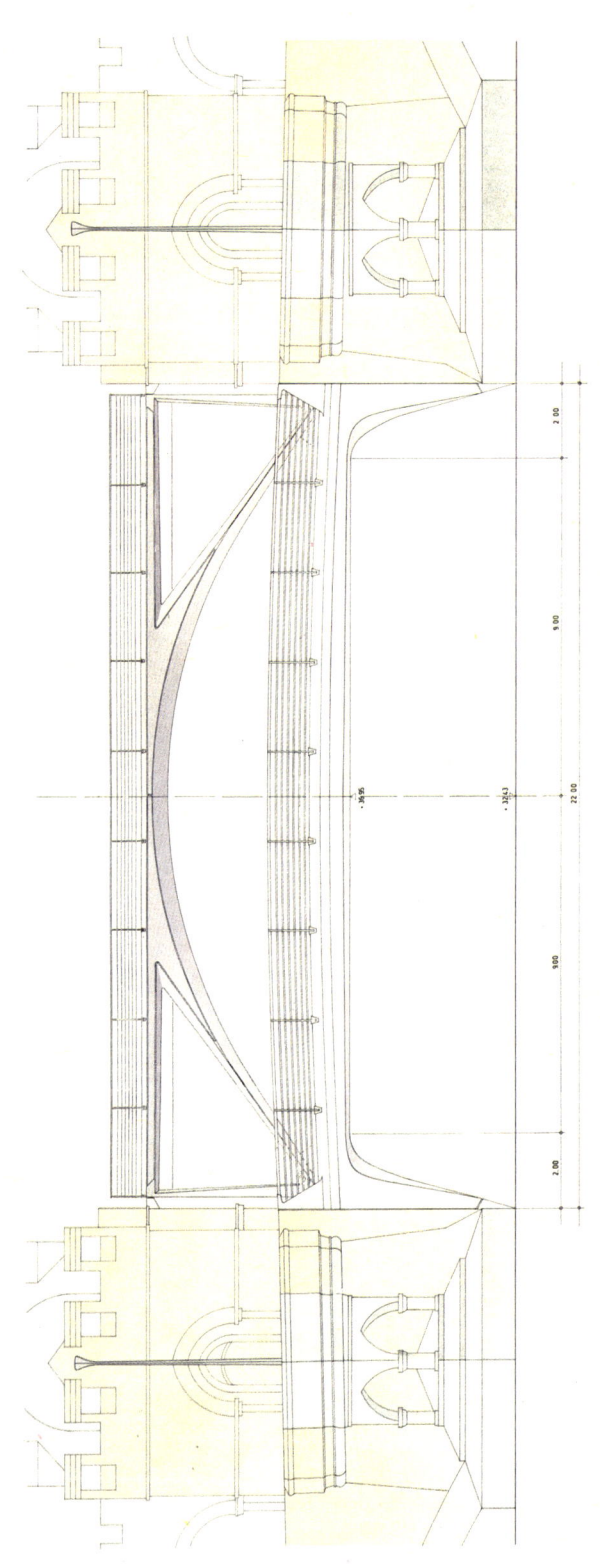

Oberbaum bridge

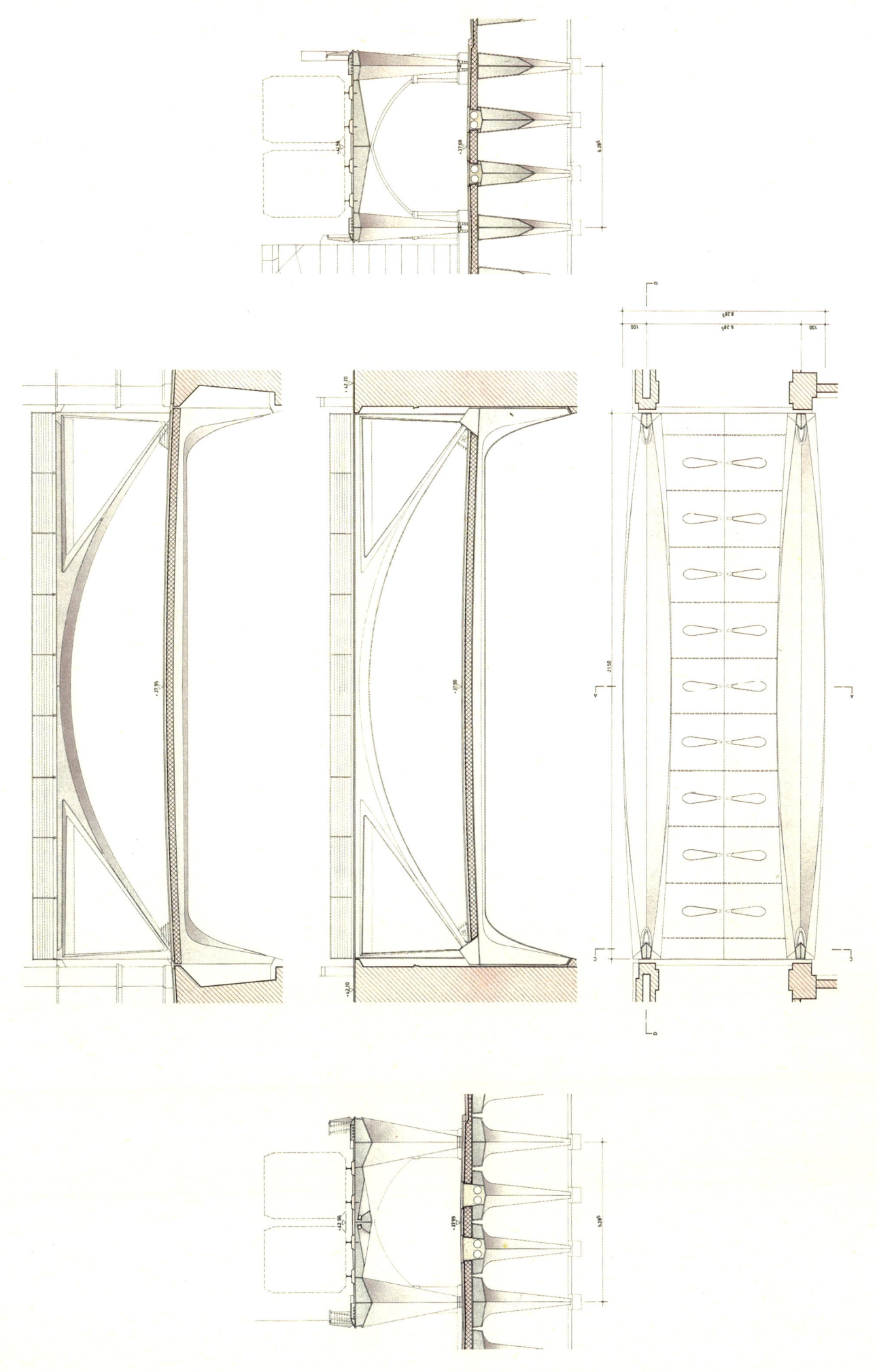

Finalized project
Ausführungsprojekt

The lower bridge section is an arched, twin linkage framework which, like the original arch, transfers the horizontal loads to the abutments only to a limited degree. A row of steel box-beams form the construction, in effect joined by a concrete road deck plate.

Der untere Brückenteil ist ein bogenförmiger Zweigelenkrahmen, der analog zum ursprünglichen Bogen Horizontalkräfte nur in geringem Ausmaß an die Widerlager weitergibt. Es handelt sich um eine Reihe von Stahlkastenträgern mit einer im Verbund wirkenden Betonfahrbahnplatte.

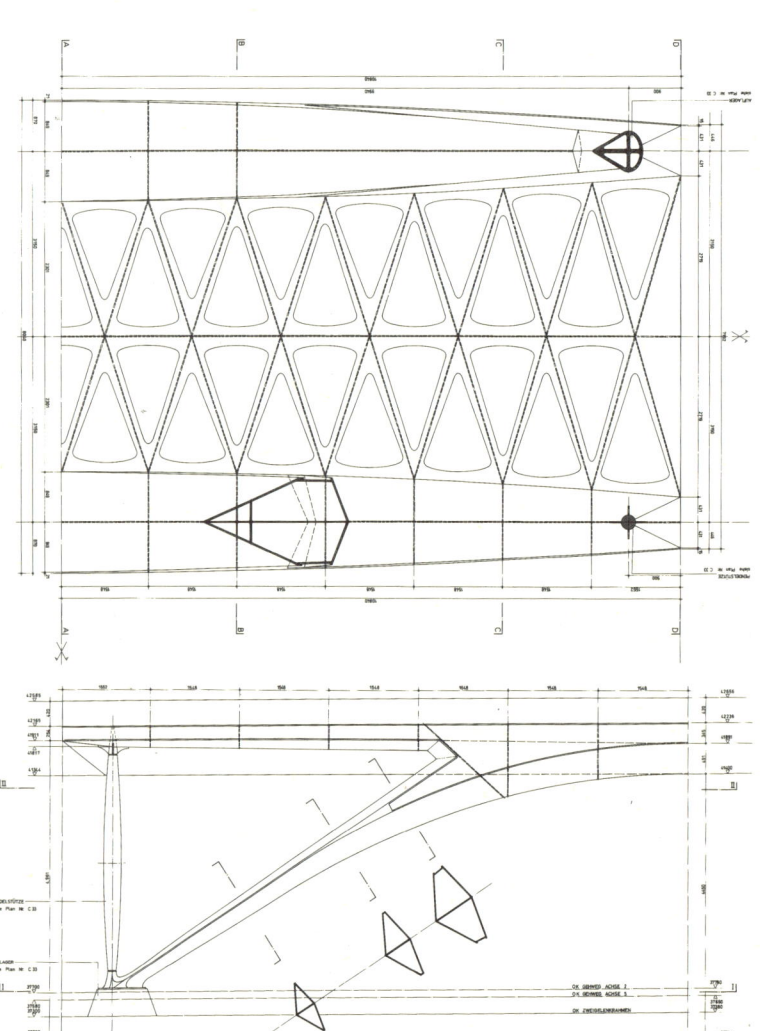

View from below
Untersicht

Longitudinal section
Längsschnitt

Oberbaum bridge

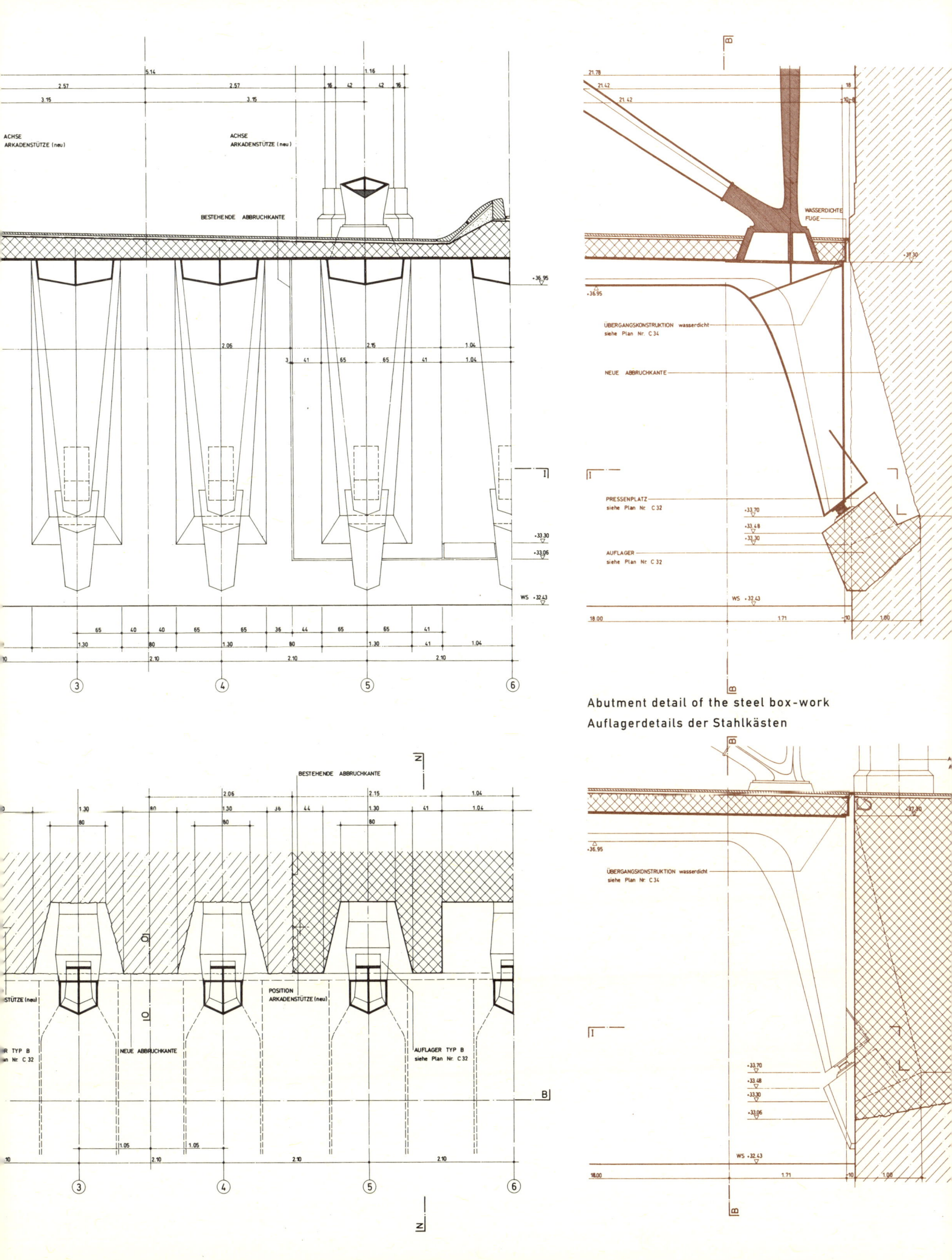

Abutment detail of the steel box-work
Auflagerdetails der Stahlkästen

Initial proposal
Erster Vorschlag

Road bridge, cross section in abutment area
Straßenbrücke: Querschnitt im Auflagerbereich

Elevation, road bridge
Straßenbrücke: Ansicht

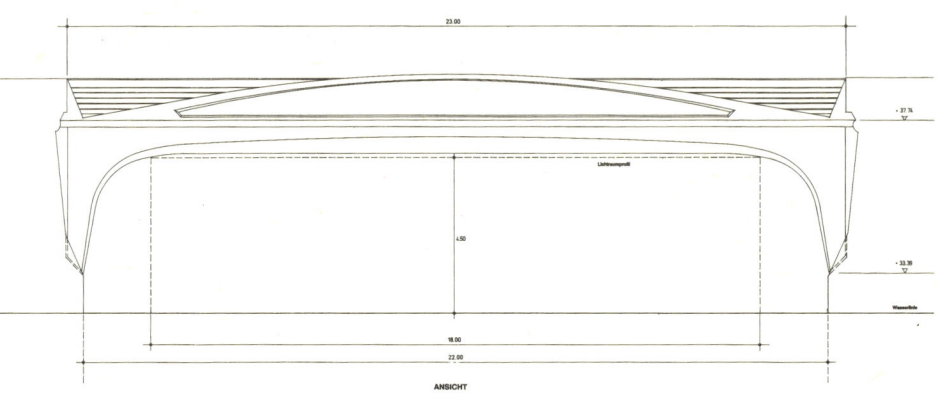

Second reviewed proposal
Überarbeiteter zweiter Vorschlag

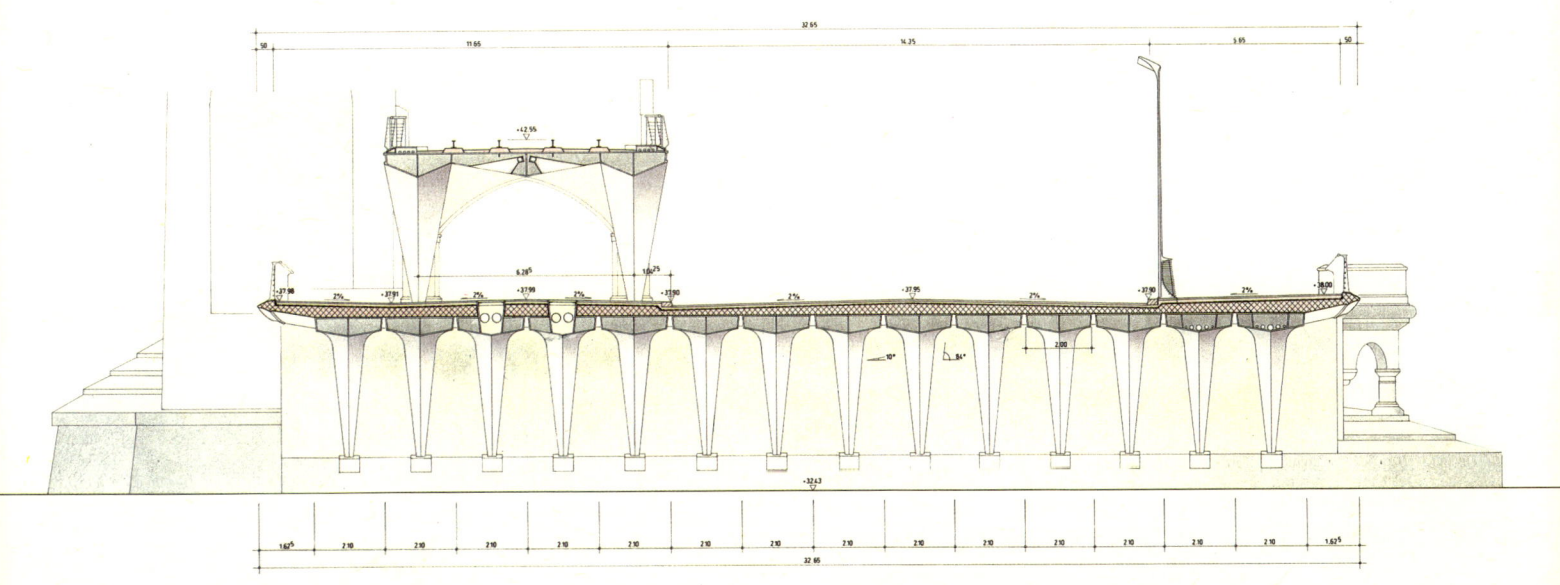

General cross section in abutment area
Gesamtquerschnitt im Auflagerbereich

Oberbaum bridge 114 115

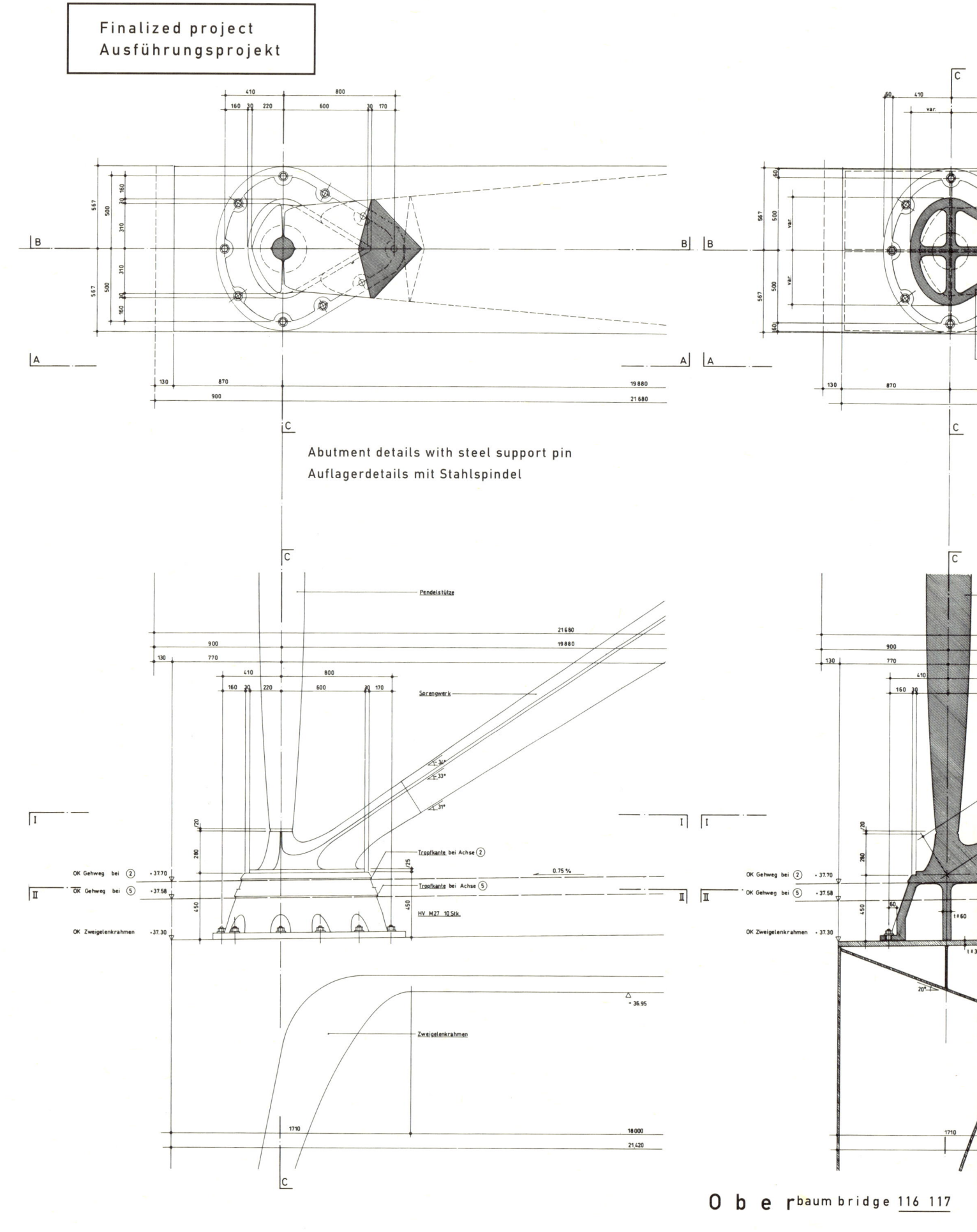

Abutment details with steel support pin
Auflagerdetails mit Stahlspindel

Oberbaum bridge 116 117

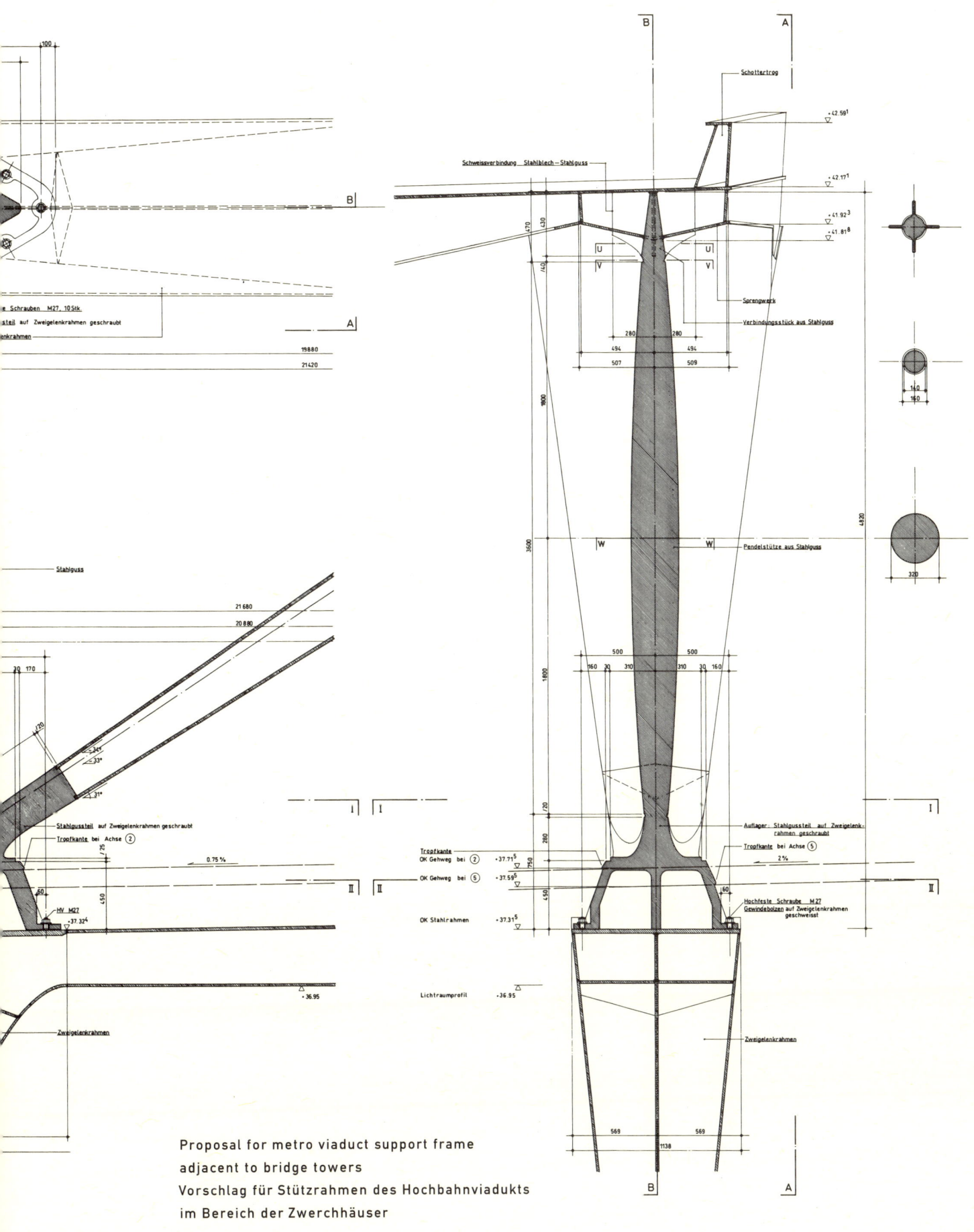

Proposal for metro viaduct support frame
adjacent to bridge towers
Vorschlag für Stützrahmen des Hochbahnviadukts
im Bereich der Zwerchhäuser

260
910
910
150
150
910
910
260
1170
1060
1060
1170

1170
1060
1060
1170
Kabelkanal
60x25
Kabelkanal
60x25
2,5 %
2,5 %
Siehe Detail "Y"
+ 41.48
Best. Gewölbe
380
810
U
W
W
190
120
260
910
910
160
190
2350
2540
L = 1000
L = Siehe Tabelle
V
V
+ 37.02
+ 36.97
+ 36.92
UNTERWASSERSEITE
+ 35.13

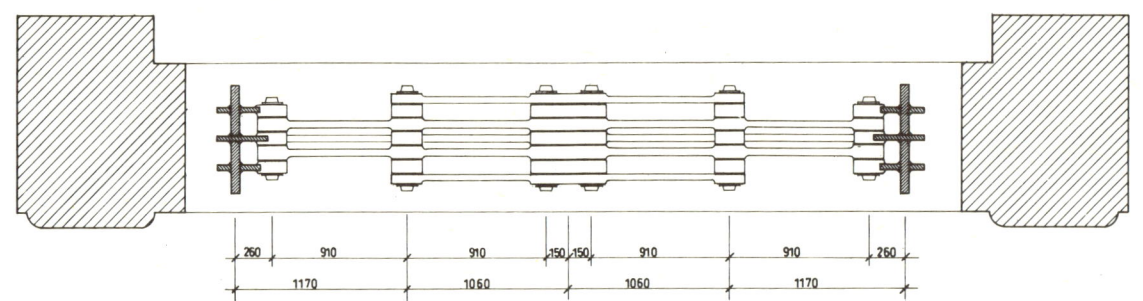

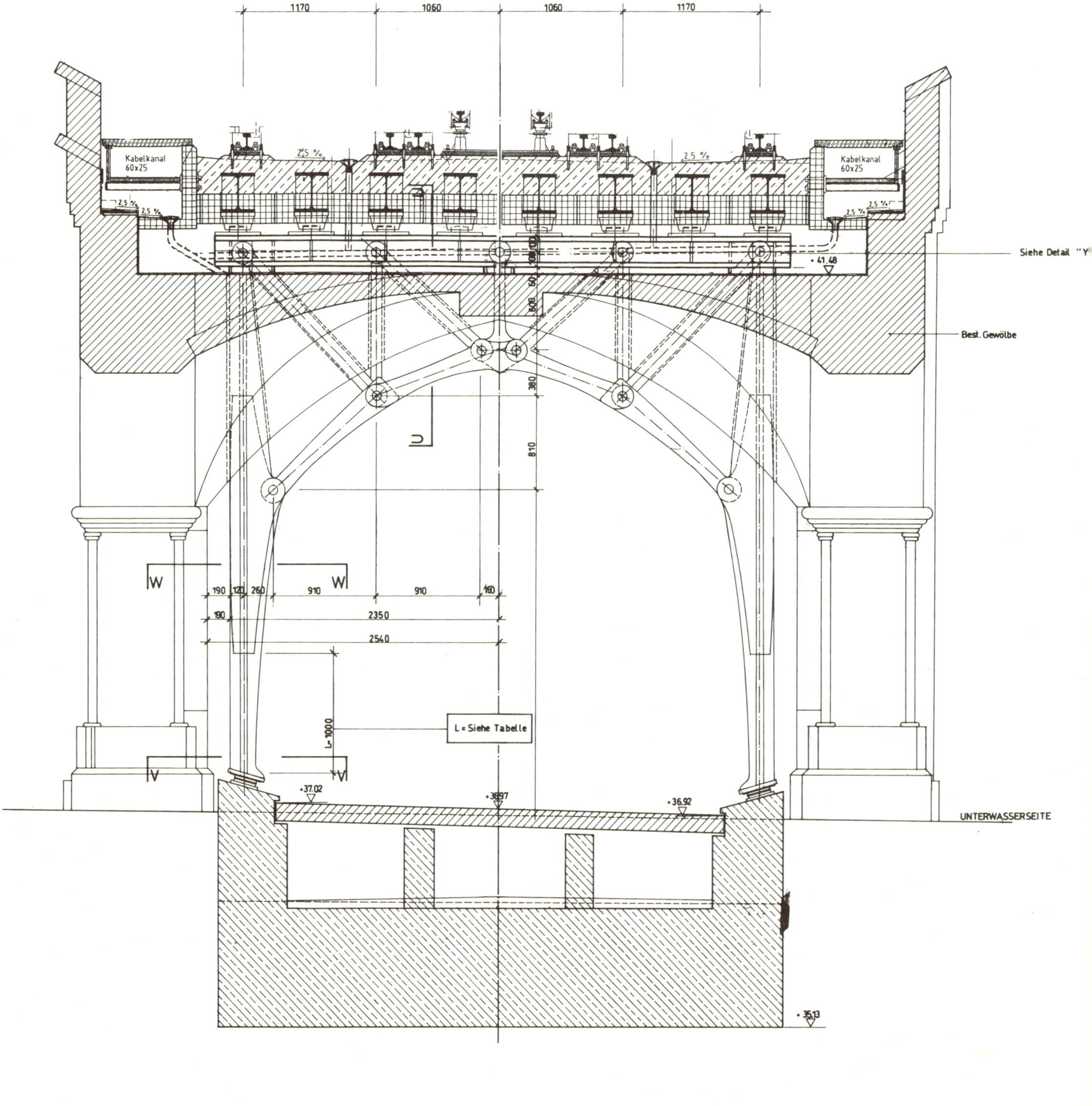

Proposal for the support frame of the metro
viaduct, view from below and elevation
Vorschlag für den Stützrahmen des Hochbahnviadukts: Untersicht und Ansicht

Cross section through the support frame
Querschnitt durch den Stützrahmen

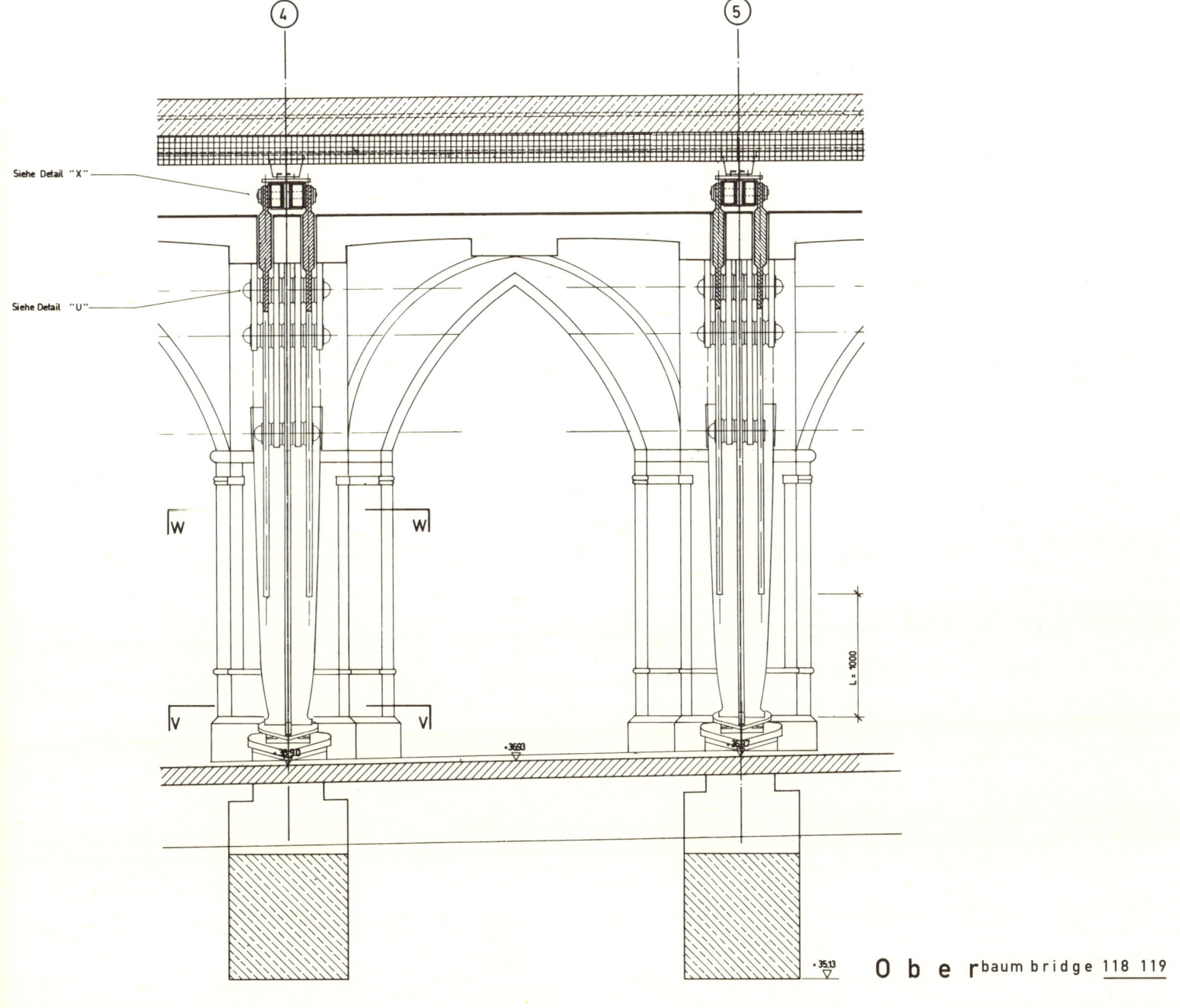

Oberbaum bridge 118 119

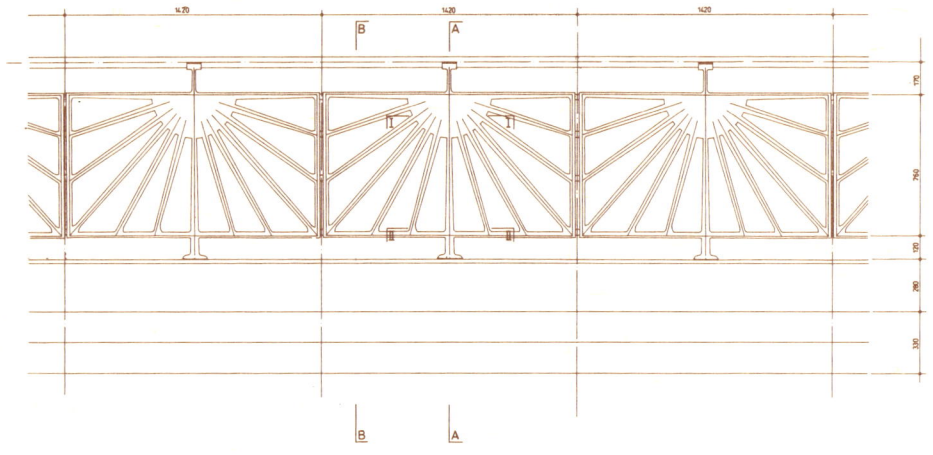
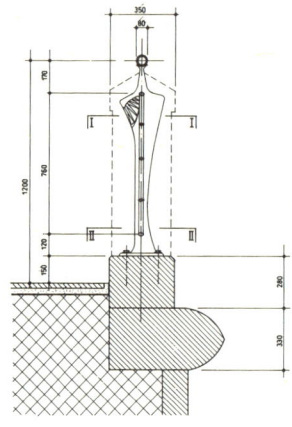
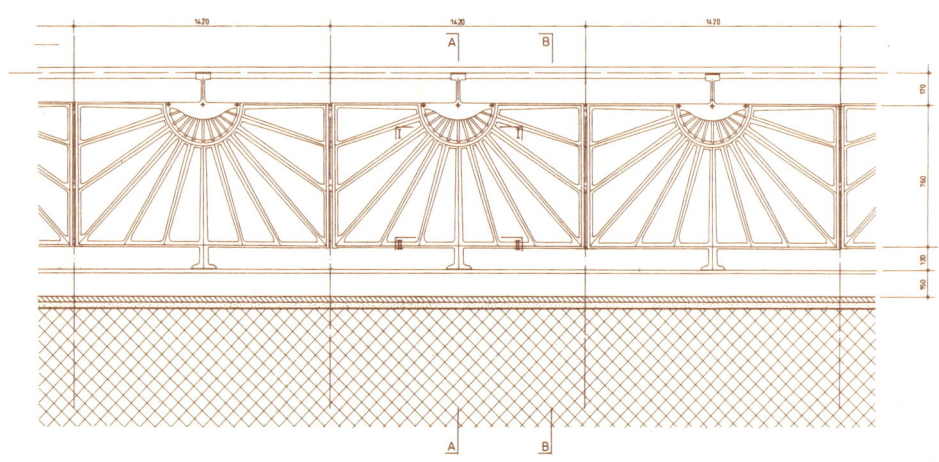
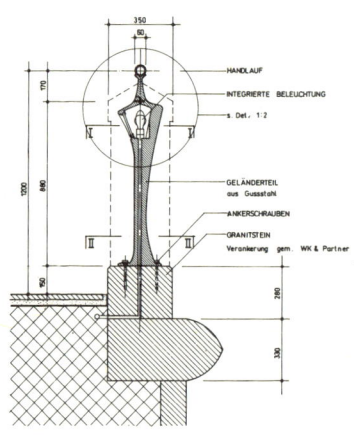

New cast-ion balustrade for the existing bridge, inner and outer view
Neues Geländer für die bestehende Brücke aus Gußstahl: Ansicht von außen und innen

Cross sections
Querschnitte

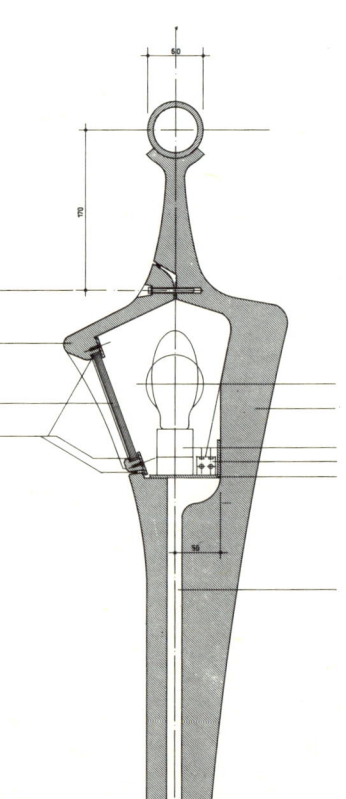

Oberbaum bridge

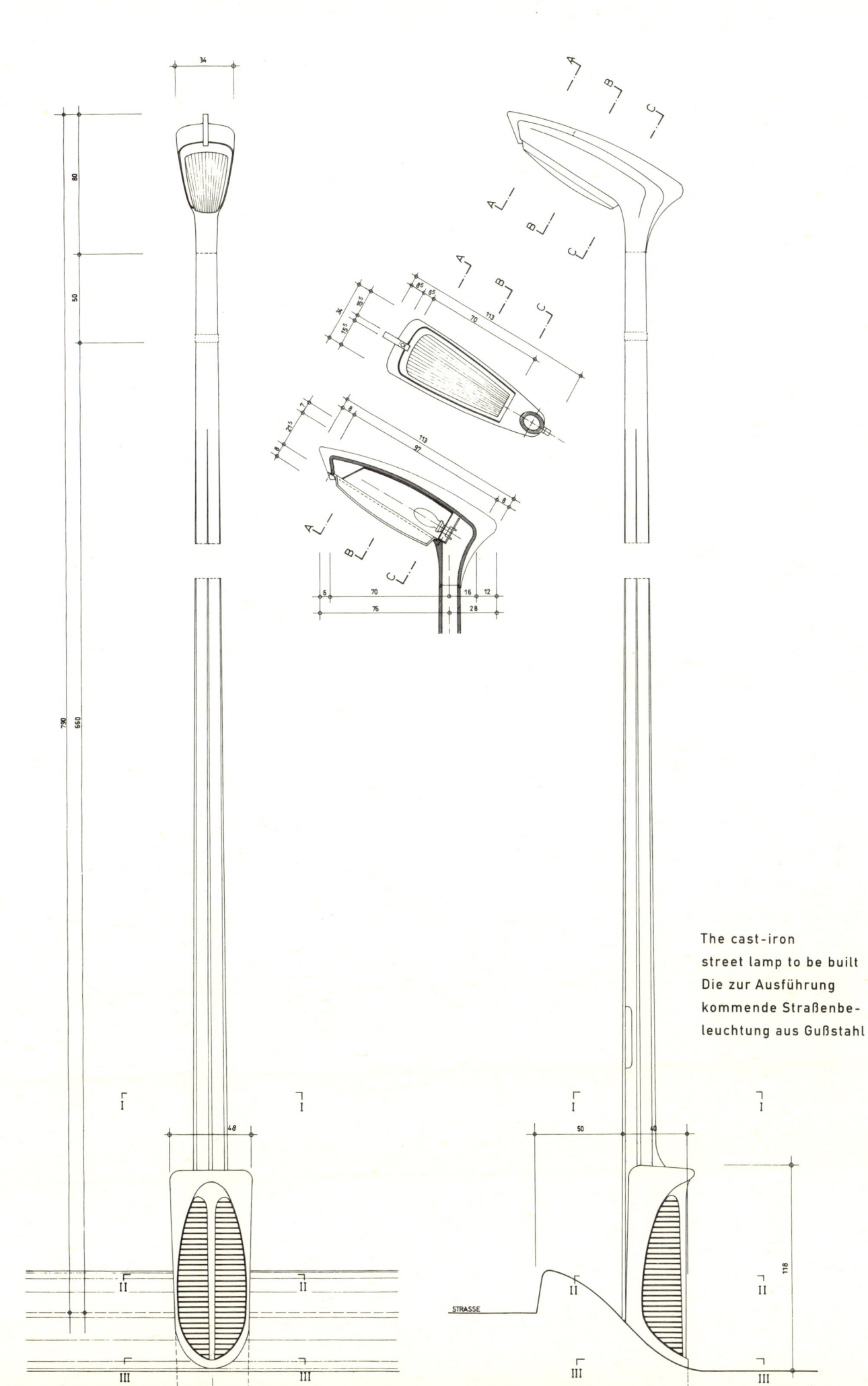

The cast-iron street lamp to be built
Die zur Ausführung kommende Straßenbeleuchtung aus Gußstahl

4

Jahn-Sportpark

As part of B e r lin's bid to host the Olympic Games in the year 2000, the Senate had decided to build several new sporting facilities. One was to be a large sports complex: "Sports Halls (actually a boxing and a judo hall) in Friedrich-Ludwig-Jahn Park for Olympia 2000" in the Mauerpark, since this includes a part of the former border strip. A nationwide competition was initiated at the end of February 1992 for the approximately 40 hectare site; in addition, nine foreign architects were invited, amongst them Santiago Calatrava. Works were to be submitted by the end of May 1992.

Already in 1985, as a result of the 750th Anniversary celebrations, the thought had arisen in Berlin that even if reunification wasn't possible at a political or cultural level, it may at least be possible in sport, with East and West hosting the Olympic Games together. This idea was carried through with such resilience that US President Reagan felt obliged to pass it on to the GDR government and Michail Gorbatschow in a speech in Berlin, on June 12th, 1987. It was thus hardly surprising that the Mayor in office, Walter Momper, reiterated and emphasised this idea both before and after the breaking down of the wall. An Olympic Society was founded at the end of 1990, in order to submit Berlin's bid in time for September of 1993, with the hope of hosting the games in the year 2000.

It's not surprising that the sporting facilities in East and West Berlin were found inadequate. Since the 1936 Olympics, when Berlin's role as host was not so laudable, the diversity of sporting disciplines has increased. Apart from that, it appeared to those responsible that the reunification of both parts of the city could be accelerated by architectural means, with a targeted planning policy for sporting facilities, especially in the east part of the city. Numerous existing sports installations were taken into consideration, such as the Werner-Seelenbinder Hall, the Weltjugend Stadium and the Friedrich-Ludwig-Jahn Sports Park, which had been built for the 1951 World Youth Games. All were to be demolished, and individual competitions were initiated for the new buildings. The specifications for

Im Zuge der Bewerbung B e r lins als Austragungsort der Olympischen Spiele im Jahre 2000 beschloß der Senat, mehrere neue Sportstätten zu errichten. Eine davon sollte eine große Sportanlage "Sporthalle (eigentlich eine Box- und eine Judohalle) im Friedrich-Ludwig-Jahn-Sportpark für Olympia 2000" im "Mauerpark" sein, weil sie einen Teil des Grenzstreifens einnimmt. Ein bundesweiter Wettbewerb wurde Ende Februar 1992 für das ca. 40 ha große Gelände ausgelobt; hinzu wurden neun ausländische Architekten eingeladen, die ihre Arbeiten bis Ende Mai 1992 abgeben mußten, darunter Santiago Calatrava.

Bereits 1985 tauchte in Berlin im Zuge der Vorbereitungen für die 750-Jahr-Feier der Gedanke auf, Ost- und Westberlin könnten, wenn eine Einigung schon nicht auf politischem und kulturellem Gebiet möglich wäre, sich doch wenigstens auf sportlichem Gebiet einigen und gemeinsam die Olympischen Spiele ausrichten. Diese Idee wurde derart hartnäckig vertreten, daß der US-Präsident Reagan in seiner Rede in Berlin am 12. Juni 1987 nicht umhin konnte, auch den Wunsch nach Olympischen Spielen in Berlin der Regierung der DDR und Michail Gorbatschow zu unterbreiten. Es war daher nicht verwunderlich, daß der Regierende Bürgermeister Walter Momper sowohl vor als auch nach dem Fall der Mauer 1989 diese Forderung mit Nachdruck aufstellte. Ende 1990 wurde dann eine Olympische Gesellschaft mit dem Ziel gegründet, eine Bewerbung Berlins für September 1993 zu erstellen, um die Olympischen Spiele im Jahre 2000 auszurichten.

Es konnte nicht überraschen, daß die Sportstätten in Berlin Ost und West für inadäquat befunden wurden. Seit den Spielen 1936, bei denen Berlin als Gastgeber keine rühmliche Rolle gespielt hatte, hatte sich eine Vielfalt von sportlichen Disziplinen entwickelt. Außerdem schien es den Verantwortlichen, daß durch eine gezielte Sportstätten-Baupolitik, besonders im Ostteil der Stadt, die Einigung beider Stadtteile mit architektonischen Mitteln vorangetrieben werden könnte. Mehrere bestehende Sportanlagen wurden ins Visier genommen, so die Werner-Seelenbinder-Halle, das Stadion der Weltjugend und auch

the Jahn Sports Park halls were published on February 21st, 1992. Plans were invited from all German architects, and nine foreigners: Calatrava, the Austrian Wilhelm Holzbauer, the Englishman Michael Hopkins, the American Karin von Lengen, the Pole Romuald Loegler, the Frenchman Jean Nouvel, the Dutchman Rem Koolhaas, the Italian Vittorio Gregotti and the Japanese Toyo Ito. Gustav Peichl from Vienna, Meinhard von Gerkan from Hamburg, the Senate Planning Director Hans Stimmann, the Berlin architects Klaus Zillich, Verena Dietrich and Axel Oestreich were amongst the jury. A design for an Olympic boxing hall was requested, together with the creation of a district park. The concept was to include the former border line, of at least 10 hectares, a study for the erection of a housing scheme on the western edge of Mauerpark, an improvement to the layout of Falkplatz and an imposing concept for a gate, set in the area of Bernauer Strasse and Eberswalder Strasse. Finally, the design of a corner setting for Schönhauser Allee and Cantian Strasse was also requested. The boxing hall itself was to have a total fixed seating capacity of 8,200, with total accommodation for 10,000 spectators, on an area of 11,000 sq. metres. Contributions were invited "to do justice to the Olympic message through a design quality of the highest standard". The designs were to be submitted by May 18th, 1992 at the latest.

Calatrava's work treated the commission as the reinstatement of the old city structure. He wished to overcome the separation of the city in this area by means of a large interconnected park. According to his explanatory report, this park should assume the following functions: within its conception as a public space, it should form a link, bring a sense of order and integrate adjacent districts. Calatrava understood his Mauerpark as an "open, quiet and expansive square". The terrain was to have been landscaped, forming an undulating vista.

Calatrava's design for the Jahn Sports Park carefully includes its urban setting. It contains the boxing hall, the judo hall, the Friedrich-Ludwig-Jahn Sports stadium, a football field and several tennis courts. The boxing hall lies between Bernauer Strasse

der Friedrich-Ludwig-Jahn-Sportpark, der erst 1951 für die Weltjugendspiele entstanden war. Alle sollten abgerissen werden; für die Neubauten wurden einzelne Wettbewerbe ausgelobt. Für die Halle im Jahn-Sportpark wurden die Unterlagen am 21. Februar 1992 ausgegeben. Verlangt wurden Pläne von allen deutschen und von 9 ausländischen Architekten, von Calatrava, dem Österreicher Wilhelm Holzbauer, dem Engländer Michael Hopkins, der Amerikanerin Karin von Lengen, dem Polen Romuald Loegler, dem Franzosen Jean Nouvel, dem Holländer Rem Koolhaas, dem Italiener Vittorio Gregotti und dem Japaner Toyo Ito. Der Jury gehörten u.a. Gustav Peichl aus Wien, Meinhard von Gerkan aus Hamburg, Senatsbaudirektor Hans Stimmann, die Berliner Architekten Klaus Zillich, Verena Dietrich und Axel Oestreich an. Verlangt wurden der Entwurf einer olympischen Boxsporthalle, die Schaffung eines mindestens 10 ha großen Stadtteilparks unter Einbeziehung des alten Mauerstreifens, eine Bebauungsstudie für eine Wohnbebauung am Westrand des Mauerparks, eine Verbesserung der gestalterischen Qualität des Falkplatzes, die Ausbildung einer stattlichen Torsituation im Bereich Bernauer/Eberswalder Straße und die Gestaltung der Ecksituation Schönhauser Allee/Cantianstraße. Die Boxhalle selbst sollte 8.200 feste Sitzplätze bei insgesamt 10.000 Zuschauern fassen und auf einer Grundfläche von 11.000 qm errichtet werden. Erwartet wurden Wettbewerbsbeiträge, "die in höchster Entwurfsqualität dem Ereignis Olympia gerecht werden". Die Entwürfe sollten bis spätestens 18. Mai 1992 abgegeben werden.

Calatravas Arbeit verstand diese Aufgabe als Wiederherstellung des alten Stadtgefüges. Er wollte die Trennung der Stadt in diesem Bereich durch einen großen zusammenhängenden Park überwinden. Der Park sollte nach seinem Erläuterungsbericht folgende städtebauliche Funktionen übernehmen: Er sollte ein verbindendes, ein ordnendes und ein bezirksübergreifendes Element werden, selbstverständlich als öffentlicher Raum konzipiert. Calatrava verstand seinen Mauerpark als "offenen,

(the former route of the wall) and the metro station on Eberswalder Strasse. It is a light, sweeping bridge-like structure of concrete which blends into the surrounding terrain. The judo hall lies directly on the Bernauer Strasse and is a smaller version of the boxing hall. Both structures are "suspended" like bridges. The primary roof system comprises a longitudinal arch, supporting lateral steel transverse beams and sheet profiles. Through setting back the facade, a frontal area like a portico is formed.

Michael S. Cullen

ruhigen, weit ausgedehnten Platz". Das Terrain hätte wellenförmig modelliert werden sollen.

Calatravas Entwurf für den Jahn-Sportpark bezieht die Landschaft der Umgebung sorgfältig in den Park mit ein. Darin enthalten sind die Boxhalle, die Judohalle, das Friedrich-Ludwig-Jahn-Sportstadion, ein Fußballplatz und einige Tennisplätze. Die Boxhalle liegt zwischen der Bernauer Straße (früher Mauerstreifen) und dem U-Bahnhof Eberswalder Straße. Sie ist eine leichte, geschwungene, brückenähnliche Konstruktion aus Beton; das Dach schwebt über einem Sockel, der im Gelände verschwindet. Die Judohalle liegt direkt an der Bernauer Straße; sie ist eine kleinere Version der Boxhalle. Beide werden brückenähnlich "aufgehängt": das Dach besteht im Primärsystem aus einem Bogen in Längsrichtung und aus Biegeträgern aus Stahl- und Blechprofilen in Querrichtung. Durch die Zurücksetzung der Fassade entsteht eine portalähnliche Vorzone.

Michael S. Cullen

Recreation of the old urban fabric: the vacuum is to be filled by a unifying park, and the urban structure is to be newly defined. The park becomes a recreational area for neighbouring districts. The former wall route is replaced by a strip of water, from which the entire park is irrigated.

Wiederherstellung des alten Stadtgefüges: die Zäsur soll durch einen zusammenhängenden Park aufgehoben und die Stadtstruktur neu definiert werden. Der Park wird Erholungsgebiet für die angrenzenden Quartiere. Der ehemalige Mauerstreifen ist durch einen Wasserlauf ersetzt, der den ganzen Park bewässert.

J a h n -Sport park

Site plan
Lageplan

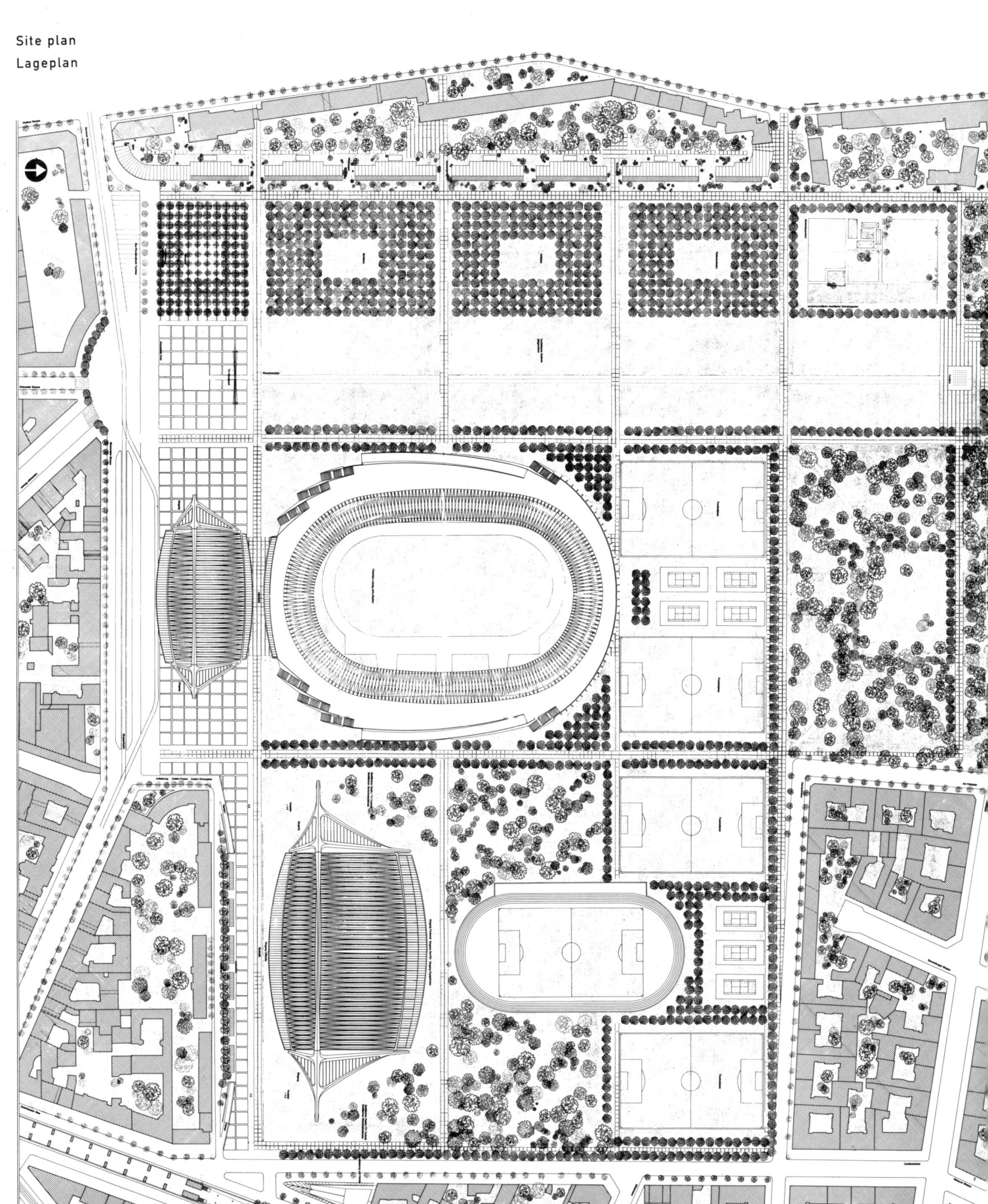

Stadium and judo hall, with the boxing hall in the background
Stadion, Judohalle mit Boxhalle im Hintergrund

The lightly floating roof of the boxing hall spans the main level, a glazed space within the park. Entrances are beneath both arch abutments. Shops are located in the pedestal, and are oriented towards the street. Das leichte schwebende Dach der Boxhalle überspannt die Hauptebene. Es entsteht ein offener verglaster Raum im Park. Die Eingänge liegen bei den Bogenansätzen. Im Sockel befinden sich Läden, die sich zur Straße him orientieren.

Boxing hall with stadium in the background
Boxhalle mit Stadion im Hintergrund

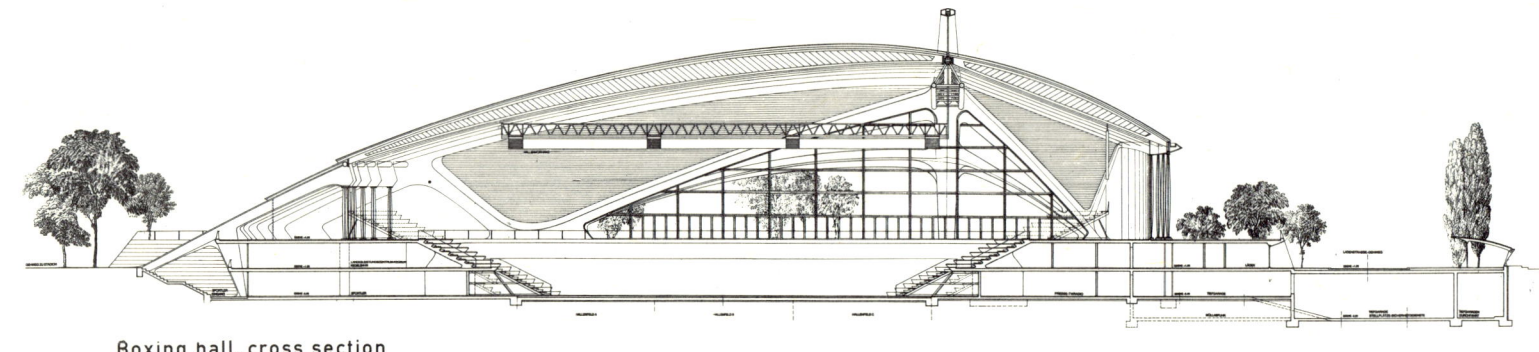

Boxing hall, cross section
Boxhalle: Querschnitt

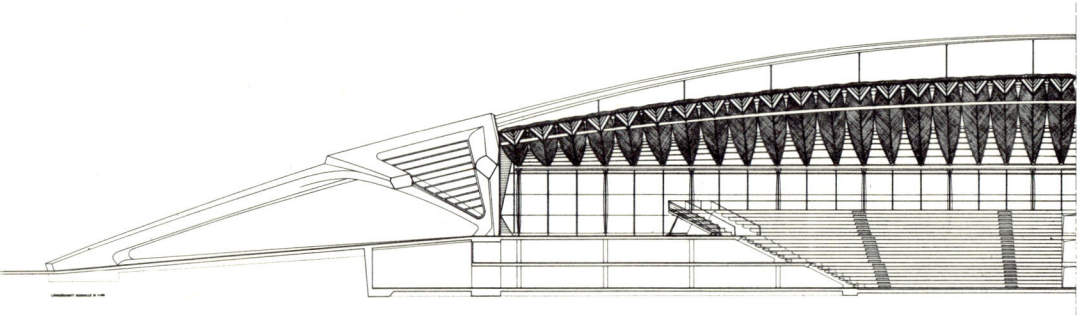

Partial longitudinal section
Teil Längsschnitt

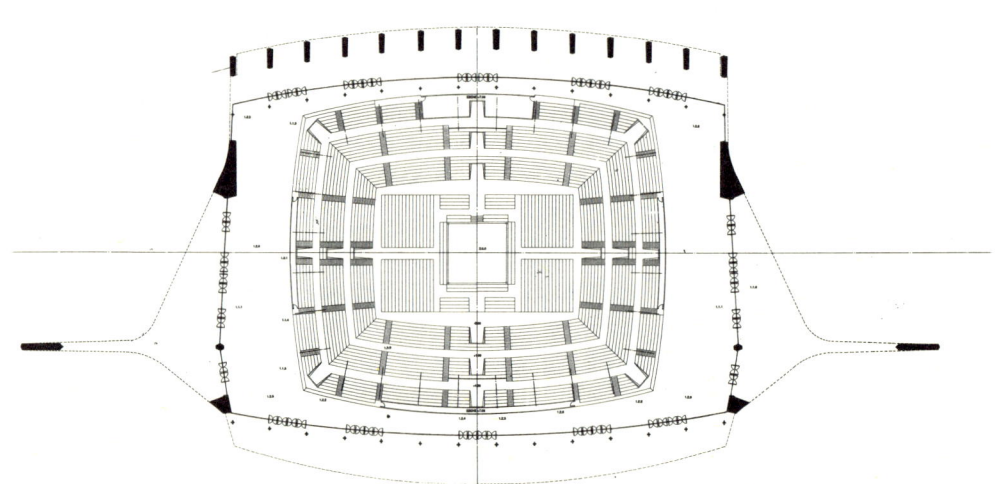

Entrance floor
Eingangsgeschoß

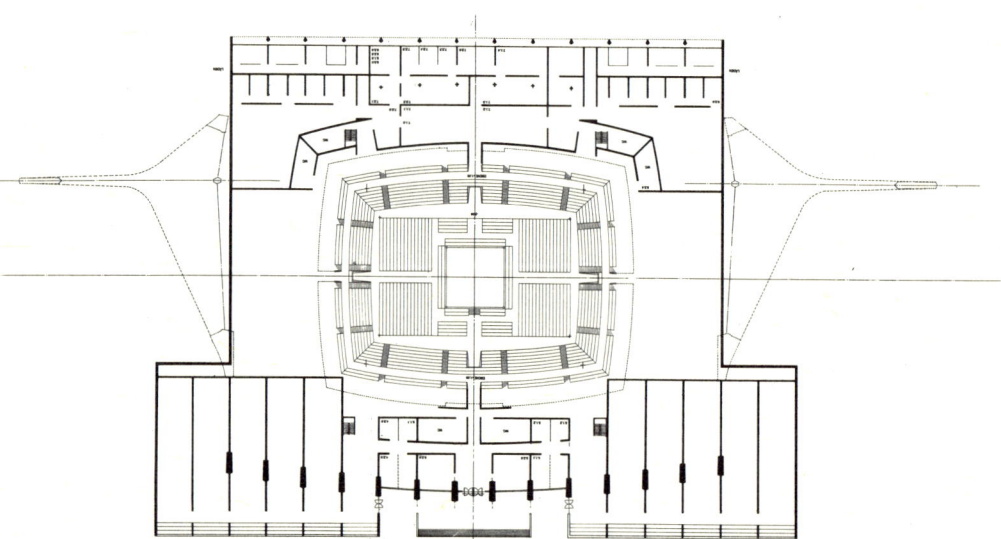

First basement level
Erstes Untergeschoß

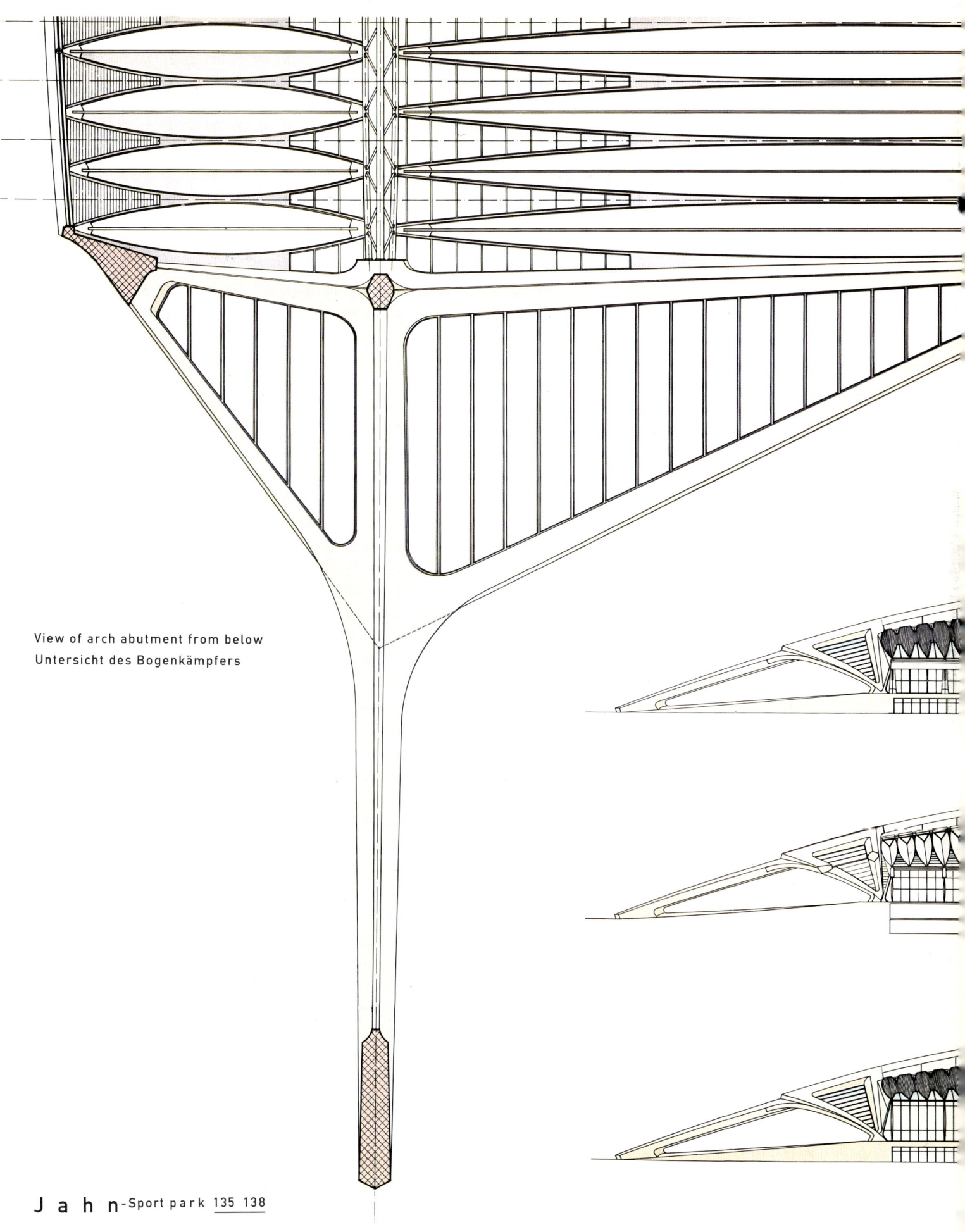

View of arch abutment from below
Untersicht des Bogenkämpfers

J a h n -Sport park 135 138

Southern elevation of judo and boxing halls
Südansicht Judo- und Boxhallen

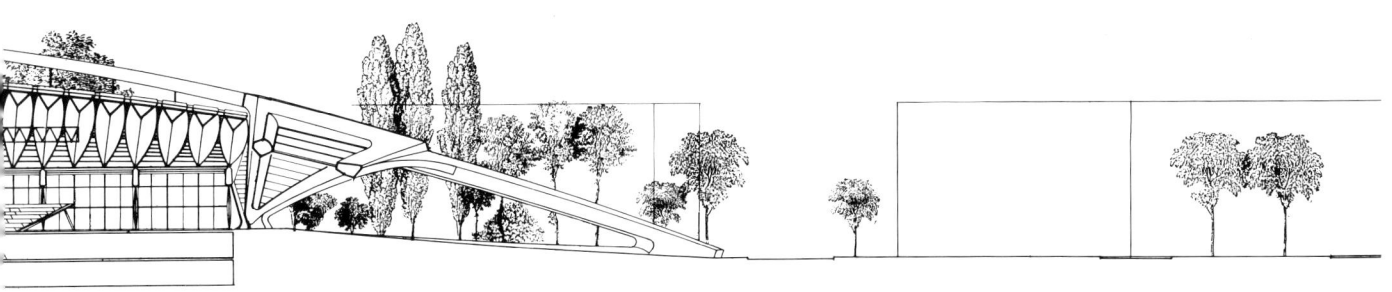

Cross section through judo hall and boxing hall
Querschnitt Judohalle und Boxhalle

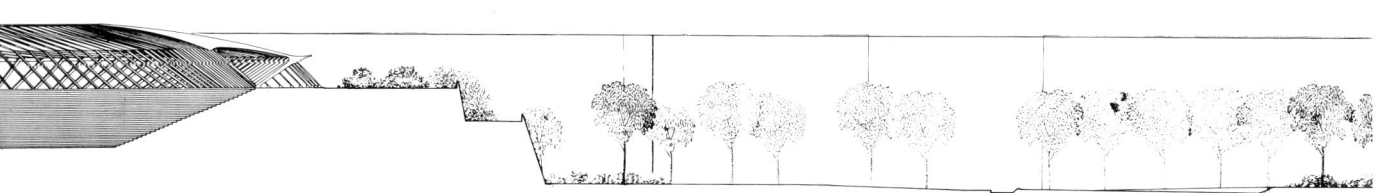

Northern elevation of the boxing hall and a cross section through the stadium
Nordansicht Boxhalle und Querschnitt Stadion

Judo hall, boxing hall and stadium
Judohalle, Boxhalle und Stadion

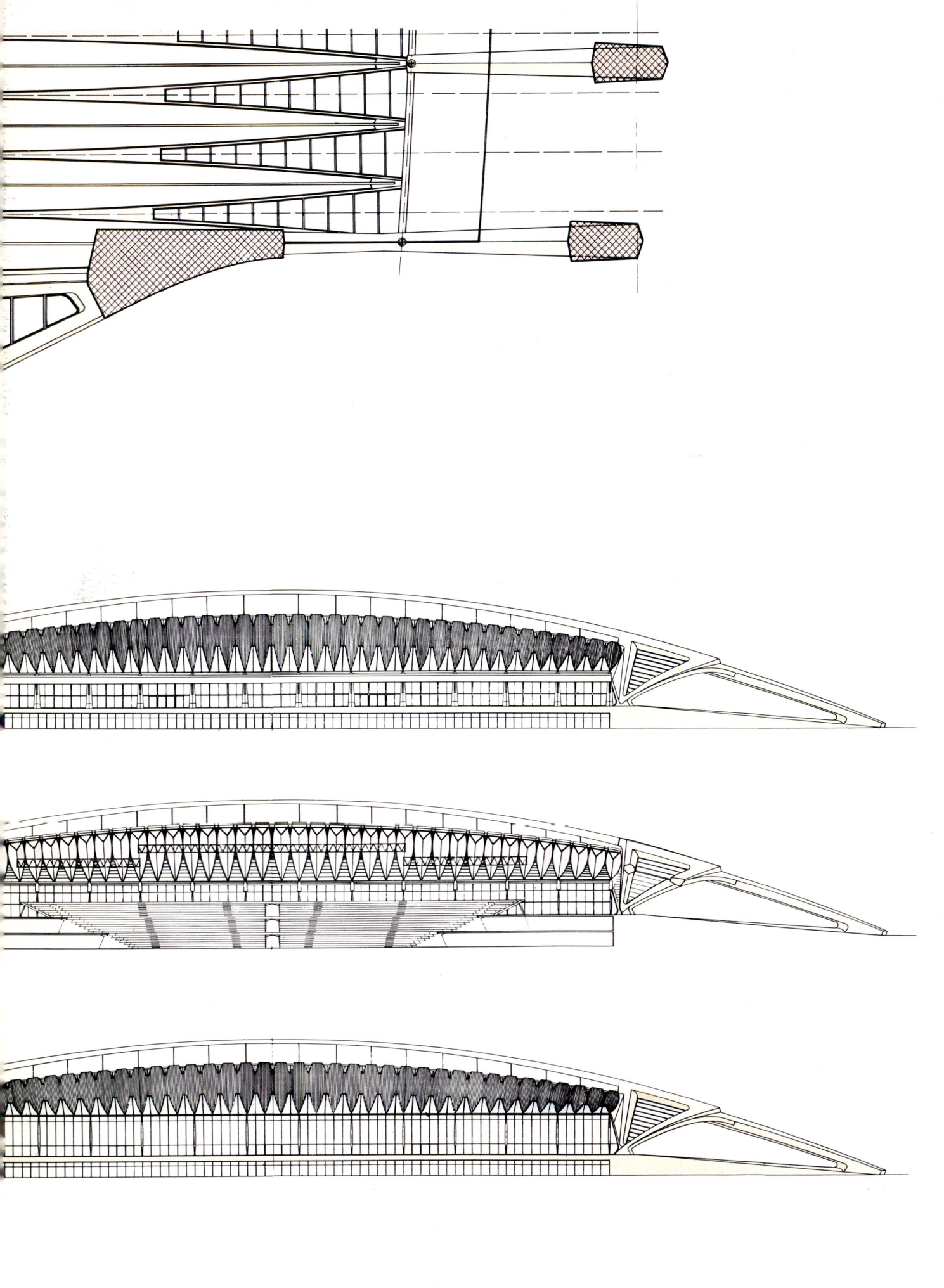

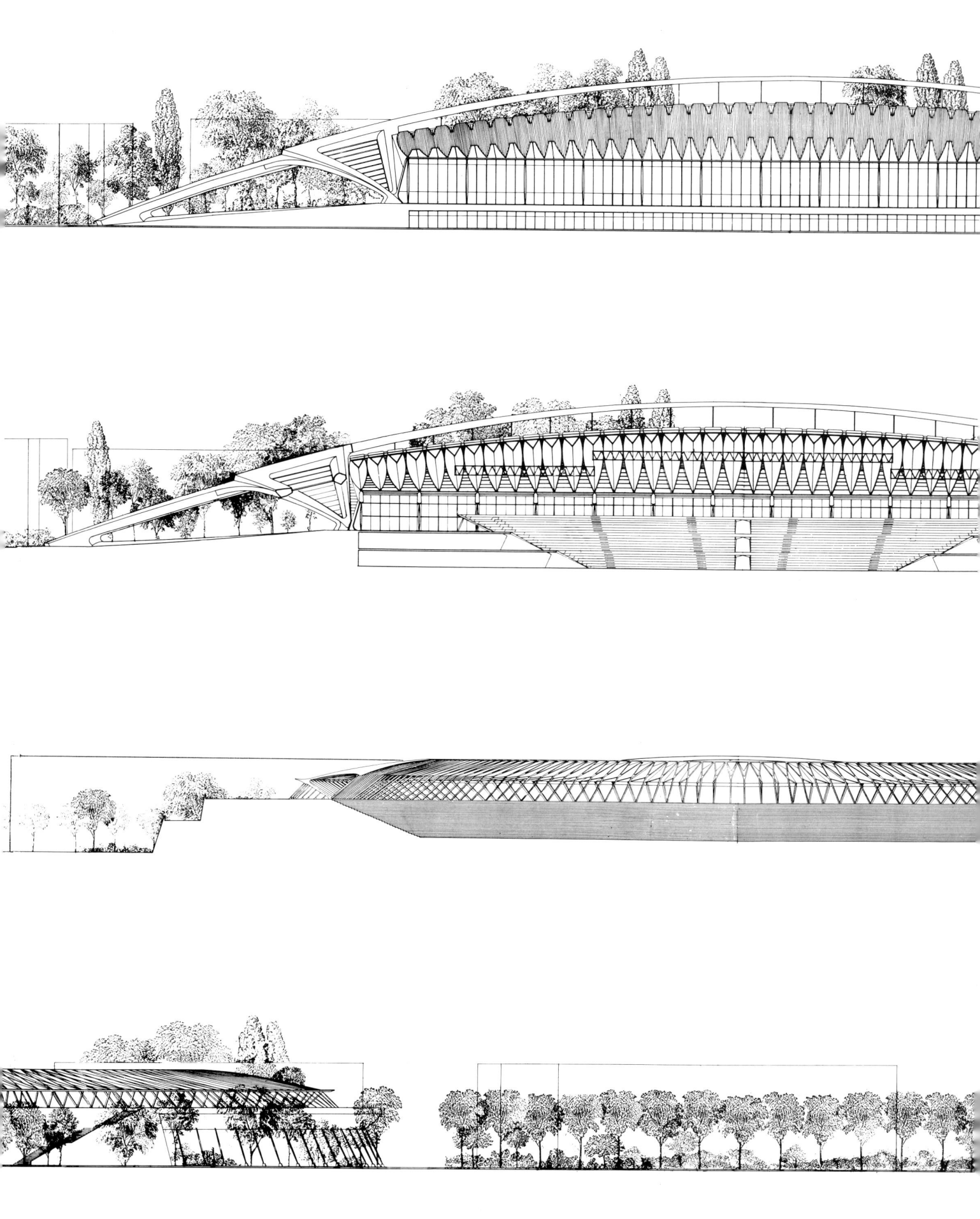

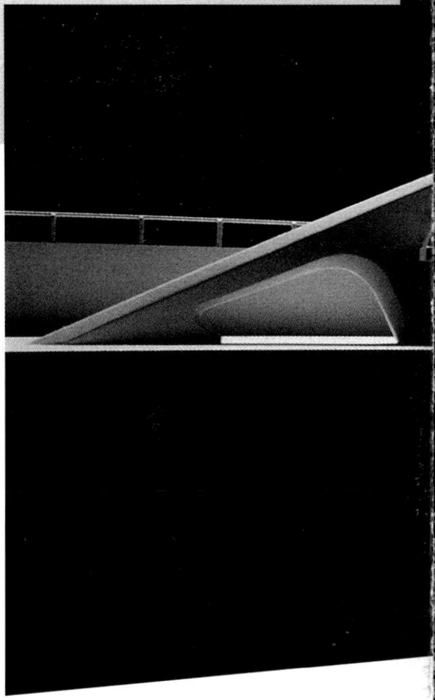

Boxing hall, entrance elevation and cross section
Boxhalle: Ansicht eines Eingangs und Schnitt

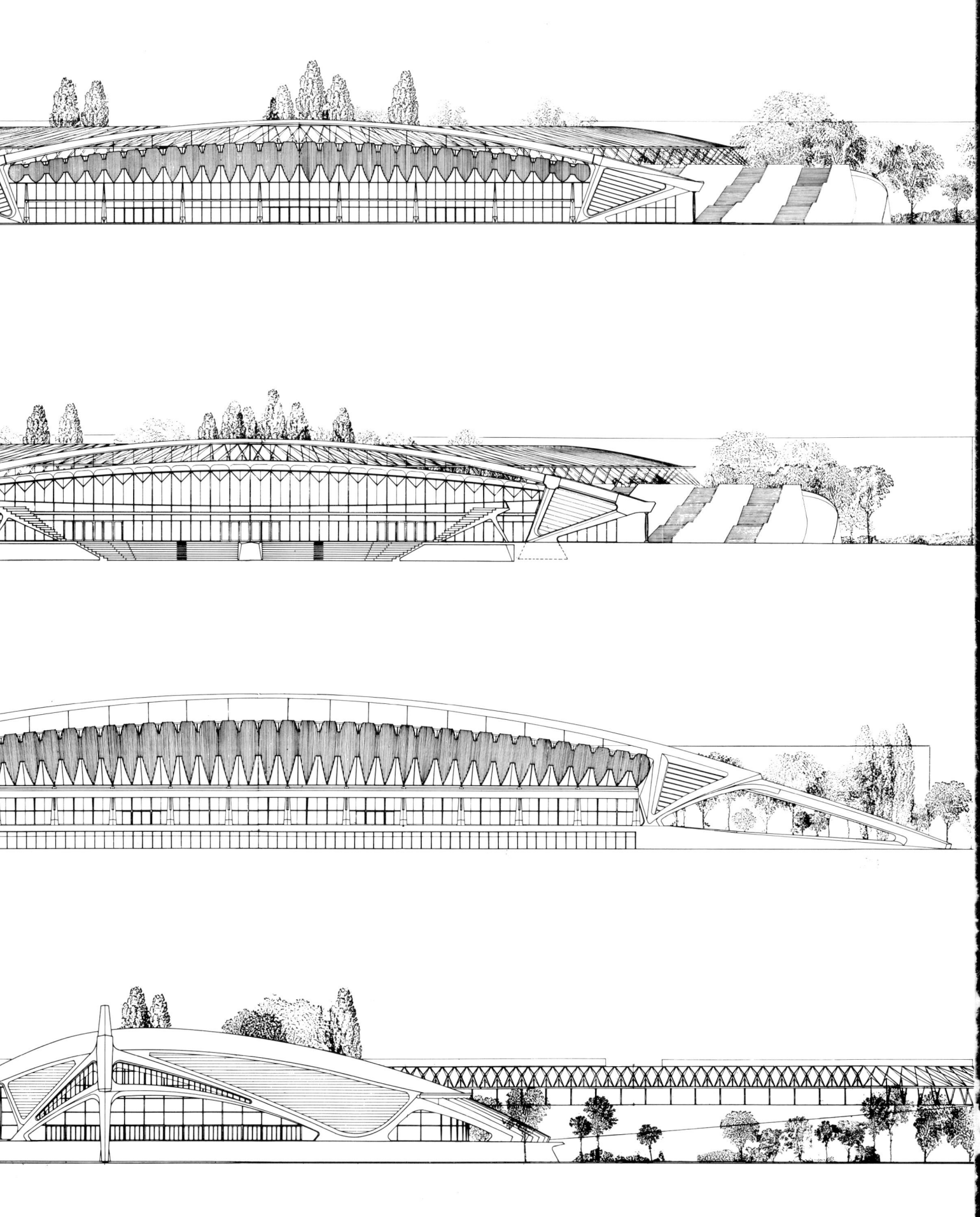

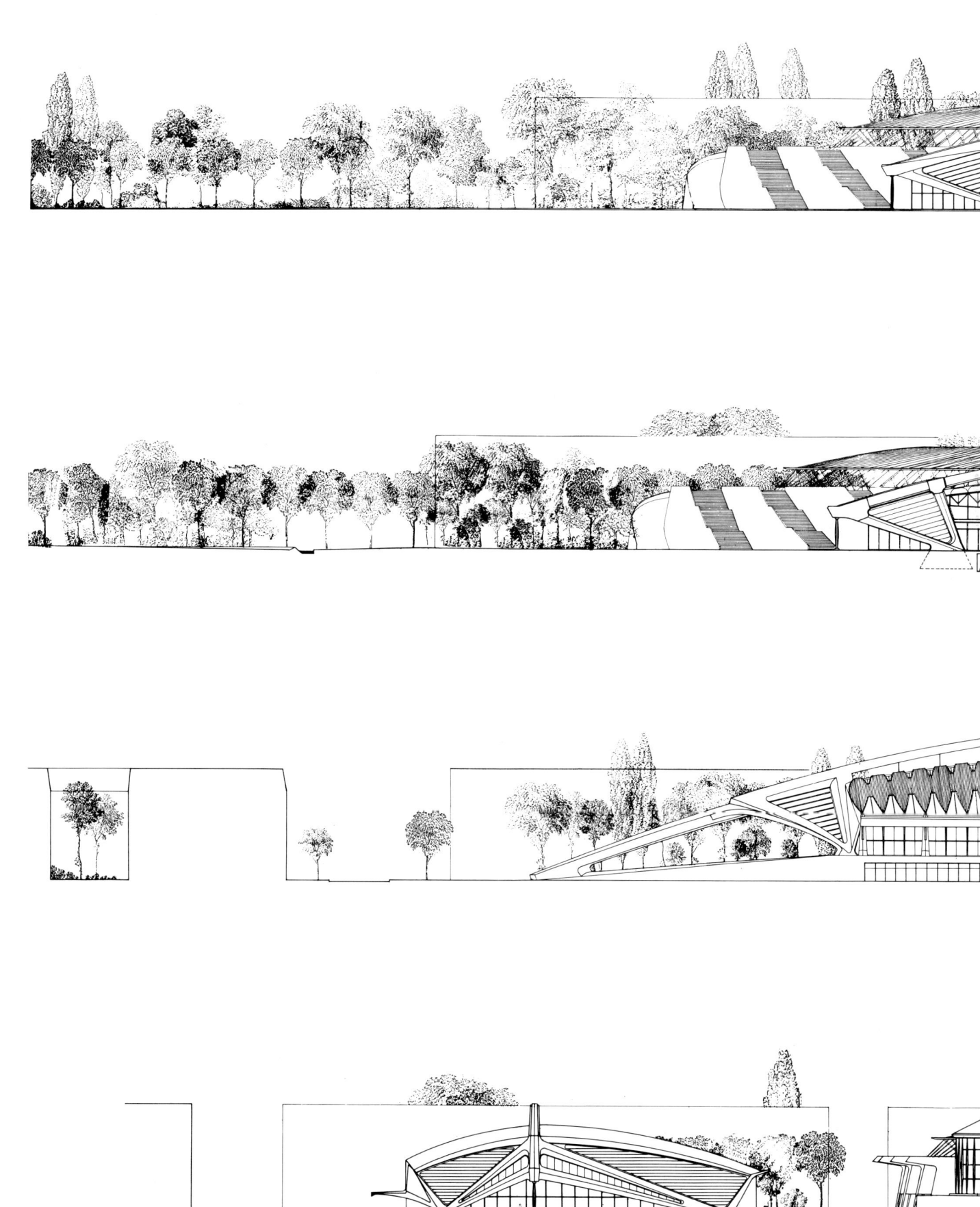

J a h n -Sport park 131 134

Das Dach besteht aus einem Bogen in Längsrichtung (Primärsystem) und Biegeträgern in Querrichtung (Sekundärsystem). Es wird seitlich durch eine Abstrebung aus Beton gehalten, die gleichzeitig ein Vordach für die Haupteingänge bildet. Den Mittelteil des Bogens bildet ein Kastenprofil aus Stahl. Durch Pendel wird von diesem Bogen ein räumlicher Fachwerkträger abgehängt.

The roof comprises a longitudinal arch (primary system) and secondary lateral beams, and is laterally stiffened by a concrete abutment which at the same time tensions a front canopy. The centre portion of the arch is of box shaped steel. A spacial truss is suspended by pendulums on this beam.

Reichstag

5

The Bundestag had endorsed Berlin as the capital city on 20th June 1991 when, on the 31st October, the Reichstag building was chosen as the future seat of government. On the 26th June 1992, entries were invited for a competition, and Santiago Calatrava's design was voted into the first prize group (along with Sir Norman Foster and Pie de Bruijn). This competition was the sixth to have been held for the Reichstag building in its 120 year history. A history which has both its brighter side, and its shadows.

The 1872 Competition for the Reichstag

When the German Reich convened in the spring of 1871, only one thing was undisputed. Berlin, once the capital of the North German Federation under Prussian hegemony, was now to be the capital city of the new German Reich. By the end of 1870, Bismarck's administrators had already begun their search for a suitable location for the New Reichstag sessions - the Reichstag of the new German Reich, and not the Reichstag of the German Federation. For reasons of time and space, they had agreed to the Conference Hall in the Prussian House of Commons at Leipziger Strasse 75. Because, however, this building would only suffice for a few months, the assembly founded a Reichstag building commission, not only to find a longer term temporary solution, but also to seek a suitable site and list the terms for an architectural competition.

It didn't take long until temporary accommodation was found; the abandoned Königliche Porzellanmanufaktur (KPM) at Leipziger Strasse 4. The architects Gropius and Schmieden created an assembly hall, using Hitzig's plans, by roofing over the old KPM inner yard. The assembly hall itself, a rectangular space with a fan-like seating arrangement, was furnished according to a modified plan by the planning administrator, Herrmann. This space was to be used, however, not for five or six years as originally anticipated, but for twenty three!

The east side of Königsplatz, with the Raczynski Palace, appeared to be the most suitable site for the Reichstag building. But here, on the east side of Königsplatz, the

Nachdem sich der Bundestag am 20. Juni 1991 für Berlin als Hauptstadt ausgesprochen hatte, wählte die Konzeptkommission des Bundestags am 31. Oktober 1991 das Reichstagsgebäude als künftige Stätte des Bundestages. Ein Wettbewerb wurde am 26. Juni 1992 ausgelobt. Calatravas Entwurf wurde in die erste Preisgruppe (zusammen mit Sir Norman Foster und Pie de Bruijn) gewählt. Beim weiteren Verfahren wurde der Entwurf von Foster zur Ausführung empfohlen.

Der Wettbewerb, an dem Santiago Calatrava teilgenommen und als einer von drei Siegern in der 1. Preisgruppe hervorgegangen war, war der sechste Wettbewerb, den das Reichstagsgebäude in seiner 120-jährigen Geschichte gesehen hat. Jeder dieser Wettbewerbe besitzt seine eigene Geschichte, seine Licht- und Schattenseiten.

Der Wettbewerb für den Reichstag 1872

Als sich das Deutsche Reich im Frühjahr 1871 konstituierte, war nur eine Sache unumstritten: Berlin, bisher die Hauptstadt des Norddeutschen Bundes unter preußischer Hegemonie, sollte jetzt die Hauptstadt des neuen Deutschen Reiches sein. Schon Ende 1870 begannen Bismarcks Beamte mit der Suche nach einem passenden Ort für die Tagungen des neuen Reichstages, dem Reichstag des Deutschen Reiches und nicht des Deutschen Bundes. Aus Zeit und Raumnot einigte man sich zunächst auf den Sitzungssaal des preußischen Abgeordnetenhauses in der Leipziger Straße 75. Da dieses Gebäude nur für einige Monate genügen konnte, rief das Plenum eine Reichstagsbaukommission ins Leben, die ein dauerhafteres Provisorium schaffen, zugleich ein passendes Grundstück für einen definitiven Neubau finden sowie Programm und Bedingungen für einen Wettbewerb aufstellen sollte.

Es dauerte nicht lange, und man hatte ein dauerhafteres Provisorium gefunden, die verlassene Königliche Porzellanmanufaktur (KPM) in der Leipziger Straße 4. Nach Plänen von Hitzig schufen die Architekten Gropius und Schmieden einen Plenarsaal, indem sie den Innenhof der KPM

Reichstag building would face away from the city. A further problem was the site boundary. The new house was to be a symmetrical design, with its middle axis passing through the Victory Column to the Kroll Opera - but the boundary to the north was restricted by the bank of the Spree. But with its open position, size, and proximity to Wilhelmstrasse's governmental district, the square seemed otherwise ideal, and particularly so, since it was believed that expropriation of the land and demolition of the palace would present no difficulties. An assumption which was later to prove a fateful error.

The owner of the site on Königsplatz was the Polish-Prussian diplomat, art historian and art collector Count Athanasius Raczynski. He was the brother of the monarch, who had entrusted the site to him in 1847 on condition that he build himself a palace, with a public art gallery. He was fully aware that only the Prussian monarch could decide on any possible expropriation.

Kaiser Wilhelm I. was actually far more prudent that the Reichstag Planning Commission, and held "the uncertainty about the definite acquisition of the Raczynski site to be of too great importance for the building's plan to be established at this stage, since this work may later be unrealisable". Wilhelm I. predicted that a large number of architects would waste considerable effort. The question of the site was to be an incumbrance for many years to come.

With regard to the site, it's often been said that Bismarck or Wilhelm I. had eased the Reichstag out of the city because they had no time for Parliament. This may indeed be true, but it was also the Reichstag who didn't want to sit so close to the Chancellery. But could a more dignified setting than Königsplatz, with its Victory Column and the General Staff Building, have been found?

The Building P r o gram

During the parliamentary summer recess of 1871, a noteworthy program was evolved, based on old competitions and the experience and knowledge gained with other parliamentary buildings in Germany and Europe. The program was particularly

überdachten. Der Plenarsaal selbst wurde nach dem modifizierten Plan des Baubeamten Herrmann eingerichtet, ein rechteckiger Raum mit fächerförmiger Sitzanordnung. In diesem Raum sollte man nicht - wie ursprünglich vorgesehen - fünf bis sechs Jahre bleiben, sondern 23!

Als Bauplatz schien die Ostseite des Königsplatzes mit dem Palais Raczynski der geeignetste. Aber dort, auf der Ostseite des Königsplatzes, würde das Reichstagsgebäude mit der Rückfront zur Stadt stehen. Einen weiteren Nachteil bot die Grundstücksbegrenzung. Das neue Haus sollte symmetrisch sein, die Mittelachse durch die Siegessäule zur Krolloper führen, aber die Grenze im Norden war durch das Spree-Ufer gegeben. Doch mit der freien Lage, der Nähe zum Regierungsviertel Wilhelmstraße und der Grundstücksgröße schien der Platz optimale Voraussetzungen zu bieten, zumal man glaubte, daß die Beseitigung des Palais keine Schwierigkeiten machen würde, was sich als folgenschwerer Irrtum erweisen sollte. Der Besitzer des Grundstücks am Königsplatz war der polnisch-preußische Diplomat, Kunsthistoriker und -sammler Graf Athanasius Raczynski. Er wußte, daß über eine mögliche Enteignung nur der preußische König entscheiden konnte. Und dieser war der Bruder des Monarchen, der ihm das Grundstück 1847 unentgeltlich unter der Bedingung überlassen hatte, daß er dort sein Palais mit der Kunstgalerie baue und es dem Publikum zugänglich mache.

Kaiser Wilhelm I. war in der Tat viel umsichtiger als die Reichstagsbaukommission und hielt "die Unsicherheit über die definitive Erwerbung des Raczynskischen Grundstückes für zu sehr ins Gewicht fallend, um die Bauanlage jetzt bereits festzustellen, weil diese Arbeit sich vielleicht als unausführbar später ergibt". Wilhelm I. sah voraus, daß sich eine große Zahl von Architekten erhebliche Mühe für nichts machen würden. Die Bauplatzfrage sollte im nächsten Jahrzehnt noch vielerlei Bemühungen blockieren.

Über den Standort wurde oft gesagt, Bismarck und/oder Wilhelm I. hätten den Reichstag aus der Stadt verdrängt, weil sie vom Parlament nicht viel hielten. Letzteres ist zwar richtig, doch es war der Reichstag

striking not only because of the demand for the presidential apartments to be accommodated within the building, but because this was also the first point mentioned on the agenda. It did not get passed by the assembly. That the most important space in a parliamentary building is the assembly hall, and that the assembly hall took design priority over all other areas, was either unknown to the program's originators, or unimportant.

Absurdly, it wasn't the program itself, but the terms for participation that were the subject of discussion. Following a few unsuccessful competitions in Hamburg and Berlin, the German architectural world had been often attempted to introduce binding competition rules. In general, their objective was to raise the technical competence of the jury by including a majority of architects, and to give assurance to the winner that his plans would be executed. And so the building commission, and later Parliament, argued over the numbers of jury members, their composition, the admission of foreigners, the reassurance to the winning architect that his design would be built, the amount of prize money and the building schedule. The discussions did demonstrate that it would not be easy, so shortly after the establishment of new national borders, to clearly define German citizenship. The invitations thus did not remain limited to German architects; an international competition for a building of national character was indeed an extraordinary rarity, even by the standards of the 20th century. And so, with the publication of the program at the end of 1872, one of the largest architectural competitions in German history was set in motion, and the way to the building of the first German Reichstag appeared to be free.

The submitted works - the list mentioned 101 designs with 859 pages from 122 participants - included nearly 30 designs from 40 foreign architects. The English were most numerous with 15 designs, from Emerson and Edis, for example, and father and son Scott. Seven designs came from Austria; the most prominent members of the Vienna school, however, did not enter. The Hungarian Imre Steindl, later to become

selbst, der nicht so nah am Kanzleramt tagen wollte. Außerdem: Hätte man einen gediegeneren Platz als den Königsplatz mit seiner Siegessäule und dem Generalstabsgebäude finden können?

Das **Bau**programm

Während der parlamentarischen Sommerpause erarbeitete die Subkommission das Bauprogramm. Basierend auf älteren Wettbewerben, auf den Erfahrungen und gewonnenen Erkenntnissen beim Bau anderer Parlamentshäuser in Deutschland und in Europa, wurde ein bemerkenswertes Programm entworfen; besonders auffallend war die Forderung nach einer Präsidentenwohnung im Hause; auffallend deshalb, weil sie als erster Punkt im Programm stand und auch nach Beratung im Plenum stehenblieb. Daß der wichtigste Raum eines Parlamentsgebäudes der Plenarsaal ist, daß man erst den Plenarsaal und dann andere Räume entwerfen muß, war den Programm-Entwerfern nicht bekannt oder nicht wichtig.

Komischerweise sorgten nicht das Programm selbst, sondern die Teilnahmebedingungen für Diskussionen. Nach einigen mißglückten Wettbewerben in Hamburg und Berlin hatte die deutsche Architektenschaft mehrfach vesucht, verbindliche Wettbewerbsregeln durchzusetzen. Allgemein wollte man die Fachkompetenz der Preisgerichte durch eine Mehrheit der Architekten erhöhen und die Zusicherung der Ausführung dem siegreichen Architekten zusprechen. So stritt man in der Baukommission und später im Plenum über die Zahl der Jurymitglieder und über ihre Zusammensetzung, über die Zulassung von Ausländern, über die Zusicherung der Bauausführung an den siegreichen Teilnehmer, über die Höhe des Preisgeldes und über die Einreichungsfrist. Die Diskussion zeigte, daß es kurz nach der Ziehung von neuen Grenzen nicht leicht sein würde, eine verbindliche Definition von deutscher Staatsangehörigkeit zu schaffen; die Ausschreibung blieb nicht auf deutsche Architekten beschränkt. Ein internationaler Wettbewerb für ein Bauwerk nationalen Charakters: noch bis ins 20. Jahrhundert

famous for his neo-gothic parliament house in Budapest, also took part. The French demonstrated "sensible caution", as the critics stated, and submitted only three designs. There were contributions from Italy, Belgium, Holland and even the United States of America. As was to be expected, a large number of designs were from Berlin. It was noticeable, however, that the first non-Berlin design to be discussed in the professional journals came from the hand of Ludwig Bohnstedt. He was acknowledged with "a very lovely, fine and artistic effect... The building has an extremely festive character, very rich and tasteful forms, treated more fully and more generously than designs already mentioned."

On June 7th, 1872, the jury's decision was announced in the Reichstag and to the press. The first prize went to the architect Bohnstedt, born in St. Petersburg and working in Gotha, *de jure* a Bavarian citizen. His design found general admiration amongst the public. But Bohnstedt's joy was destined to become a disappointment which endured until his death on January 3rd, 1885. Indeed, the "national" forces in the Architectural Society did not refrain from their campaign against the design. But it had already been accepted across a wide section of society, and prints were appearing depicting the main view of "The Reichstag and its Completion". This exterior, an outwardly inviting design, in a certain way corresponded to a bourgeois liberal feeling for democracy. But a Russian born citizen of Bavaria, in the service of a German province, could not be the creator of the building of the century, in Berlin.

What finally wrecked the competition, however, was the site. Raczynski's stubborn refusal to make his land available, and the absence of the hoped for ruling in favour of expropriation by the Kaiser Wilhelm I., compelled the commission to reconsider.

The further developments are not a particulary praiseworthy chapter in the Reichstag's history. Reluctantly, it was accepted that Raczynski, even after renewed negotiations between December 1871 and March 1872, was not prepared to make the site available. Although the jury had already recommended that a commission comprising

hinein eine ausgesprochene Seltenheit. Mit der Veröffentlichung des Programms Ende 1872 setzte einer der bis dahin größten Bauwettbewerbe in der deutschen Geschichte ein. Die Zeitungen schrieben ausführlich darüber. Der Weg zum ersten deutschen Reichstagsgebäude schien frei.

Unter den eingereichten Arbeiten - das Verzeichnis nennt 101 Entwürfe mit 859 Blättern von 122 Verfassern - kamen annähernd 30 Entwürfe von 40 ausländischen Architekten. Am zahlreichsten waren die Engländer mit 15 Entwürfen vertreten, wie Emerson und Edis sowie Vater und Sohn Scott. Aus Österreich kamen sieben Entwürfe, allerdings waren die hervorragendsten Vertreter der Wiener Schule nicht dabei. Aus Ungarn beteiligte sich Imre Steindl, der später wegen des neogotischen Parlamentshauses in Budapest berühmt wurde. Die Franzosen übten, wie ein Kritiker meinte, "weise Zurückhaltung" und schickten nur drei Entwürfe. Es gab Kontingente aus Italien, Belgien, Holland und sogar den Vereinigten Staaten. Wie nicht anders zu erwarten, kam eine große Anzahl der Entwürfe aus Berlin.

Es fällt jedoch auf, daß der erste Nichtberliner Entwurf, der in den Fachblättern behandelt wurde, von Ludwig Bohnstedt stammte. Man bescheinigte ihm eine "sehr schöne, feine und künstlerische Wirkung ... Das Gebäude hat einen überaus festlichen Charakter, sehr reiche und geschmackvolle Formen, die etwas voller und üppiger gehalten sind, wie in den bisher erwähnten Entwürfen."

Am 7. Juni 1872 wurde die Entscheidung der Jury in der Presse und im Reichstag verkündet. Der erste Preis ging an den in St. Petersburg geborenen und in Gotha tätigen Architekten Bohnstedt, *de iure* bayrischer Staatsbürger. Sein Entwurf fand in der Öffentlichkeit breite Zustimmung. Aus Bohnstedts Freude sollte aber bald eine bis zu seinem Tode am 3. Januar 1885 bleibende Enttäuschung werden. Die "nationalen" Kräfte im Architektenverein ließen nicht davon ab, gegen den Entwurf zu Felde zu ziehen. Zwar wurde er von einer breiten Öffentlichkeit akzeptiert, und es erschienen bereits Kupferstiche der Hauptansicht mit dem Titel "Der Reichstag nach seiner

"expert members" should communicate with the Reich Chancellery about the site, and should "occasion" the preparation of a definitive building plan, including a cost estimate, they were said to be of the opinion that none of the plans, including the award winner, was suitable for unaltered execution, and that further preparations were necessary. With that, the Bohnstedt design, so unloved by many, was swept aside with no attempt at reworking, to be officially filed away, blaming difficulties with the site and the incompleteness of the building program.

The Reichstag decided that the commission should meet once more and seek a new site, if necessary inviting entries for a new competition.

The Search for a Site 1872 - 1881

At times, the question of a site seemed to be decided in favour of the Kroll Opera. By the time the commission had inspected a further 66 locations, Kaiser Wilhelm had become tired of the endless tug-of-war. He attempted to influence events and wrote to Bismarck in 1875: "There has been so much spoken, discussed and planned and so forth about the choice of a site that in my view only that of Kroll remains realistic, the only resistance being a few sickly delegates' dreaded sniffling, an affliction which could be acquired on the way from the Brandenburg Gate to the parliament building, but not inevitably, and which could effectively be countered with a hackney cab or a greatcoat; totally foreseen, however, is that those same opponents will scarcely live to see the completion of the building, and that their welfare would contribute greatly towards the infection of those who would later sniff their noses at it, if such one desired to enter into such welfare! I beseech you therefore, now in all seriousness, to quickly grasp the opportunity, which also would have another purpose in that a number of unemployed workers from Berlin and beyond would all the better endure the coming winter if they could look forward to a large and lasting source of employment in the Spring."
In 1876, Bismarck attempted to respond to the Kaiser's wishes, however without success: the Reichstag hindered the Prussian

Vollendung". In gewisser Weise entsprach gerade die äußere, offen einladende Gestaltung einem bürgerlich-liberalen Demokratieverständnis. Aber ein in Rußland geborener bayerischer Staatsbürger im Dienst eines deutschen Kleinstaates konnte doch nicht der Schöpfer des Jahrhundertbaus in Berlin sein.

Der Wettbewerb scheiterte aber vor allem wegen der Grundstücksfrage. Raczynskis hartnäckige Weigerung, sein Grundstück zur Verfügung zu stellen, und das Ausbleiben der erhofften Expropriation durch Kaiser Wilhelm I. zwangen die Kommission, die Bauplatzfrage erneut zu erörtern.

Die weitere Entwicklung ist ein nicht besonders rühmliches Blatt für den Reichstag. Man gestand sich widerwillig ein, daß Raczynski auch nach den Verhandlungen vom Dezember 1871 und bis März 1872 nicht gewillt war, den Bauplatz zur Verfügung zu stellen. Obwohl die Jury schon vorgeschlagen hatte, daß eine Kommission aus "Mitgliedern von Sachverständigen sich mit dem Reichskanzleramt verständige über den Bauplatz und um die Herstellung eines definitiven Bauplanes incl. Kostenanschlag zu bewirken", wurde die Meinung vertreten, daß keiner der Pläne, einschließlich des ausgezeichneten, zu einer unveränderten Ausführung sich eignen würde, so daß weitere Vorbereitungen notwendig seien. Damit war auch - ohne den Versuch einer möglichen Umarbeitung - der von vielen so ungeliebte Bohnstedt-Entwurf vom Tisch, offiziell wegen der Bauplatzschwierigkeiten und der Unvollkommenheiten des Bauprogramms.

Der Reichstag beschoß, daß die per Akklamation wiedergewählte Kommission sich nochmals zusammensetzen, einen neuen Bauplatz suchen und gegebenenfalls einen neuen Wettbewerb ausschreiben sollte.

Die Standortsuche 1872 - 1881

Zeitweise schien sich die Frage nach dem Standort zugunsten der Krollschen Oper zu entscheiden. Kaiser Wilhelm war, nachdem die Kommission weitere 66 Bauplätze geprüft hatte, des ewigen Tauziehens müde, er versuchte die Sache zu beeinflussen und schrieb 1875 an Bismarck: "Es ist so viel über

advance into the Bundesrat, and rejected the Kroll site.

1877 brought a turn of events: the son of Raczynski, who had died in 1874, was prepared to negotiate, and a year later the Reich drew up a provisional contract with him for formal expropriation of the palace, with the Prussian state acting as mediators. The terms provided compensation of over one million Mark. However, voices were once more beginning to be heard against this site on Königsplatz, and in a new vote, Alsenplatz was chosen. But Wilhelm, out of respect, had to refuse the Reichstag this square, the fate of which had already been decided by his dead brother - and so, in December of 1881, the Reich government finally returned to the original square with the Raczynski palace.

The Competition of 18 8 2

The working basis for the Reichstag planning commission's sessions was a detailed paper prepared by the Director of the Reichstag, Oskar Knaack, in which he stipulated the existing and desirable volume requirements of the building. The second Reichstag competition differed from the previous one in several details. The site had become smaller. Whilst for the first competition it was 150 x 115 metres, it had now shrunk to 135 x 96 metres. The reason was a reconsideration of the distance to the Victory Column, and the acknowledgment that certain facilities would be better placed outside the Reichstag building, such as the presidential and director's apartments, and the banquetting hall, stables and machine rooms. Because of the acoustics, the size of the assembly hall was fixed to that of the temporary Reichstag building - the program specified an area of "between 600 and 640 sq. metres" for the assembly hall. For the convenient "entry and exit of the Reichstag members", seating for 400 was to be arranged as an amphitheatre, equipped with back supports and various writing desks, and was to be easily accessible with no more than 4 seats in a row between any two radial passages.

During the short period between the Reichstag's decision and the inviting of

den zu wählenden Bauplatz gesprochen, discutirt, geplant etc. worden, daß meiner Ansicht nach nur der Krollsche Platz zu wählen übrig bleibt, dem doch eigentlich nur der gefürchtete Schnupfen einiger kränklicher Députirter entgegenstehet, den man sich auf dem Wege vom Brandenburger Thor zum Parlaments Gebäude zuziehen könne, aber nicht muß, und dem man durch eine Droschke oder guten Paletot sehr gut begegnen kann, ganz abgesehen, daß jene Opponenten schwerlich die Vollendung des Baus noch erleben werden, und deren Fürsorge für später zu Verschnupfende doch sehr weit ginge, wenn man auf diese Fürsorge eingehen wollte! Ich ersuche Sie daher nun allen Ernstes, die Angelegenheit schnell in die Hand zu nehmen, was auch noch einen anderen Grund für sich hat, daß nämlich eine Menge unbeschäftigter Arbeiter Berlins und auch auswärts den schweren Winter leichter hinnehmen würden, wenn sie zum Frühjahr einer großen dauernden Beschäftigung entgegensehen würden." Bismarck versuchte 1876, dem Willen des Kaisers zu entsprechen, allerdings ohne Erfolg: der Reichstag blockierte einen Vorstoß Preußens im Bundesrat und wies das Krollsche Grundstück zurück.

Das Jahr 1877 brachte eine Wende: Der Sohn des 1874 verstorbenen Raczynski war zu Verhandlungen bereit, ein weiteres Jahr später schloß das Reich mit ihm einen vorläufigen Vertrag über eine formelle Enteignung des Palais durch den preußischen Staat, die verbunden war mit einer Entschädigung von etwas über einer Million Mark. Nun wurden aber wieder Stimmen gegen diesen Standort am Königsplatz laut; in einer erneuten Abstimmung legte man nunmehr den Alsenplatz fest. Doch Wilhelm mußte diesen Platz, dessen Bestimmung von seinem verstorbenen Bruder festgelegt worden war, aus Pietät dem Reichstag verweigern - und so kehrte die Reichsregierung im Dezember 1881 endgültig zum alten Platz mit dem Palais Raczynski zurück.

Der Wettbewerb von 1 8 82

Arbeitsgrundlage für die Kommissions- sitzungen war ein detailliertes Papier des

competition entries, a heated discussion had begun in architectural circles and in large sections of the political press as to whether Bohnstedt should be commissioned with the reworking of his plan. He had often stressed in the 70's, in letters to the newspapers and to members of the Reichstag, that with a new competition he would not merely be entitled to a special invitation, but should in fact be entrusted with the reworking of his design without the competition actually taking place. A certain Herr Meyer zu Waldeck wrote in the "Berliner Fremdenblatt" on January 8th, 1882, that the Berlin School of Architecture, and through their journal the "Deutsche Bauzeitung", together with the "Nationalzeitung", were acting against Bohnstedt: "Indeed, why? Purely, because he is not from the Berlin School and is a southern German who does not live in Berlin. Following the elimination of his competitors, the feeling of envy prevailed amongst Berlin's architects with regard to this extraordinary achievement, accompanied by a determination to hinder its execution as much as possible." As proof of the significance of Bohnstedt's project, Meyer stated that the Reich government had sent only these plans for an exhibition in Moscow - "which they undoubtedly would not have done if they were not of the opinion that it was this program which was destined for realisation."

Three days later, in the "Deutsche Bauzeitung", Fritsch conntered that the views of this author, "whose factual observations, which are unserious and which clearly demonstrate that he is not to be sought out in the ranks of the experts, and in this relationship is hardly worth refuting... We would note, in passing, that Bohnstedt is not a southern German but was born in Stralsund, that he has lived most of his life in St. Petersburg, and that he is more closely connected with the Berlin School than any other. Whoever has studied both his design and that of Wilhelm Stier will not doubt that the decisive inspiration of his design is owed to this teacher. The maliciousness, in the absence of better reasoning on behalf of the architectural establishment of the German capital, with which the lowest personal motives are passed off as genuine, is

Reichstagsdirektors Oskar Knaack, in dem dieser die bestehenden und wünschenswerten Raumgrößen mit Erläuterungen angab. Der zweite Reichstagswettbewerb unterschied sich in vielen Punkten vom vorangegangenen. Das Grundstück war kleiner geworden. Während es für den ersten Wettbewerb 150 x 115 Meter maß, war es jetzt auf 135 x 96 Meter geschrumpft. Ursache waren Rücksichten auf den Abstand zur Siegessäule sowie die Erkenntnis, daß bestimmte Räumlichkeiten besser außerhalb des Reichstages liegen sollten, wie z.B. die Präsidenten- bzw. Direktorenwohnung, Festsäle, Stallungen und Maschinenraum. Der Plenarsaal war - aus akustischen Gründen - in der gleichen Größe wie beim provisorischen Reichstagsgebäudes vorgegeben; das Programm legte für den Plenarsaal eine Fläche "zwischen 600 und 640 qm" fest. Zum bequemen "Ein- und Austreten der MdR" sollten die Sitze für 400 Abgeordnete amphitheatralisch angeordnet werden, mit Rücklehnen und verschließbaren Schreibpulten versehen sowie bequem zugänglich sein. Zwischen je zwei radialen Gängen durften sich nicht mehr als vier Sitze in einer Reihe befinden.

In der kurzen Phase zwischen dem Reichstagsbeschluß und der Wettbewerbsauslobung hatte sich in Architektenkreisen und auch in sehr großen Teilen der politischen Presse eine hitzige Diskussion darüber entfaltet, ob Bohnstedt mit der Umarbeitung seines Plans beauftragt werden sollte. Er hatte bereits während der 70er Jahre mehrmals in Briefen an Zeitungen und Reichstagsabgeordnete betont, daß er auch bei einem neuen Wettbewerb ein Anrecht auf eine besondere Aufforderung habe; eigentlich müsse er mit der Umarbeitung seines Entwurfes betraut werden, ohne daß ein neuer Wettbewerb stattfände. Ein gewisser Herr Meyer zu Waldeck schrieb im "Berliner Fremdenblatt" vom 8. Januar 1882, daß die Berliner Architektenschule, allen voran ihr Organ "Deutsche Bauzeitung", und die "Nationalzeitung" gegen Bohnstedt agierten: "Und zwar warum? Einzig und allein, weil er nicht der Berliner Schule angehört und ein Süddeutscher ist, der nicht in Berlin wohnt. Schon gleich nach der Verkündigung des

selfdestructive."

As with the 1872 competition, in 1882 the question concerning a national or international, limited or open competition was also debated. It was decided on an open competition, for architects of the "German tongue" and the foreign prize winners from 1872. Because, however, the only foreign winner at that time was the Englishman Scott, who had since died, the competition could indeed be described as international, but in effect it was national. The program was committed to print on February 2nd, 1882.

The official announcement of the jury was made on February 18th, 1882. The selection of its members demonstrated thought. The German speaking region was to be fully represented, and, through the jury's prominence, a high standard of entries was in turn encouraged.

A newspaper took the following view: "Ah, the program! A real Sphinx! From the front, a really appetising view, with the promise of the laurel crown, but from behind we see the claws, beneath a transparent veil never to be lifted. The puzzlingly phrased demands for the entrance, the setting and the relationship of spaces, and whatever pitfalls or barbed wire barricades were further to be expected!"

The competition occupied the German architectural world. More than 800 specifications were requested, and between 186 and 194 designs were entered. Shortly after the deadline for entries on June 10th, 1882, a group of planning officials commenced with the inspection of the entries for adherence to the competition's conditions. Four were probably excluded for exceeding the deadline, and a further twenty for not adhering to the brief, amongst them the designs of Joseph Buhlmann from Munich and Heinrich von Ferstel from Berlin. Ferstel's design was rejected because, for the flight of steps, he had infringed the western boundary of the site. Years later, Paul Wallot was to do the same thing, however this time with the permission of the Kaiser and the planning authorities.

On June 17th, the jury met for the first time, coming to their decision on June 23rd. An equal degree of speculation and hard fact

Ausfalls der Konkurrenz machte sich in den Berliner Architektenkreisen ein Gefühl des Neides gegen diese hervorragende Leistung geltend und das Bestreben, die Ausführung derselben möglichst zu verhindern." Als Beweis für die große Bedeutung des Bohnstedtschen Projektes führte Meyer an, daß die Reichsregierung nur dessen Pläne für eine Ausstellung nach Moskau geschickt hatte, "was sie unzweifelhaft nicht gethan hätte, wenn sie nicht von der Ansicht ausginge, daß dieses Projekt in erster Linie zur Ausführung bestimmt sei".

Drei Tage später konterte Fritsch in der "Deutschen Bauzeitung", daß die Ansichten dieses Autors, "dessen sachliche Ausführungen deutlich beweisen, daß er in den Reihen der Sachverständigen nicht zu suchen ist und den in dieser Beziehung zu wiederlegen sich nicht lohnen würde, unseriös sind ... Wir bemerken beiläufig, daß Bohnstedt kein Süddeutscher, sondern in Stralsund geboren ist, die größte Zeit seines Lebens aber in St. Petersburg zugebracht hat und daß derselbe in seiner künstlerischen Richtung wohl mit keiner der bestehenden Architekturschulen enger zusammenhängt als gerade mit der Berliner; wer seine und Wilhelm Stiers Entwürfe studirt hat, wird nicht daran zweifeln, daß er diesem Lehrer die entscheidende Anregung in seinem Schaffen verdankt. Die Gehässigkeit, mit welcher mangels besserer Gründe der Architektenschaft der deutschen Hauptstadt ohne weiteres die niedrigsten persönlichen Motive untergeschoben werden, richtet sich selbst."

Wie beim Wettbewerb 1872 wurde auch 1882 die Frage nach nationalem oder internationalem, beschränktem oder offenem Wettbewerb erörtert, aber diesmal entschied man sich anders. Beschlossen wurde ein offener Wettbewerb für Architekten "deutscher Zunge" sowie den ausländischen Preisträgern des Jahres 1872. Da aber der einzige damalige ausländische Preisträger, der Engländer Scott, inzwischen verstorben war, war der Wettbewerb zwar nominell international, in der Tat aber national. Das Programm wurde am 2. Februar 1882 gedruckt.

Die amtliche Bekanntmachung der Jury erfolgte am 18. Februar 1882. Die Auswahl

has been handed down to us about the work of this jury. Through the drawing of lots, jury members received a few designs, identified by a motto and a number which would be used as a reference during the final session. Thereupon, the voting took place. "In the vote, the design bearing the motto 'For City and for State' received 19 of the 21 votes. The sealed envelope was then opened, and it was revealed that the architect was Paul Wallot from Frankfurt."

Reviewing the Design and Laying the Foundation Stone

At the beginning of July 1882, Wallot received the commission to review his design and to resubmit it at the end of the year. This "time of great effort" culminated in a design which, because of the height of the assembly hall, was criticised from "the highest office in the land". Wallot had to resubmit it towards the middle of 1883.

At the beginning of July 1883, Wallot moved to Berlin. His new design was approved at the beginning of December of the same year by the Architectural Academy, the Reich government, the Reichstag and the Kaiser. Wallot was given the assistance of the experienced engineer Wilhelm Haeger, who was to be the supervisor for the building of both the Reichstag and the Reichstag's Presidential Palace up until his death in 1901.

On June 9th, 1884, the foundation stone for the Reichstag building was layed in the presence of three generations of Prussian monarchs, Wilhelm I, his son and successor Friedrich III, and his grandson and future Kaiser Wilhelm II.

The Problem of the Dome.

Wallot's plan intended the erection of an 85 metre high dome above the assembly hall. For architectonic reasons, and because the Academy of Architecture and the Kaiser expressed misgivings about the lighting in the assembly hall, Wallot was forced to relocate this dome to a position above the west entrance hall. The actual construction of the building was based on this plan. But the longer that Wallot supervised the building works, the more the realisation dawned upon

der Jurymitglieder zeigte Überlegung. Der deutschsprachige Raum sollte insgesamt vertreten sein und die Prominenz der Jury prominente Teilnehmer anlocken.

Eine Zeitung urteilte über das Programm: "Ja, das Programm! Eine wahre Sphinx! Vorn appetitlich anzusehen, wegen der Verheissungen des krönenden Lorbeers, aber hinten die mit durchsichtigem, nicht zu hebendem Schleier bedeckten Krallen, der räthselhaften sybillinischen Forderungen betreffs der Eingänge, der Lage und des Zusammenhangs der Räume, u. was noch weiter an Wolfsgruben und spanischen Reitern vorgesehen war."

Der Wettbewerb beschäftigte die deutsche Fachwelt. Mehr als 800 Bauprogramme wurden angefordert, zwischen 186 und 194 Entwürfe gingen ein. Kurz nach dem Einsendeschluß vom 10. Juni 1882 begann eine Gruppe von Baubeamten mit der Prüfung der Einsendungen auf Einhaltung der Wettbewerbsbedingungen. Vermutlich sind vier Entwürfe wegen Terminüberschreitung und weitere zwanzig wegen Nichteinhaltung des Programms ausgeschlossen worden, darunter die Entwürfe des Münchners Joseph Buhlmann und des Wieners Heinrich von Ferstel. Ausgeschlossen wurde Ferstels Entwurf, weil er für die Rampenanlage die westliche Bauplatzbegrenzung überschritten hatte. Jahre später sollte Paul Wallot eben das gleiche tun, dann allerdings mit Genehmigung des Kaisers und der Baubehörde.

Die Jury trat zum ersten Mal am 17. Juni 1882 in der Ausstellungsbaracke zusammen, ihre Entscheidung traf sie im wesentlichen am 23. Juni. Über diese Juryarbeit sind uns Spekulationen und Tatsachen gleichermaßen überliefert. Die Jurymitglieder erhielten per Los einige Entwürfe mit ihren Motti und Nummern, über die sie dann in der Schlußsitzung Referate halten mußten. Daraufhin wurde abgestimmt: "In der Abstimmung erhielt der Entwurf mit dem Motto 'Für Staat und Stadt' 19 von 21 Stimmen. Der versiegelte Umschlag wurde daraufhin geöffnet, und es stellte sich heraus, daß es der Architekt Paul Wallot aus Frankfurt am Main war."

him that the dome had to be relocated. The building would have otherwise looked like a "burnt out castle", and to place the dome above the west entrance hall was illogical and architectonically incorrect. After its removal, the defacement of this building without a dome should still be considered today.

Eventually, the relocation of the dome was permitted him, with the condition that he provide proof of its feasibility. The problem was that building was at that time fairly advanced. The terms were: "At the lowest possible cost, and without interruption of the building works, to produce a supporting structure capable of accepting all the forces arising." Numerous attempts at calculation remained unsuccessful, until Wallot engaged the engineer Hermann Zimmermann.

Zimmermann made the dome lighter by incorporating glass and steel, and reduced its dimensions - in particular the height, from an original 85 metres down to 76,16 metres. When Julius Posener maintains that the dome was the most Wilhelmesque on the Reichstag, he is wrong. Wilhelm demonstrably hated this dome because of the dullness of its construction, and probably also because of its height and symbolic content: Parliament! The dome was not bombastic, but of rather restrained character. When, however, Posener states that the dome was a modern expression of the public entitlement to representation and dignity, he is right. Since becoming technically feasible, through the ages domes have been just that.

The Reichstag as a Political Centre

During the following period, the Reichstag developed into a ruling body of considerable stature. One indication of that was the fall of the Reichskanzler von Bülow - as a result of the Daily Telegraph affair in 1908. The Reichstag had for the first time obtained its right to have a say during attendance at the Chancellery. The introduction of sessional allowances in 1906 contributed considerably to the feeling of authority of its individual members, a fact no less important than the increasing reputation of Social Democrats, which had become the Reichstag's strongest fraction by 1912. The introduction of

Entwurfsbearbeitung und Grundsteinlegung

Anfang Juli 1882 erhielt er den Auftrag, seinen Entwurf umzuarbeiten und erneut gegen Ende des Jahres vorzulegen. Diese "Zeit großen Mühens" erbrachte einen Entwurf, der wegen der Höhe des Sitzungssaales von "Allerhöchster Stelle" kritisiert wurde, so daß Wallot gegen Mitte des Jahres 1883 einen neuen Plan vorlegen sollte.

Wallot zog Anfang Juli 1883 nach Berlin. Der neue Entwurf wurde Anfang Dezember desselben Jahres von der Akademie des Bauwesens, der Reichsregierung, dem Reichstag und dem Kaiser genehmigt. Wallot erhielt gleichzeitig den erfahrenen Baumeister Wilhelm Haeger an seine Seite, der bis zu seinem Tode 1901 Bauleiter des Reichstags und des Reichstagspräsidentenpalais war.

Am 9. Juni 1884 wurde in Anwesenheit von drei Generationen preußischer Monarchen der Grundstein für das Reichstagsgebäude gelegt: Wilhelm I., sein Sohn und späterer Kaiser Friedrich III. sowie sein Enkel und nachmaliger Kaiser Wilhelm II.

Das Kuppelproblem

Wallots Plan sah die Errichtung einer 85 m hohen Kuppel über dem Sitzungssaal vor. Aus architektonischen Gründen und weil die Akademie des Bauwesens und der Kaiser wegen der Beleuchtung des Sitzungssaales Bedenken äußerten, war Wallot gezwungen, diese Kuppel über die westliche Eingangshalle zu verlegen; nach diesem Plan wurde dann gebaut. Je länger Wallot aber über die Bauausführung wachte, desto fester reifte in ihm die Erkenntnis, daß die Kuppel verlegt werden müßte, das Gebäude hätte sonst "wie ein ausgebranntes Schloß" ausgesehen. Die Kuppel über der westlichen Eingangshalle sei unlogisch und architektonisch falsch. Die Entwertung des Erscheinungsbildes des Gebäudes ohne Kuppel sollte nach ihrer Entfernung auch heute noch bedacht werden.

Schließlich wurde ihm die Verlegung der Kuppel erlaubt unter der Bedingung, den Nachweis zu erbringen, daß die Ausführung

remuneration also had the effect that increased attendance was recorded, and high attendance also demanded the provision of a large number of work rooms for the parliamentarians.

The strengthening of parliament was not good for the reputation of the Kaiser's court - and here too the Reichstag building played a part. On the eve of the first world war, the Berlin populace gathered not in the Lustgarten in front of the Stadtschloss, but on Königsplatz, in front of the Reichstag building. They felt that the fate of the Fatherland was more likely to be decided here. The Reichstag's significance increased greatly during the war. A Press and Censor's Office was set up - according to Helmut Gerlach the "Centre of Lies" - from where all journalists who were not at the front could obtain official war bulletins. The Bismarck Memorial in front of the Reichstag caused this square to be chosen for the official Bismarck celebrations on April 1st, 1913, and not Schlossfreiheit or Wilhelmstrasse. Königsplatz had moved into the centre field. It is evident, too, that the highest military command had also got wind of this change when, during the final days of the war, they telegraphed to Berlin requesting a parliamentary order to enter into cease-fire negotiations. The increasing significance of the house was also understood by the SPD politician Philipp Scheidemann, when, on November 9th, 1918, he proclaimed the Republic from a balcony of the Reichstag building. The Reichstag lent authority to his words.

The first days and weeks of the revolution saw an occupation of the Reichstag by Workers' and Soldiers' Councils. Nevertheless, the Reichstag building could not serve as the setting for the National Assembly; the people's representatives had too great a fear of the protesting crowds. It was decided to hold the assembly in Weimar. The government remained in Berlin - this, incidentally, was the reason that the first regular airmail route was inaugurated in Germany. The National Assembly eventually returned to the Reichstag building in the middle of September 1919. During the 1920's, apart from a few renovations, and in spite of two competitions, there was no change to its exterior.

möglich sei. Problematisch war, daß der Bau zu diesem Zeitpunkt ziemlich fortgeschritten war. Es galt, "mit möglichst geringen Kosten und ohne Störung des Baubetriebes einen allen auftretenden Kräften gewachsenen Unterbau nachträglich herzustellen." Mehrere Berechnungsversuche blieben ohne Erfolg, bis Wallot 1889 den Ingenieur Hermann Zimmermann mit der Aufgabe betraute.

Zimmermann machte die vorgesehene Kuppel leichter, indem er Glas und Stahl einsetzte und die Dimensionen - besonders die Höhe von ursprünglich 85 m auf 74,16 m - verkleinerte.

Wenn Julius Posener behauptet, daß die Kuppel das wilhelminischste am Reichstag war, irrt er. Wilhelm haßte nachweislich diese Kuppel wegen der Nüchternheit ihrer Konstruktion, wahrscheinlich auch wegen der Höhe und wegen ihres Symbolgehalts: Parlament! Die Kuppel war nicht bombastisch, sondern sehr zurückhaltend im Charakter. Wenn Posener aber meint, die Kuppel sei zeitgemäßer Ausdruck von Repräsentationsanspruch und Würde, so hat er recht - Kuppeln waren dies zu allen Zeiten seit ihrer technischen Machbarkeit.

Der Reichstag als politisches Zentrum

Der Reichstag entwickelte sich in der Folgezeit zu einem nicht zu unterschätzenden Regulativ. Ein erstes Anzeichen dafür war - als Folge der Daily-Telegraph-Affäre 1908 - der Sturz des Reichskanzlers von Bülow. Damit hatte der Reichstag zum ersten Mal ein Mitspracherecht bei der Besetzung des Kanzleramtes erhalten. Ebenso trug die Einführung von Diäten 1906 wesentlich zur Stärkung des Kompetenzgefühls des einzelnen Reichstagsmitglieds bei, und sie war nicht minder wichtig für das steigende Ansehen der Sozialdemokratie, die bereits 1912 zur stärksten Fraktion im Reichstag wurde. Die Einführung von Diäten bewirkte auch, daß eine erhöhte Präsenz der Abgeordneten zu verzeichnen war. Diese erhöhte Präsenz erforderte aber den Ausbau einer großen Zahl von Arbeitsräumen für die Parlamentarier. Die Stärkung des Parlaments

The Competitions 1927 - 1929

Immediately after the foundation of the Weimar Republic, a lack of space had become apparent. Only a planned extension to the north of the Reichstag could alleviate the situation, and a 2,270 sq. metre site - approximately the present day car park - was acquired. Just how short-sighted the planning of public buildings already was, even in those days, is illustrated by the fact that the Reich had actually owned this site up to 1922!

Many architects saw the urban planning around the Reichstag as unresolved, and criticised the lack of a solution. Before the announcement of the competition, in June of 1927, Hugo Häring and Hans Poelzig published their recommendations to representatively develop this entire area. In architectural circles, there was great interest. And in the Reichstag? Absolutely none! The BDA journal "Die Baugilde" wrote on February 10th, 1928: "The tragedy of the Berlin Opera House renovation is now drawing to a close. That of the Reichstag is about to begin. We wrote in 'Die Baugilde' on September 25th, 1927, on the announcement of this competition: 'The Reichstag building has, in terms of its position, in principle already been set to one side, without architectonic absorption into the plan of the city. Now an extension is to be built. Because, coincidentally, a site could be acquired, off they go without a care in the world, extending further down towards the Spree without the slightest regard for the difficulties presented by the connection demanded - a bridge over the street - of a new building, which is surely to be a modern one, with the Wallot house. Isn't it now time to stop adding bits on, and approach this kind of building in a slightly more cosmopolitan way, and not simply seek to satisfy needs as directly as possible?'"

The jury met in January 1928, and judged 278 works submitted by some widely known architects, for example the Wallot pupil Heinrich Straumer (Berlin Radio Mast) and Emil Fahrenkamp (Shell House). But a first prize was not awarded, only a number of second prizes.

A year later, a limited competition was

ging auf Kosten des Ansehens des kaiserlichen Hofes - und auch daran war das Reichstagsgebäude "beteiligt". Am Vorabend des Ersten Weltkrieges versammelten sich die Berliner nicht im Lustgarten vor dem Stadtschloß, sondern am Königsplatz vor dem Reichstagsgebäude, weil sie das Gefühl hatten, daß das Schicksal des Vaterlandes eher hier entschieden wurde. Die Bedeutung des Hauses stieg im Ersten Weltkrieg stark an. Hier wurde eine Presse- und Zensurstelle - nach Helmut Gerlach die "Lügenzentrale" - für die Kriegsberichterstattung eingerichtet, von der alle Journalisten, die nicht an die Front gegangen waren, die offiziellen Kriegsbulletins erhielten. Das Bismarck-Denkmal vor dem Reichstag bedingte, daß man den Platz vor dem Reichstagsgebäude für die offizielle Bismarck-Feier am 1. April 1913 wählte. Nicht die Schloßfreiheit, nicht die Wilhelmstraße, sondern der Königsplatz war zum Zentrum des Geschehens avanciert. Offenbar spürte dies auch die Oberste Heeresleitung in den letzten Kriegstagen, als sie nach Berlin die Forderung telegrafierte, für Waffenstillstandsverhandlungen einen parlamentarischen Auftrag zu bekommen. Des Hauses Bedeutung hatte wohl auch der SPD-Politiker Philipp Scheidemann begriffen, als er am 9. November 1918 von einem Balkon des Reichstagsgebäudes die Republik ausrief. Das Reichstagsgebäude verlieh seinen Worten Autorität.

Die ersten Tage und Wochen der Revolution sahen eine Besetzung des Reichstages durch die Arbeiter - und Soldatenräte. Dennoch konnte das Reichstagsgebäude der Nationalversammlung nicht als Sitzungsort dienen, die Volksvertreter hatten zu große Angst vor den aufgebrachten Volksmassen. Man beschloß, die Versammlung in Weimar abzuhalten. Die Regierung blieb in Berlin - aus diesem Grund übrigens wurde die erste reguläre Luftpostverbindung in Deutschland geschaffen. Ende September 1919 konnte die Nationalversammlung ihre Arbeit im Reichstagsgebäude aufnehmen. 1920 wurde sie aufgelöst und ein neuer Reichstag gewählt.

Während der zwanziger Jahre ist am Bau selbst außer einigen Renovierungen und trotz zweier Wettbewerbe aber nichts geschehen.

organised, this time including the 1928 prize winners. This competition also had bizarre consequences, and failing a redesign of the Reichstag surroundings, also proved useless. One of Peter Behrens' suggestions was to move the Brandenburg Gate, that "traffic obstacle"! There were also other no less illusionary ideas. The designs of the first prize winners Fahrenkamp & Heinrich de Fries were put aside for financial reasons. Only dreams remained.

Because the Reichstag was by now becoming increasingly unpopular, the esteem of the building also became less, until a point was reached where noted critics - fortunately without success - demanded its demolition.

The Burning of the Reichstag and the Third Reich

The burning of the Reichstag on February 27th, 1933, also rendered the assembly hall unusable, so that sessions had to be held in the makeshift Kroll Opera opposite. It was here and not in the Wallot building, that the Enabling Act was voted in. As Chancellor and also as member of the Reichstag, Hitler had set foot neither in the Chancellery nor in the assembly hall. His sole official visit to the Reichstag building took place when he stood before the Reichsrat, on the day he assumed office on February 3rd, 1933.

The Nazis attempted to turn the Reichstag arson trial into a propaganda victory, with radio broadcasts of the trial beginning in September of 1933. However, when the suspect, the Bulgarian communist Georgi Dimitroff gave a vehement closing speech, the propagandists broke off the broadcast; the whole trial was a washout.

In accordance with Hitler's wishes, a gigantic reconstruction of Berlin was to take place in the vicinity of the northern end of the north-south axis, thus creating the world capital of "Germania": The "Great Hall of the People", by Albert Speer, with a dome of 290 metres in height, would have reduced the Brandenburg Gate and the Reichstag building to the relative scale of an outside toilet. The "Great Axis" was to have extended to the Triumphal Arch at Tempelhof Airport, but Hitler's war put an end to all these

Die Wettbewerbe von 1927 und 1929

Bereits unmittelbar nach Gründung der Weimarer Republik machte sich akuter Raummangel bemerkbar. Abhilfe konnte nur ein Erweiterungsbau schaffen, für den nördlich des Reichstags ein Grundstück von 2270 m² - etwa der heutige Parkplatz - erworben wurde. Wie kurzsichtig auch damals schon mit der Planung öffentlicher Bauten umgegangen wurde, zeigt die Tatsache, daß das Grundstück bis 1922 dem Reich bereits gehört hatte.

Viele Architekten sahen die stadträumliche Situation in Reichstagsnähe als unfertig an und kritisierten das Fehlen einer Lösung. Schon vor der Auslobung, im Juni 1927, veröffentlichten Hugo Häring und Hans Poelzig ihre Vorschläge, das ganze Areal um den Reichstag repräsentativ auszubauen. In Architektenkreisen war die Aufmerksamkeit groß, im Reichstag gleich Null. So schrieb das BDA-Organ "Die Baugilde" am 10. Februar 1928: "Die Tragödie des Berliner Opernhausumbaues nähert sich ihrem Ende, die des Reichstagserweiterungsbaues beginnt. Wir schrieben in der Baugilde am 25. September 1927 bei Bekanntwerden des Wettbewerbsausschreibens: 'Das Reichstagsgebäude ist an sich schon seiner Lage nach beiseite gestellt, ohne architektonische Bindung im Plan der Stadt. Nun soll ein Erweiterungsbau geschaffen werden. Weil nun zufällig dort ein Grundstück erworben werden konnte, rückt man noch weiter ab und erweitert frischfröhlich in Richtung nach der Spree. Von den Schwierigkeiten, die sich aus der verlangten Verbindung eines Neubaues, der doch sicherlich ein moderner Bau werden soll, mit dem Wallot-Haus durch eine Straßenüberbrückung ergeben, einmal ganz abgesehen. Wäre es nicht an der Zeit, mit dem Anstückeln aufzuhören und an derartige Bauaufgaben von etwas weitschauenderen Gesichtspunkten als dem der einfachen Bedarfsbefriedigung auf direktestem Wege heranzugehen?'"

Die Jury trat im Januar 1928 zusammen und beurteilte über 278 Arbeiten, alle unter Motto eingereicht. Beteiligt hatten sich sehr

plans. At the beginning of the war, both the corner towers of the Reichstag were adapted to accommodate anti-aircraft positions, the windows were walled up, and the house was turned into a fortress. In the final days of the war, the greatest fire power was used to seize the Reichstag. The famous hoisting of the "Banner of Victory" took place on the Reichstag building, and not on the Reichskanzlei, on the last day of April 1945. And why this symbol? Other German symbols of power were unlikely to have been known in Russia, and the arson trial had made a hero of Dimitroff. They knew little of the new Reichskanzlei.

The P o st War Period

After the end of the war, the Reichstag building moved once again into the foreground, paradoxically as a backdrop for demonstrations, since as a result of Albert Speer's demolition, the whole area in front of it was large enough to accommodate half a million people. What should rise out of the

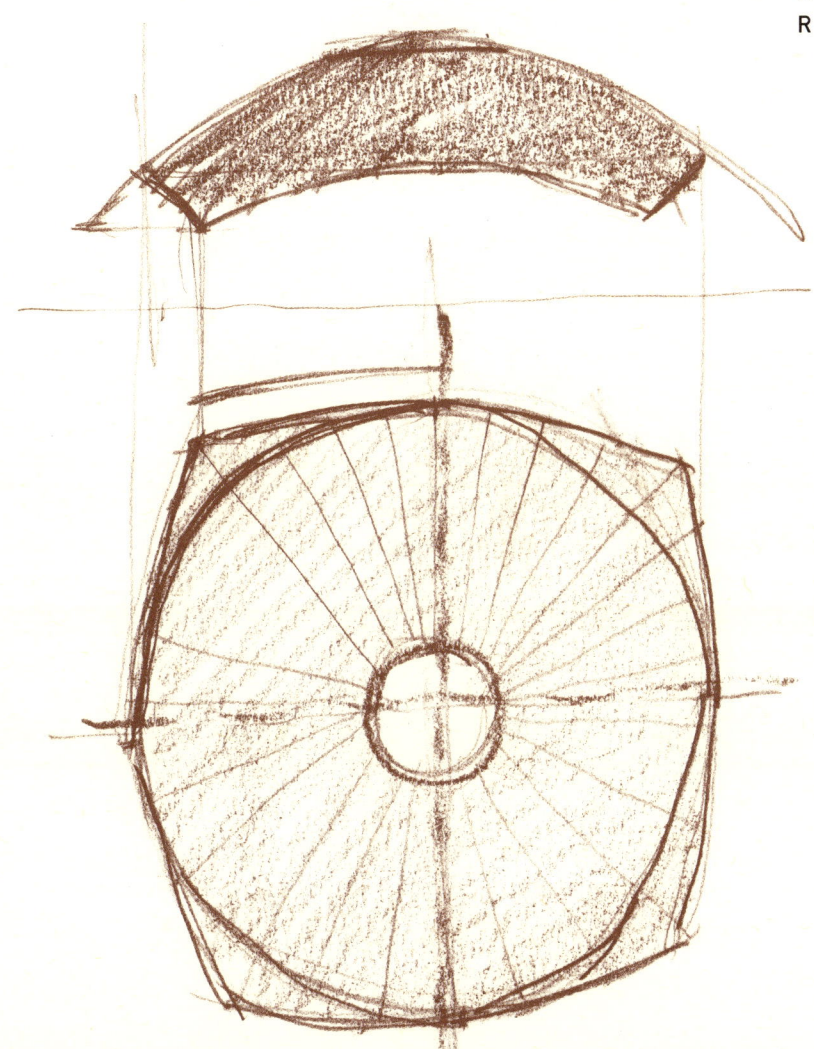

bekannte Architekten, z.B. die Wallot-Schüler Heinrich Straumer (Berliner Funkturm) und Emil Fahrenkamp (Shell-Haus). Aber kein erster Preis, sondern nur mehrere zweite Preise wurden vergeben.

Ein Jahr später wurde ein beschränkter Wettbewerb ausgelobt, diesmal mit den Preisträgern von 1928. Auch dieser Wettbewerb führte zu skurrilen Ergebnissen. Und ohne Umgestaltung der Umgebung des Reichstags erwies sich auch dieser Wettbewerb als nutzlos. Peter Behrens schlug u.a. vor, das "Verkehrshindernis" Brandenburger Tor zu versetzen, auch andere, nicht weniger illusorische Vorschläge gab es. Die Entwürfe der ersten Preisträger Fahrenkamp & Heinrich de Fries mußten aus finanziellen Rücksichten zurückgestellt werden, sie blieben nur Träume. Da der Reichstag zunehmend an Popularität verlor, sank auch die Wertschätzung des Gebäudes bis zu einem Punkt, an dem namhafte Kritiker - glücklicherweise vergebens - seinen Abriß forderten.

Rei c h s tagsbrand und Drittes Reich

Der Reichstagsbrand am 27. Februar 1933 machte auch den Plenarsaal unbrauchbar, so daß man die Sitzungen in der gegenüberliegenden und notdürftig umgerüsteten Kroll-Oper abhalten mußte. Hier, und nicht im Wallot-Bau wurde für das Ermächtigungsgesetz gestimmt. Weder als Kanzler noch als Reichstagsabgeordneter hat Hitler den Plenarsaal je betreten; sein einziger amtlicher Besuch im Reichstagsgebäude fand als Antrittsbesuch am 3. Februar 1933 vor dem Reichsrat statt.

Die Nazis versuchten den Reichstagsbrandprozeß zu einem Propagandaerfolg zu machen und begannen mit der Funkausstrahlung des Prozesses im September 1933. Als jedoch der verdächtigte bulgarische Kommunist Georgi Dimitroff ein vehementes Plädoyer hielt, stellten die Propagandisten die Ausstrahlung ein, der gesamte Prozeß war für die Nazis ohnehin ein Fehlschlag.

In der Umgebung sollte nach Hitlers Willen das nördliche Ende der Nord-Süd-Achse im gigantomanen Umbau Berlins zur

ruins here? Should the Reichstag building be rebuilt, and if so, for what purpose?

In February 1960, a new competition was announced: "After its reconstruction, the building should fulfil parliamentary requirements and, from an architectonic point of view, contribute to the idea of community and encourage the power of democracy." The winner, Paul Baumgarten, did not have an easy task: "Reconstruction commenced first of all with demolition. Not only the dome..., but also with a thorough reassessment of the facades. The figures which stood on the corner towers were not reinstated, although during the war, before the conversion of the towers to anti-aircraft positions, they were safely removed and placed in storage. Damaged ornamental and figurative details were not repaired, but for reasons of simplicity were simply removed, and for reasons of orderliness, the undamaged pieces along with them. The best features of the Reichstag were simply plucked away." Like Wallot, Baumgarten had learned that it's not easy to build when more than a hundred clients are peering over your shoulder, and of course Baumgarten's tormentors weren't so much the Bundestag members as the Federal Planning Authority. They badgered him to the extent that he felt compelled to distance himself from his creation. "First of all, it is not I who has rebuilt the Reichstag. As it stands there now (1982), it is the work of the Federal Planning Authority... It is no longer my Reichstag. My ideas are no longer recognisable. If I describe my own thoughts about the design - the idea of great spaces within the ruin, for instance - and then if someone looks at what's been done, he'll remark 'but that's not true at all'. I could call it disfigurement, but then the whole farce will start again." Although Baumgarten interceded in the reconstruction of the dome, he accomplished nothing against the "councils"; in September of 1966, his recommendation merely stated that the old dome shape was to be reproduced in silhouette. From his role as architect, he had been demoted to a consultant.

Neither fitting out the interior, nor, from 1963 onwards, the opening of a series of new facilities, nor the meetings of committees and the Council of Elders could end the

Welthauptstadt "Germania" entstehen: Die "Große Halle des Volkes" von Albert Speer mit einer Kuppelhöhe von 290 m, die dem Reichstagsgebäude und dem Brandenburger Tor die relative Größe einer Außentoilette gegeben hätte. Die "Große Achse" sollte sich bis zum Triumphbogen am Flughafen Tempelhof erstrecken. Hitlers Krieg setzte diesen Plänen ein Ende. Zu Kriegsbeginn wurden die beiden Ecktürme zu Flakstellungen ausgebaut. Die Fenster wurden zugemauert und das Haus zu einer Festung ausgebaut. In den letzten Tagen des Krieges wurde die allergrößte Feuerkraft darauf verwendet, das Reichstagsgebäude einzunehmen. Die berühmte Hissung des "Banners des Sieges" am letzten Apriltag 1945 erfolgte auf dem Reichstagsgebäude, nicht auf der Reichskanzlei. Warum dieses Symbol? Vielleicht deswegen, weil andere Machtsymbole Deutschlands in der UdSSR unbekannt waren; und der Reichstagsbrandprozeß hatte aus Dimitroff einen Helden gemacht. Über die neue Reichskanzlei wußte man dagegen wenig.

Die Nachkriegszeit

Nach dem Kriegsende rückte das Reichstagsgebäude erneut in den Vordergrund, paradoxerweise als Hintergrund für Demonstrationen, denn das ganze Feld davor war bereits durch Albert Speers Abrißaktionen groß genug geworden, um eine halbe Million Menschen zu fassen. Was aber sollte aus der Ruine auf diesem Areal werden? Sollte man das Reichstagsgebäude wieder aufbauen und wenn ja, zu welchem Zweck?

Im Februar 1960 wurde ein neuer Wettbewerb ausgelobt: "Das Gebäude sollte nach seiner Wiederherstellung parlamentarischen Zwecken dienen und architektonisch dazu beitragen, die Idee des Gemeinsamen und die Kraft der Demokratie zu fördern." Der Sieger Paul Baumgarten hatte es nicht leicht: "Der Wiederaufbau begann damit, daß man zunächst abbaute. Nicht nur die Kuppel..., sondern auch mit einer konsequent durchgeführten Bereinigung der Fassade. So wurden die Figuren, die auf den Ecktürmen standen, nicht wiederaufgestellt, obwohl sie im Kriege

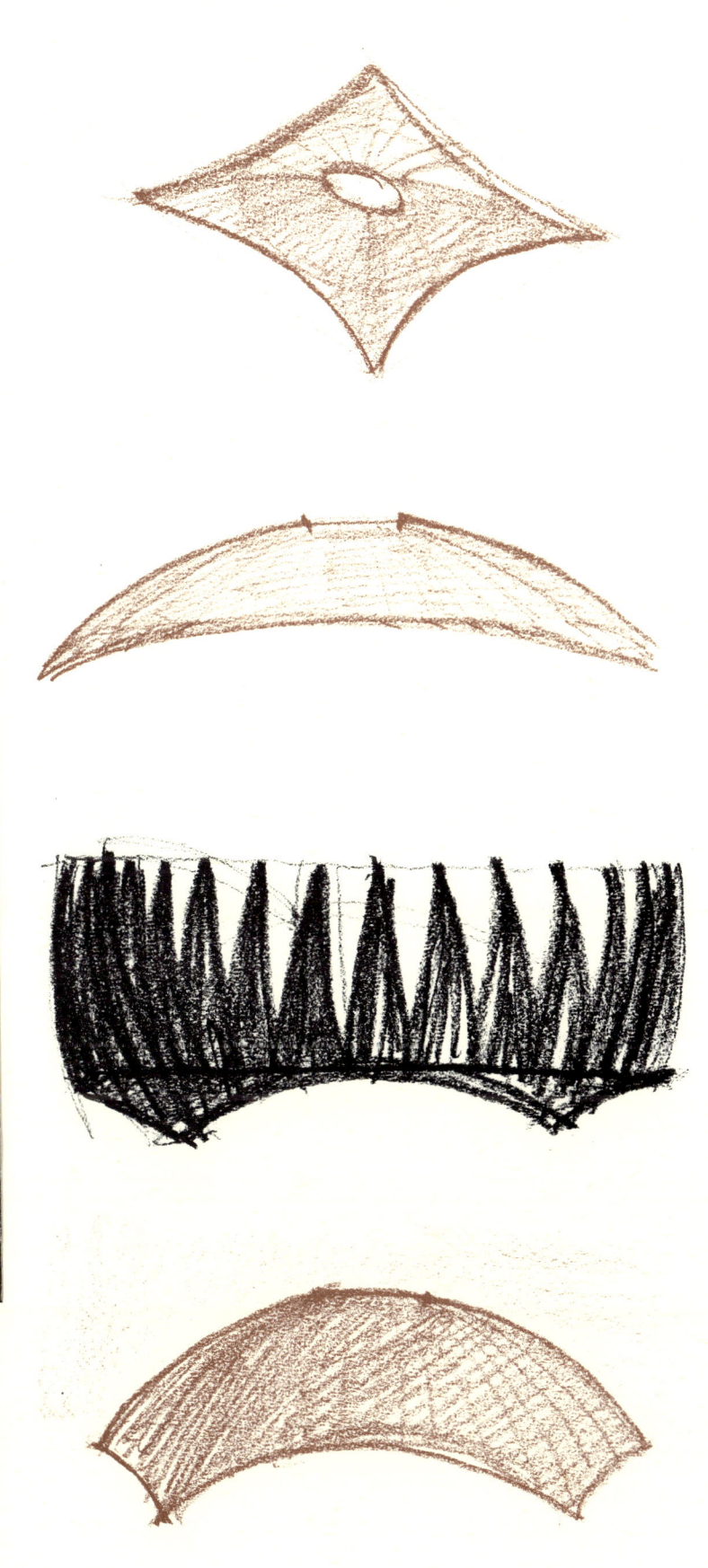

vor dem Umbau des Reichstagsgebäudes zum Flakturm wohlbehalten abgenommen und eingelagert worden waren. Beschädigte ornamentale und figürliche Teile der Fassade wurden nicht etwa ausgebessert, sondern der Einfachheit halber einfach beseitigt und der Ordnung halber auch gleich die unbeschädigten Teile. Das Beste des Reichstages wurde gerupft." Wie Wallot hat Baumgarten gelernt, daß nicht leicht zu bauen ist, wenn mehrere hundert Bauherren einem über die Schultern schauen, allerdings waren Baumgartens Peiniger nicht so sehr die MdBs, sondern die Bundesbauverwaltung bzw. -direktion. Sie setzte ihm so sehr zu, daß er sich veranlaßt fühlte, sich von seiner Schöpfung zu distanzieren. "Zunächst: Ich habe den Reichstag nicht wieder aufgebaut. So wie er heute (1982) dasteht, ist er das Werk der Bundesbaudirektion.... Es ist nicht mehr mein Reichstag. Meine Ideen sind nicht mehr erkennbar. Wenn ich meine Entwurfsgedanken schildere - etwa von der großen Raumidee innerhalb der Ruine und wenn sich das dann einer ansieht, stellt er dort fest: 'das ist doch gar nicht wahr'. Ich muß also gleichzeitig von Verunstaltung sprechen, und dann geht das Theater wieder los." Obwohl Baumgarten für die Wiederherstellung der Kuppel eintrat, konnte er gegen die "Räte" nichts ausrichten; ab September 1966 bestand sein Vorschlag nur noch darin, die alte Kuppelform als Silhouette nachzuempfinden. Seine Arbeit als leitender Architekt wurde zur Arbeit als beratender Architekt herabgestuft.

Weder Innenausbau noch die Reihe von Inbetriebnahmen ab 1963 noch die Sitzungen von Ausschüssen und dem Ältestenrat konnten die Diskussion über die Zweckbestimmung beenden. Im Gegenteil, die Fertigstellung brachte die politisch Verantwortlichen in Verlegenheit, denn sie hatten noch immer keine Nutzung für das Gebäude gefunden. Eine Ausstellung "Fragen an die deutsche Geschichte" wurde zum 100. Jahrestag der ersten Reichstagssitzung am 21. März 1971 eröffnet. Drei Jahre später wurde sie zu einer Dauerausstellung erklärt, die inzwischen von über 10 Millionen Personen besucht worden ist. Aus politischen Gründen war es nicht möglich, Bundestagssitzungen, die Bundesversammlung oder Sitzungen des

discussion about utilisation. On the contrary, the Reichstag's completion became an embarrassment to those who were politically responsible, because they hadn't yet found a use for it. An exhibition, "Questions to ask of German History" was first of all opened on March 21st, 1971, on the centenary of the first Reichstag session. Three years later it was declared a permanent exhibition, and has since received over ten million visitors. But for political reasons it was not possible to hold Bundestag sessions, Federal Assembly or Federal Defence Committee sittings in the Reichstag - until the demise of the German Democratic Republic, it was merely used for conferences, meetings and seminars of official bodies, fractions, commissions and so forth.

The Reichstag after Reunification

On October 3rd, 1990, German Reunification Day, the first regular session of a newly united Germany was held. This was certainly a great day for the Reichstag administrators, and not only because of Reunification. Nevertheless, there were problems - sessions, travel arrangements, office facilities and much, much more failed to meet with the members' approval. In contrast to 1871, the question of the capital city could not be regarded as settled. The clause stood in the Reunification Treaty, stating that Berlin should be the capital, and that the seat of Parliament and Government would be decided later. Bonn wanted to remain in this role, but on June 20th, 1991, the Bundestag decided, with a tight majority, in favour of Berlin.

Numerous commissions were created to prepare for the move, including a planning commission from the Federal Council of Elders and a Think Tank. Although the completion of the new assembly hall in Bonn was imminent, on October 31, 1991 the commission nevertheless decided to rebuild the Reichstag as the future assembly building. Whether a monument such as the Reichstag would be better preserved in the hands of an architect or a conservationist was the basis of the initial discussion, the decision eventually being made in favour of an architectural competition. In order to

Bundesverteidigungsausschusses im Reichstag abzuhalten; im Haus wurden bis zum Untergang der DDR nur Konferenzen, Sitzungen, Tagungen von Gremien, Fraktionen, Kommissionen usw. abgehalten.

Das Reichstagsgebäude nach der Wende

Am 3. Oktober 1990, zum Tag der Deutschen Einheit, fand im Reichstag die erste ordentliche Sitzung des neuen gesamtdeutschen Parlamentes statt, für die Sachwalter des Reichstags nicht nur der Einheit wegen ein großer Tag. Dennoch hat es Probleme gegeben - die Abgeordneten fanden die Sitzungen, die Reisearrangements, ihre Büros und vieles andere nicht in Ordnung, auch bei den Sitzungen 1991 klappte nicht alles reibungslos.

Anders als 1871 war die Frage der Hauptstadt nicht als erledigt zu betrachten. Im Einigungsvertrag stand der Passus, daß Berlin zwar Hauptstadt sei, über den Sitz von Parlament und Regierung aber später entschieden werde. Bonn wollte eben dieser Sitz bleiben. Doch am 20. Juni 1991 beschloß der Bundestag mit knapper Mehrheit, Berlin auch als Sitz von Parlament und Regierung zu bestimmen.

Um diesen Umzug vorzubereiten, wurden mehrere Kommissionen geschaffen, u.a. vom Bundestagsältestenrat eine Baukommission und eine Konzeptkommission. Obwohl die Fertigstellung des neuen Plenarsaals in Bonn kurz bevorstand, beschloß die Kommission am 31. Oktober 1991, doch noch das Reichstagsgebäude als künftigen Plenarbau auszubauen. Zunächst wurde diskutiert, ob ein Baudenkmal wie das Reichstagsgebäude in den Händen eines Architekten oder in denen eines Denkmalpflegers besser aufgehoben sei; man entschied sich für einen Architektenwettbewerb. Um diesen vorzubereiten, veranstaltete die Baukommission am 9. und 10. Februar 1992 ein Kolloquium im Reichstag. Dieses Kolloquium konnte leider eine Vielzahl von Problemen nicht lösen. Offen blieb etwa, ob der Reichstag wieder eine Kuppel erhalten solle oder nicht, ob man eine andere Sitzanordnung haben müsse als die im Behnisch-Saal in Bonn etc. Obwohl diese

prepare for this, the planning commission organised a colloquium in the Reichstag on February 9th and 10th, 1992, which was unfortunately unable to solve a great many problems. Should, for example, the Reichstag be given back its dome? Was an alternative seating arrangement to Behnisch's hall in Bonn necessary? Although these questions were not answered, the Berlin company BSM was commissioned to work out the terms of the competition, and to develop a program.

The participants found themselves confronted by huge problems by this program. The decision either in favour or against a dome remained open. A circular assembly hall was stipulated, in the Behnisch style, with its excessive scale, without provision of the necessary background information. All architects living and practicing within federal boundaries were entitled to take part, and in addition 14 internationally renowned architects were invited: Pie de Bruijn (Netherlands), Santiago Calatrava (Spain), Hans Dissing and Otto Weitling (Denmark), Sir Norman Foster (Great Britain), Coop Himmelblau (Austria), Hans Hollein (USA), Juha Leiviska (Finland), Fumihiko Maki (Japan), José Rafael Moneo (Spain), Jean Nouvel (France), I.M. Pei (USA), Aldo Rossi (Italy) and Jiri Suchomel (CSFR). The competition was announced in Berlin on June 26th, 1992, Wallot's 151st birthday. The deadline for entries was October 23rd of the same year. 290 copies of the specifications were requested, and 80 works were finally submitted, 6 of the invited architects among them.

Originally, the jury was to have sat in January, reaching and announcing its decision on January 29th. Because, however, the urban planning competition for the Spreebogen was running concurrently and had attracted 835 entries, and since there were a number of jury members sitting on both panels, it was decided to announce the names of the prizewinners for both competitions together, on February 18th, 1993.

Calatrava's proposal was one of the few to include a dome. Calatrava had explained his design as follows:

"The main statement made by the design

Fragen nicht geklärt wurden, wurde die Berliner Firma BSM beauftragt, die Wettbewerbsbedingungen und das Programm zu erarbeiten.

Dieses Programm stellte die Teilnehmer vor große Probleme: Offen blieb die Entscheidung für oder gegen eine Kuppel, gefordert wurde ein kreisrunder Sitzungssaal à la Behnisch und in seinen überdimensionierten Proportionen, ohne daß die notwendigen Informationen gegeben wurden. 14 Ausländer wurden gebeten, sich an dem Wettbewerb, der ansonsten nur für deutsche Teilnehmer offen war, zu beteiligen, u. a. Calatrava, Pie de Bruijn, Sir Norman Foster, Jean Nouvel, Coop Himmelblau, I. M. Pei, Aldo Rossi und Hans Hollein. Der Wettbewerb wurde am 26. Juni, an Wallots 151. Geburtstag, in Berlin ausgelobt. Als Einreichungsfrist wurde der 23. Oktober 1992 bestimmt. 290 mal wurden die Unterlagen angefordert, 80 Arbeiten wurden eingereicht, unter ihnen sechs von den eingeladenen Architekten.

Ursprünglich sollte die Jury im Januar tagen und am 29. Januar ihre Entscheidung treffen bzw. bekanntgeben. Weil aber der dazu parallel laufende städtebauliche Wettbewerb für den Spreebogen 835 Arbeiten angelockt hatte und es eine Vielzahl von doppelter Jurymitgliedschaften gab, beschloß man, die Namen der Preisträger erst gemeinsam mit denen der Sieger des städtebaulichen Wettbewerbs am 18. Februar 1993 bekannt zu geben.

Calatravas Entwurf war einer der wenigen, die eine Kuppel aufwiesen. Calatrava hatte seinen Entwurf auf folgende Weise erläutert:

"Die Hauptaussage des Entwurfs liegt in der Entwicklung eines Innenraumes, der einen angemessenen Rahmen für eine Volksvertretung darstellt.... Das alte Reichstagsgebäude bleibt in seiner Substanz erhalten und umfaßt die neue Struktur.... Die vier Ecktürme und die massiven Aussenwände werden ringsum in einer Tiefe von 12 m belassen, so daß es keine Eingriffe in die Fassaden gibt. Das Gebäude behält seine Identität. An der zeitgenössischen Kuppelkonstruktion kann man das veränderte Innenleben und damit die neue Bedeutung des Gebäudes ablesen.... Über eine 18 m große Öffnung in der Saaldecke

is to be found in the development of a new space, an appropriate setting for the representation of the people... The substance of the original Reichstag building remains, and encloses the new structure... The four corner towers, together with the massive, original structure will be left, and the facades will remain as Wallot intended. The building will thus retain its identity. A new inner life, and therefore a new meaning for the building, can be deduced from the contemporary dome construction... The assembly hall receives daylight through an 18 metre opening in its ceiling."

Under its chairman Schattner, the jury for the Reichstag renovation decided not to award a first prize, instead creating a first prize group with three level prizewinners. In spite of the anonymous procedure adopted, three foreign architects were chosen: Pie de Bruijn, Santiago Calatrava and Sir Norman Foster. The results of the urban planning project were published at the same time. Here, a clear jury decision was made in favour of the project submitted by Axel Schultes, from Berlin.

The jury said about Calatrava's work: "The project is an intelligent and elegant response to the task set. The organisation is in harmony with the highest architectonic, spacial and planning quality. Quality of life and temperament are also addressed, and not merely the utilitarian."

What was to be done? As in the past, the planning commission again decided to hold a colloquium on March 12th and 13th, 1993. Here, the first prizewinners for the Reichstag and Spreebogen competitions introduced their projects, in the presence of the jury, to all interested politicians, members of the public and the press.

The simultaneousness of both competitions found harsh criticism. For the conversion of the Reichstag to the German Bundestag, an urban planning scheme should already have been available, and it was unfortunately evident that the ideas of Foster and de Bruijn could not be combined with Axel Schultes' planning concept without serious alterations. The press criticised all three prizewinners for their conservational, economical and architectonic failings. The competition

erhält der Plenarsaal Tageslicht."

Die Jury für den Reichstagsumbau mit ihrem Vorsitzenden Schattner beschloß, keinen ersten Preis zu vergeben, sondern eine erste Preisgruppe mit drei gleichrangigen Preisträgern zu schaffen. Trotz der Anonymität wurden drei Ausländer ausgesucht: Pie de Bruijn aus Holland, Santiago Calatrava aus Spanien und Sir Norman Foster aus Großbritannien. Zum gleichen Zeitpunkt wurden die Ergebnisse des städtebaulichen Wettbewerbs veröffentlicht: hier gab es eine eindeutige Juryentscheidung für das Projekt von Axel Schultes aus Berlin. Über Calatravas Arbeit sagte das Preisgericht: "Das Projekt ist eine intelligente, elegante Antwort zu der gestellten Aufgabe. Die Organisation steht im Einklang mit einer architektonisch räumlichen und städtebaulichen Qualität von höchstem Anspruch. Nicht die Nützlichkeit, sondern auch die Lebensqualität und das Gemüt werden angesprochen."

Was war zu tun? Wie in der Vergangenheit beschloß die Baukommission, erneut ein Kolloquium zu veranstalten, diesmal am 12. und 13. März 1993. Hier stellten die ersten Preisträger der Wettbewerbe Reichstag und Spreebogen ihre Projekte im Beisein der Jury allen interessierten Politikern, Bürgern und der Presse vor. Die Gleichzeitigkeit der beiden Wettbewerbe stieß in den Medien auf herbe Kritik: für den Umbau des Reichstags zum deutschen Bundestag hätte die städtebauliche Grundlage bereits vorliegen müssen. Dementsprechend fiel negativ auf, daß die Vorschläge von Sir Norman Foster und Pie de Bruijn nicht ohne gravierende Änderungen mit dem städtebaulichen Konzept Axel Schultes zu vereinbaren waren. An allen drei Preisträgern wurde in der Presse Kritik in denkmalpflegerischer, wirtschaftlicher und auch architektonischer Hinsicht geübt. Ebenso wurden die Wettbewerbsvorgaben wie z.B. ein zu großer Plenarsaal sowie das überdimensionierte Raumprogramm bemängelt.

Die drei Architekten wurden Ende April 1993 gebeten, ihre Entwürfe unter geänderten Vorgaben bis zum 14. Juni zu überarbeiten. Diese Vorgaben schlossen unter anderem die von Calatrava konzipierte

specifications were likewise considered inadequate, with regard to the size of the assembly hall and an excessive allowance for space.

At the end of April 1993, the three architects were requested to rework their designs, incorporating amended specifications, before June 14th. These new specifications included the use of space in the adjacent Dorotheen block to the east, and the orientation of the assembly hall with the presidential building on the eastern side; both ideas originally conceived by Calatrava.

Calatrava was the only one of the three to have further developed his original design; the other two participants came up with radical new solutions. A new session of the jury was not considered necessary. The presentation of the designs on June 17th was not public, and no records appear to exist. It was possible to read in the Berlin Press on June 19th that a decision had been made in favour of Sir Norman Foster. On June 21st, the Planning Commission of the Council of Elders decided, without obtaining expert advice, to grant the commission to the English architect. On July 1st, with Dr. Rita Süssmuth, the parliamentary president, in the chair, they decided to ask Foster to not only submit more exact plans, but also, in accordance with Calatrava's design, to reconsider the idea of a dome.

Calatrava's main feature is, in fact, his modern dome. The structure adopts Wallot's original idea and translates it into a modern language. The circular assembly hall beneath receives generous overhead natural light, and through its dome the house would be further established within its Berlin setting. The assembly hall is situated - as prior to the Baumgarten conversion - with the presidential building to the east. A circular gallery is proposed, to surround an 18 metre aperture high above the assembly hall. Large, petal shaped segments, their bases pivoting on the gallery's inner edge, can be opened upwards from a central, closed point, like a large flower. Leading from the dome to the four porticos, glass roofs cover the space within the original walls.

Michael S. Cullen

Auslagerung von Räumlichkeiten im östlich angrenzenden Dorotheenblock sowie die Orientierung des Plenarsaals mit dem Präsidium auf die Ostseite ein.

Calatrava war der einzige der drei, der seine ursprünglichen Ideen weiterentwickelt hatte; die anderen zwei Teilnehmer schlugen radikal neue Lösungen vor. Ein erneutes Zusammentreten des Preisgerichts wurde nicht für nötig gehalten. Die Vorstellung der Entwürfe am 17. Juni war nicht öffentlich, ein Protokoll ist nicht bekannt. Schon am 19. Juni war in der Berliner Presse zu lesen, daß eine Entscheidung zugunsten von Sir Norman Foster gefallen war. Am 21. Juni beschloß die Baukommission des Ältestenrates ohne Beratung von Fachleuten formell, den Entwurf des englischen Architekten dem Ältestenrat zur Weiterbearbeitung vorzuschlagen. Am 1. Juli beschloß der Ältestenrat unter Vorsitz von Parlamentspräsidentin Prof. Dr. Rita Süssmuth, Foster zu bitten, nicht nur genauere Pläne einzureichen, sondern auch zu überprüfen, ob nicht doch noch - in Übereinstimmung mit Calatravas Entwurf - eine Kuppel machbar sei

Hauptmerkmal von Calatravas Entwurf ist die zeitgenössische Kuppelform. Die Konstruktion nimmt Wallots ursprüngliche Idee auf und übersetzt sie in eine moderne Sprache. Der darunterliegende kreisrunde Plenarsaal erhält damit reichlich Oberlicht, und das Haus bleibt infolge dieser Kuppel auch aus großer Entfernung markant. Der Plenarsaal ist - wie vor dem Baumgarten-Umbau mit dem Präsidium im Osten - im Erdgeschoß vorgesehen. Ein kamera-ähnlicher Verschluß, 18 m im Durchmesser, liegt darüber; er läßt sich bei repräsentativen Anlässen "wie eine Blüte zur Kuppel hin" öffnen, so daß Licht in unterschiedlichem Maße in den Saal geführt werden kann. Von der Zentralkuppel aus geht in alle Richtungen eine passagenähnliche Glaskonstruktion, die das Gebäude klimatisch abschirmt.

Michael S. Cullen

Der Entwurf ist geprägt durch den Respekt gegenüber dem historischen Bau und der Geschichte des Ortes, durch den Wunsch nach Wiederherstellung der architektonischen und historischen Bedeutung des Gebäudes und zugleich durch eine Weiterentwicklung der vorhandenen Strukturen zu einem zeitgenössischen und repräsentativen Gebäude.

The Reichstag renovation is typified by: a respect for the history of both the building and the site, the desire to recreate architectonic and historical significance, the further development of the existing structures, becoming contemporary and representative.

Elevation from the west, photomontage and computer simulation
Westansicht: Montage und Computersimulation

Competition
Wettbewerb

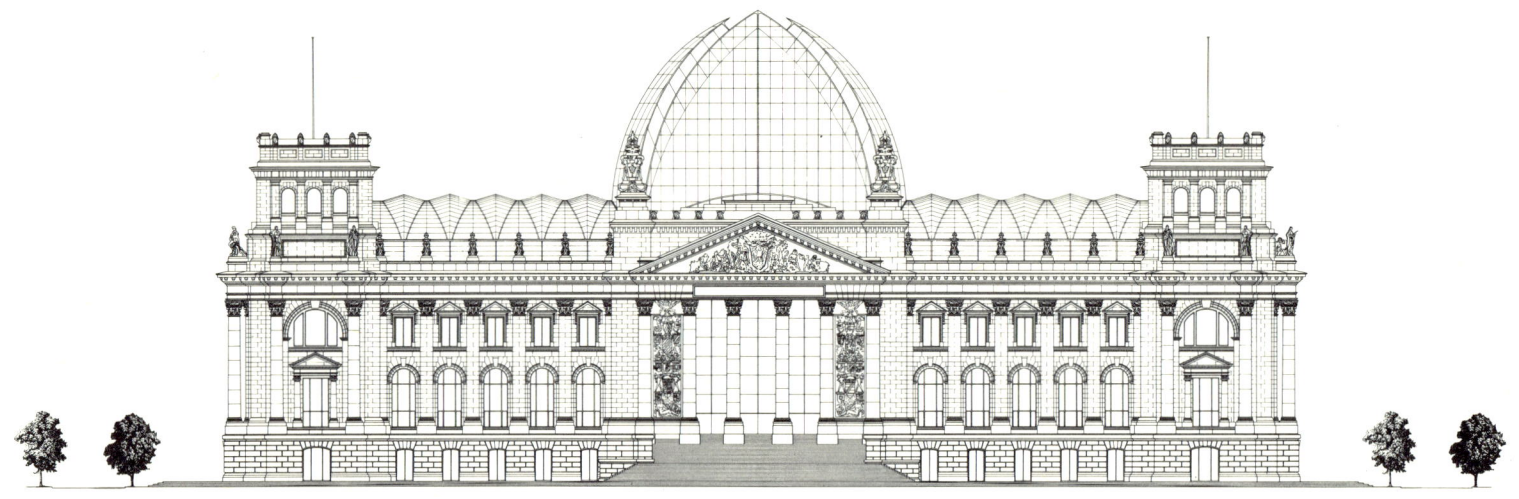

Elevation from the west
Westansicht

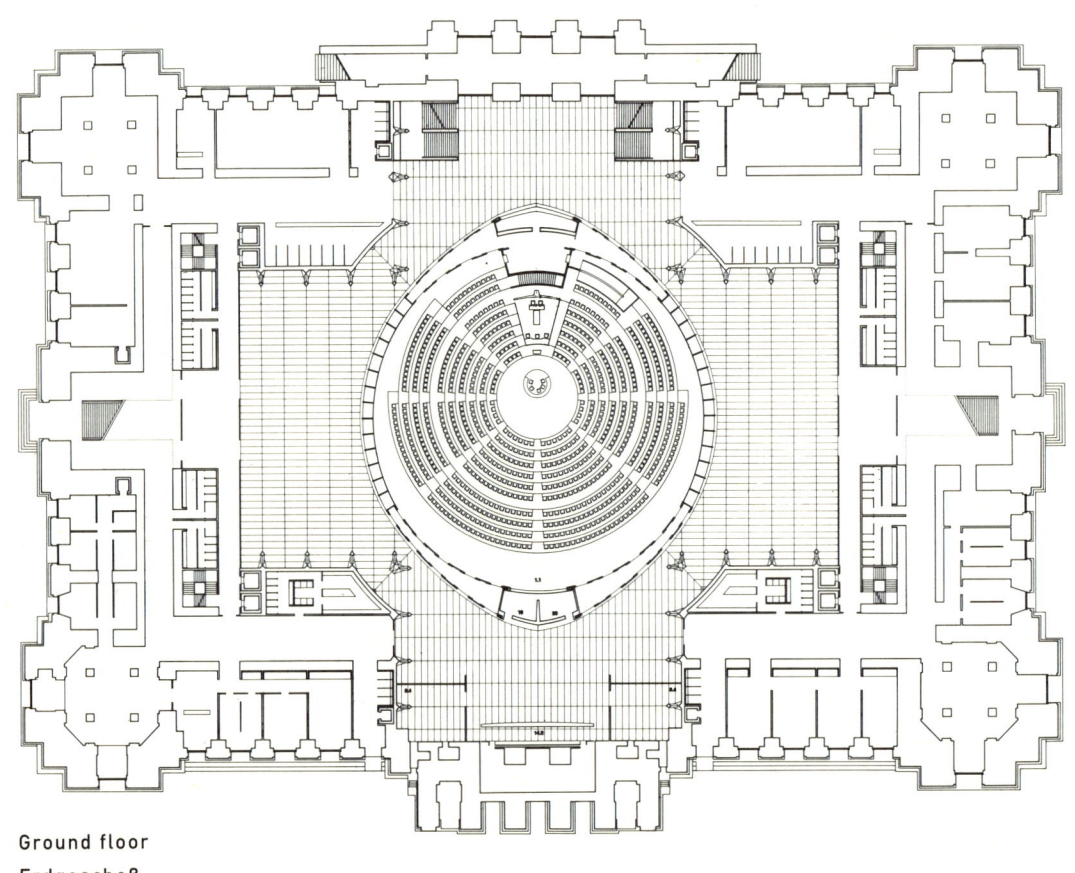

Ground floor
Erdgeschoß

Reichstag 166 168

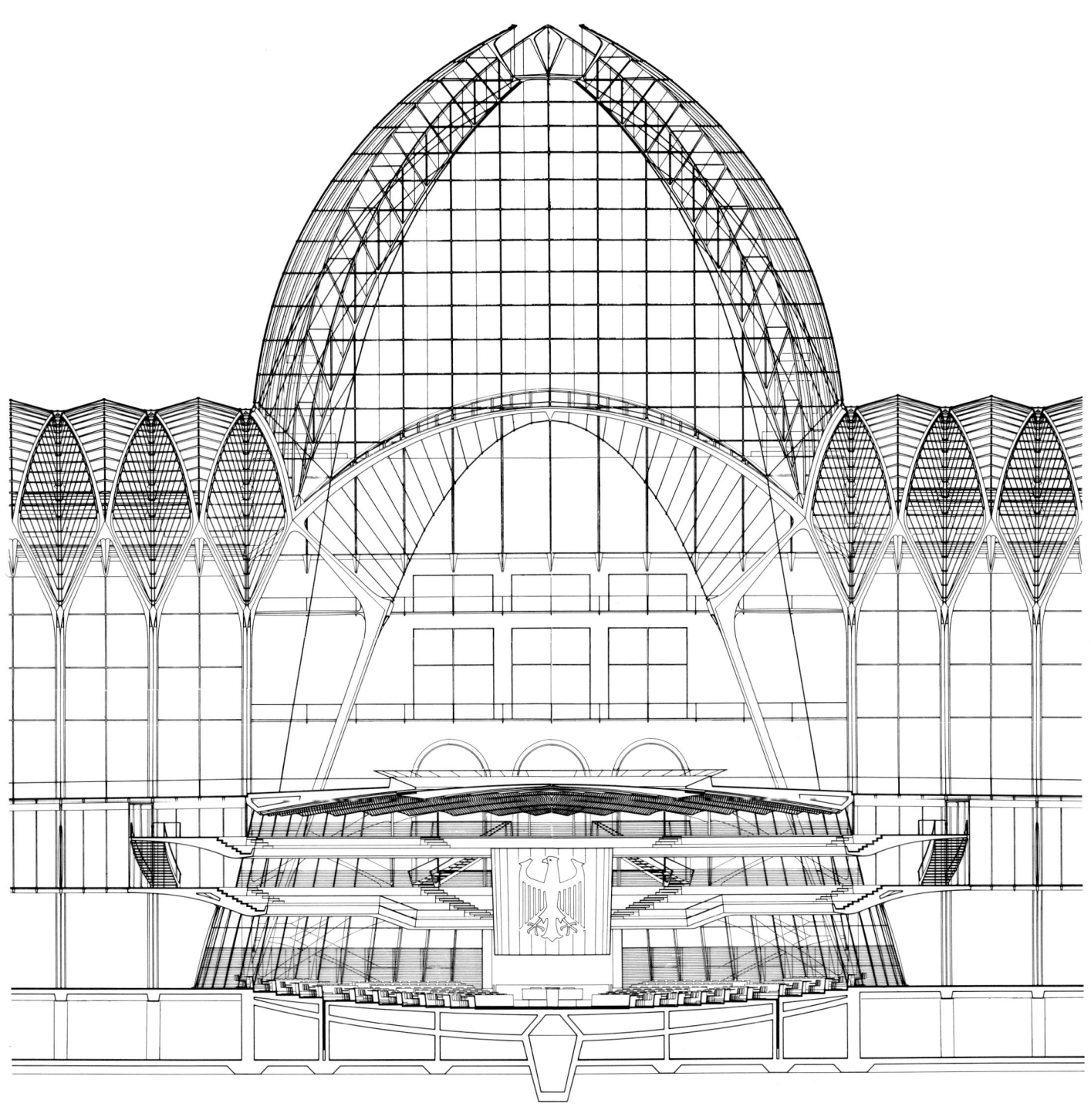

Longitudinal section through the assembly hall
Längsschnitt durch den Plenarsaal

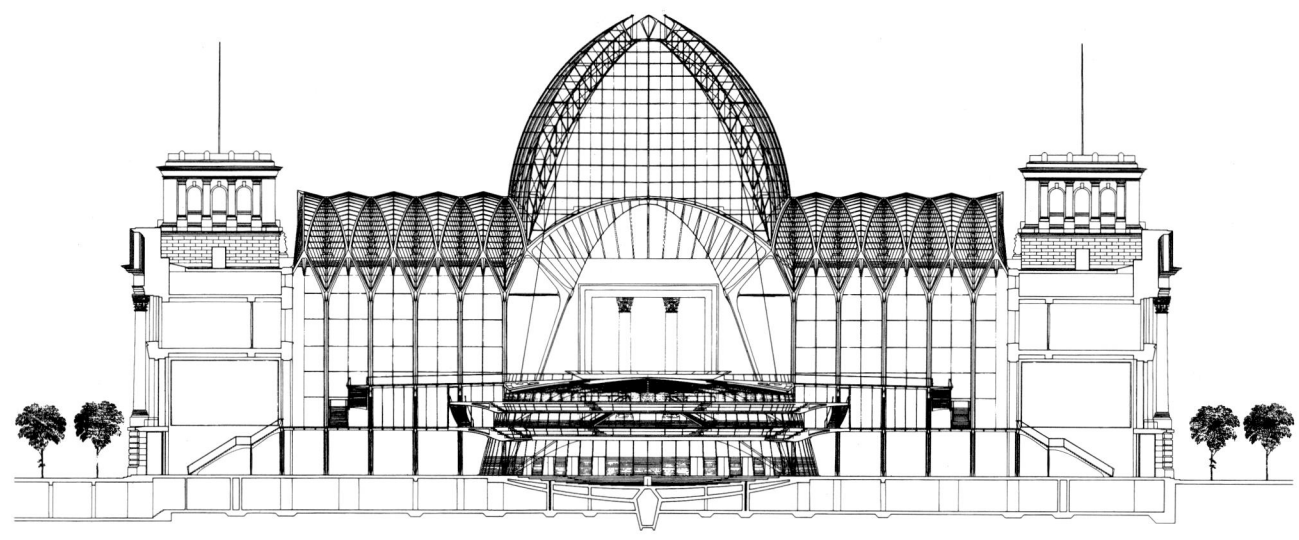

Longitudinal section
Längsschnitt

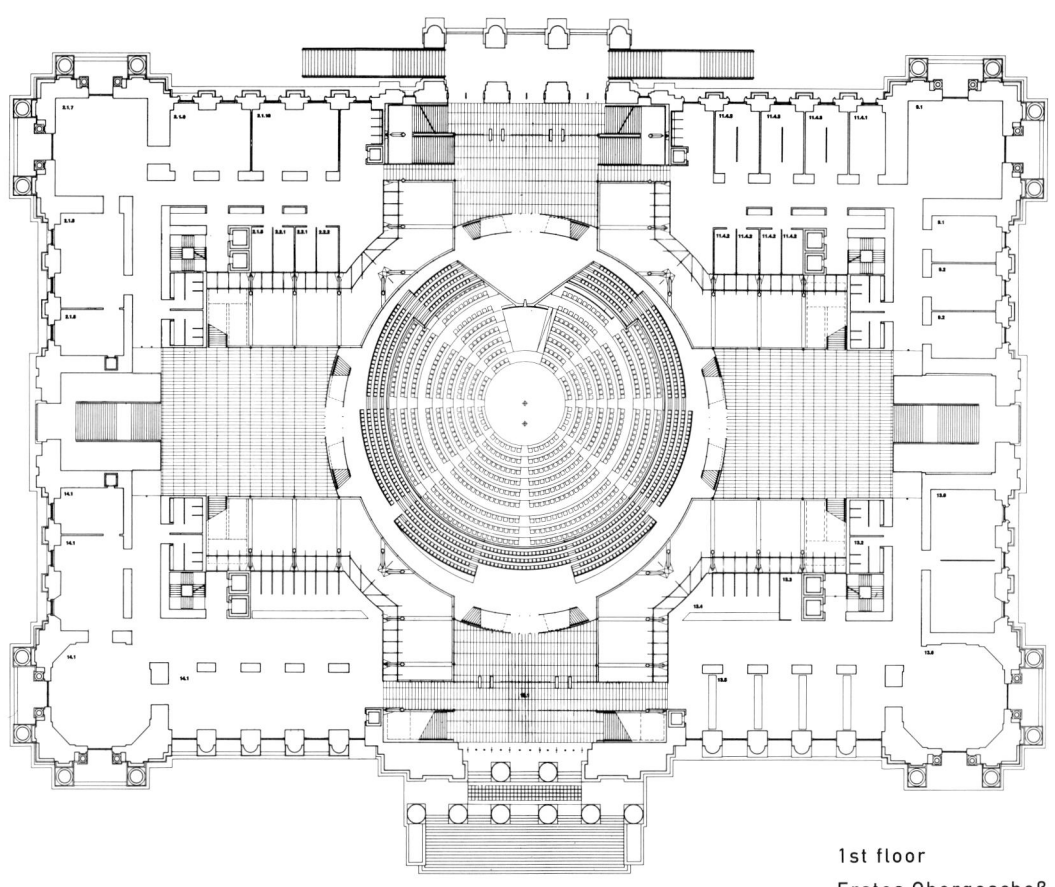

1st floor
Erstes Obergeschoß

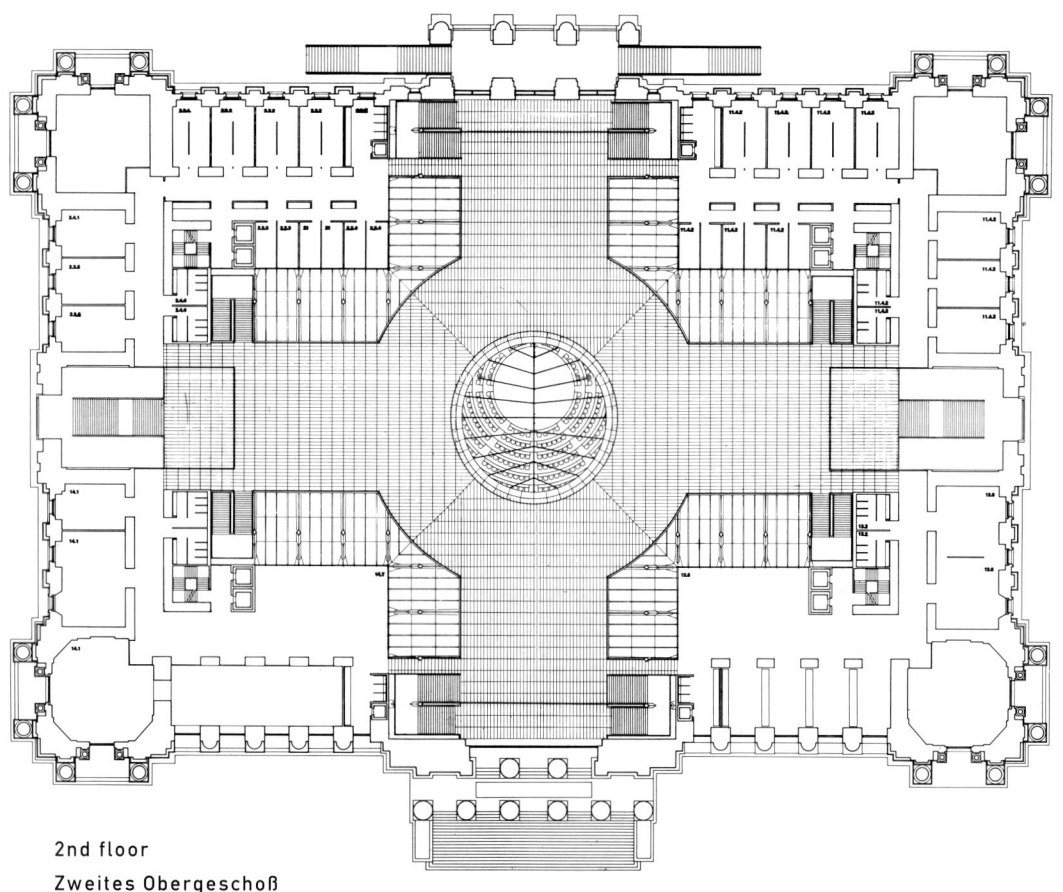

2nd floor
Zweites Obergeschoß

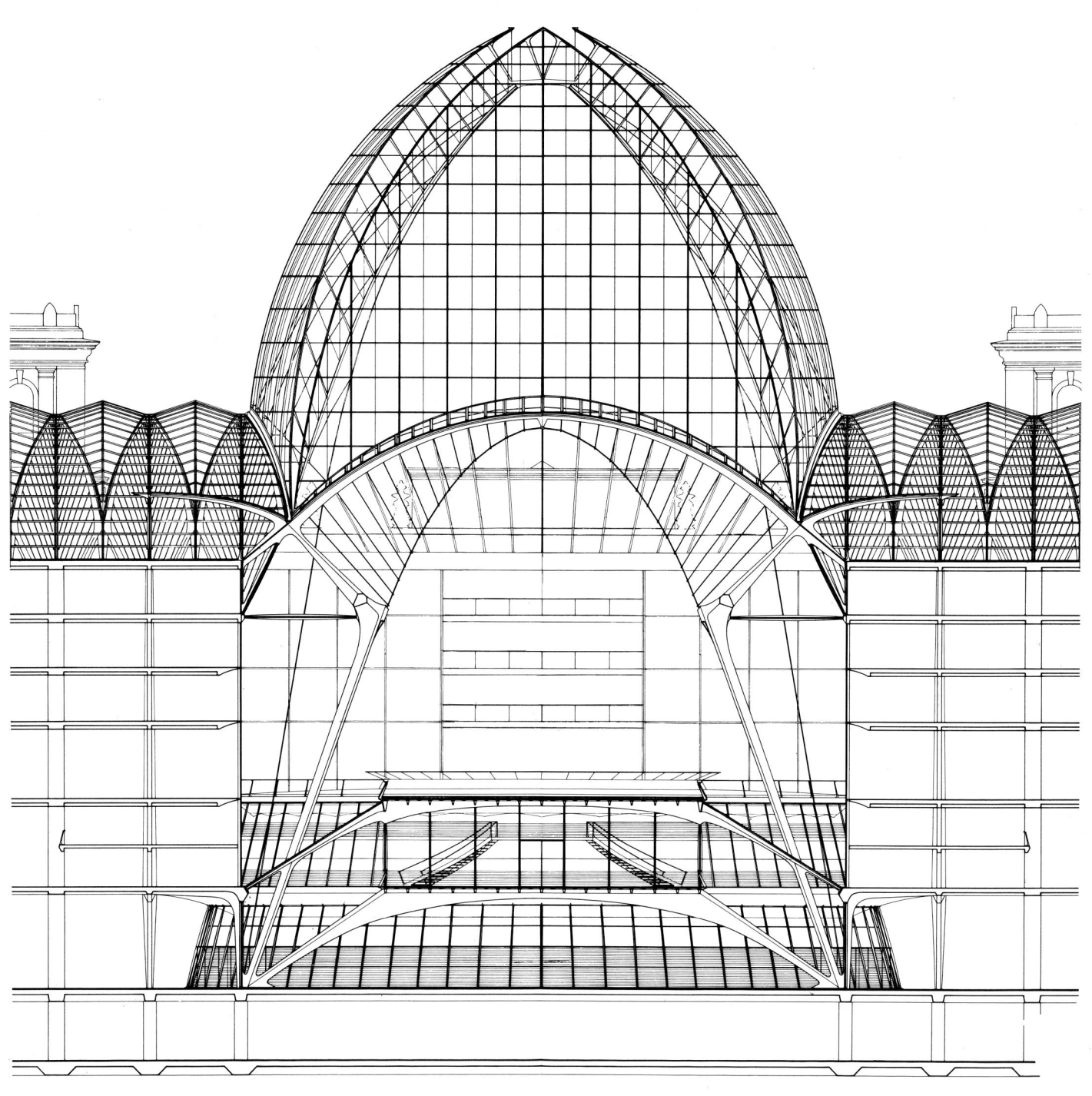

Longitudinal section, with elevation of the assembly hall
Längsschnitt mit Ansicht des Plenarsaals

View into the assembly hall with open occulus
Blick in den Plenarsaal mit offenem Okkulus

View into the public hall above the assembly hall, with closed occulus
Blick in die öffentliche Halle oberhalb des Plenarsaales mit geschlossenem Okkulus

The assembly hall is directly connected with the Bundestag's presidential residence. The party offices can be reached through a glazed connecting gallery behind, as a place for informal discussion. The administrative centre is arranged within a planted inner courtyard, and is a new building. Der Plenarsaal ist direkt mit dem Palais des Bundestagspräsidenten verbunden. Das Haus der Fraktionen ist durch eine dahinterliegende gläserne Verbindungsgalerie erreichbar, eine Wandelhalle für Gespräche und Diskussionen. Der Geschäftsführungsbereich ist als Neubau um einen bepflanzten Innenhof angeordnet.

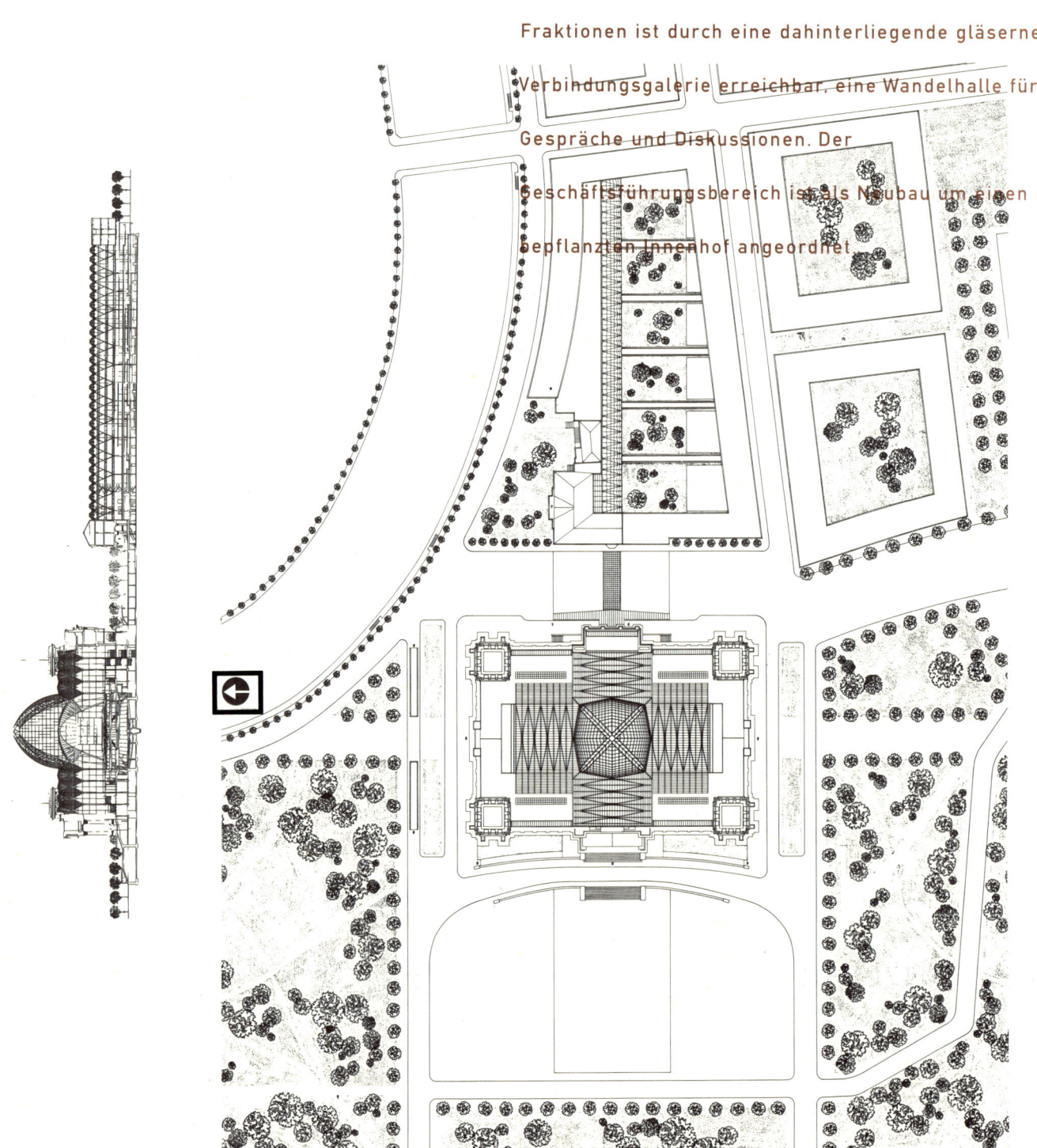

Connecting gallery to the members' house
Verbindungsgalerie des Abgeordnetenhauses

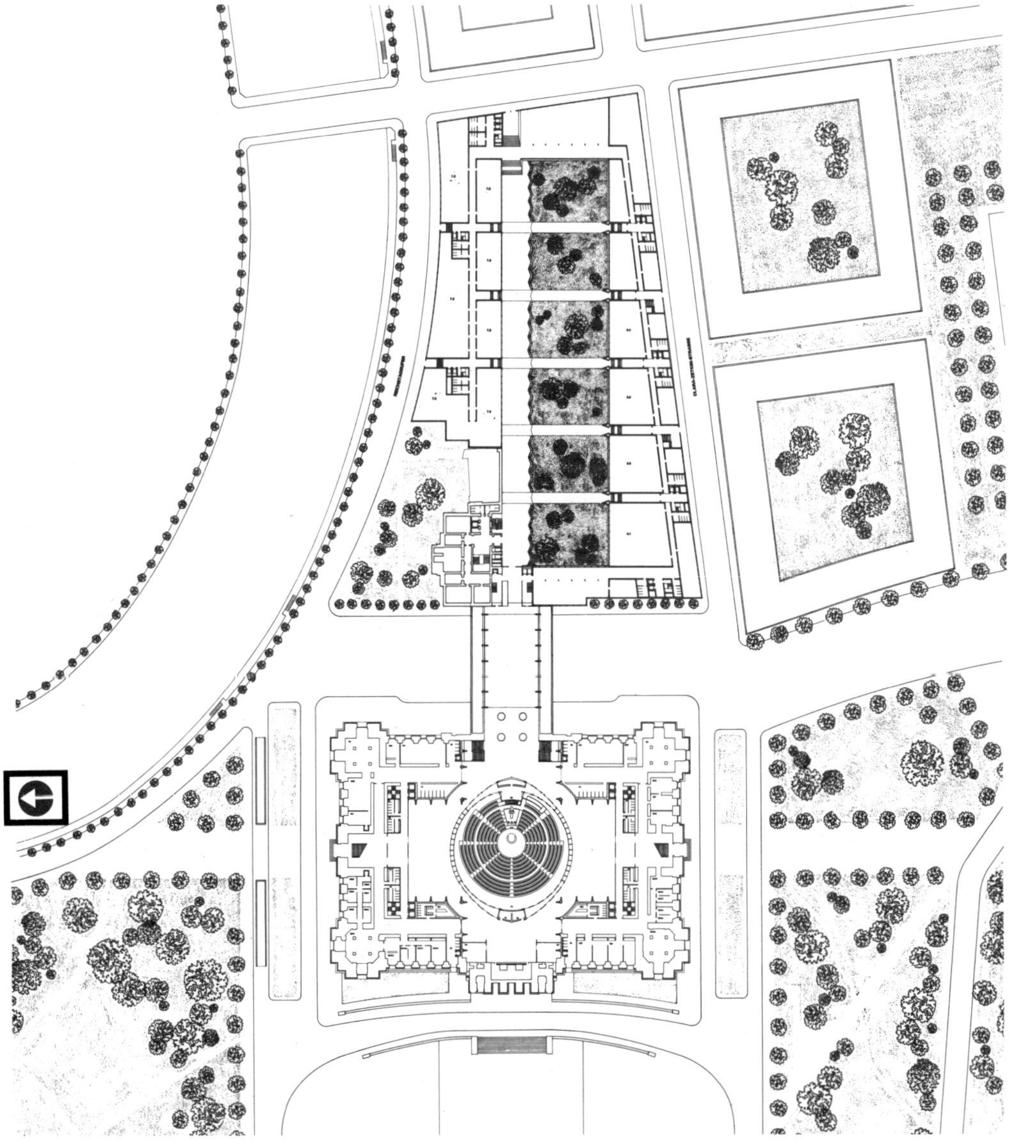

Lower level
Untergeschoß

Reichstag 176 177

Das Tageslicht durchströmt sämtliche Geschosse und

Ebenen: die öffentliche Halle, die Besucherhalle, die

Wandelhalle und den Plenarsaal. Der Plenarsaal hat die

Höhe des historischen Wallotschen Saals, ist jedoch dank

Daylight floods through to all floors and levels: the public

der transparenten Decke und der Glaskuppel vom

hall, visitors hall, gallery and the assembly hall. The

Tageslicht durchflutet. Die Harmonie in den Proportionen

assembly hall has the same height as the historical Wallot

und der Kontrast in Material und Ausdruck bestimmen das

hall, but is, however, filled with daylight because of the

Spannungsverhältnis zwischen Alt- und Neubau.

transparent ceiling and the glass dome. The harmony and

proportions, and the contrast between materials and

expression, determine the tension between the old and the

new parts of the structure.

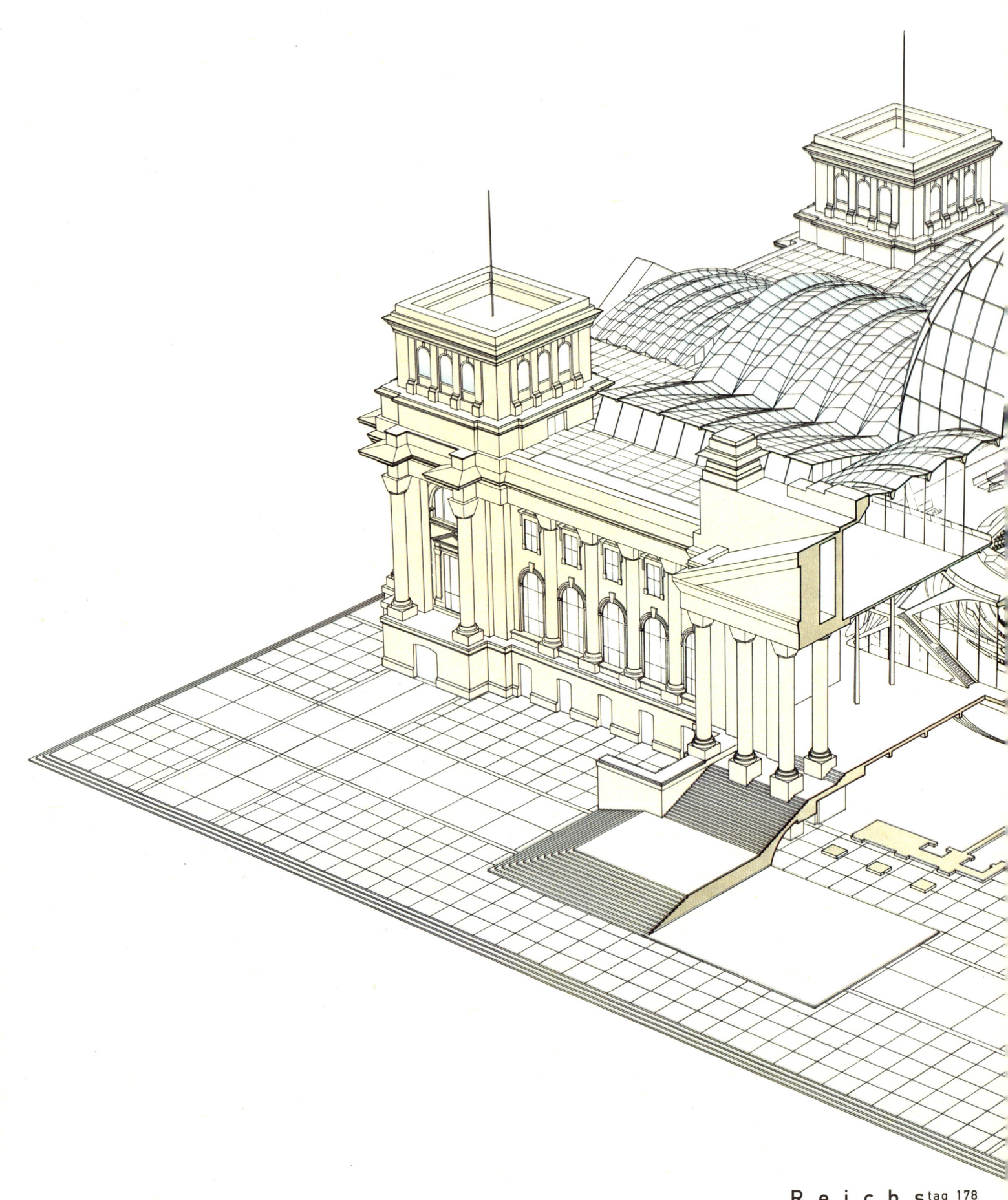

Reichstag 178

Revised project
Überarbeitung

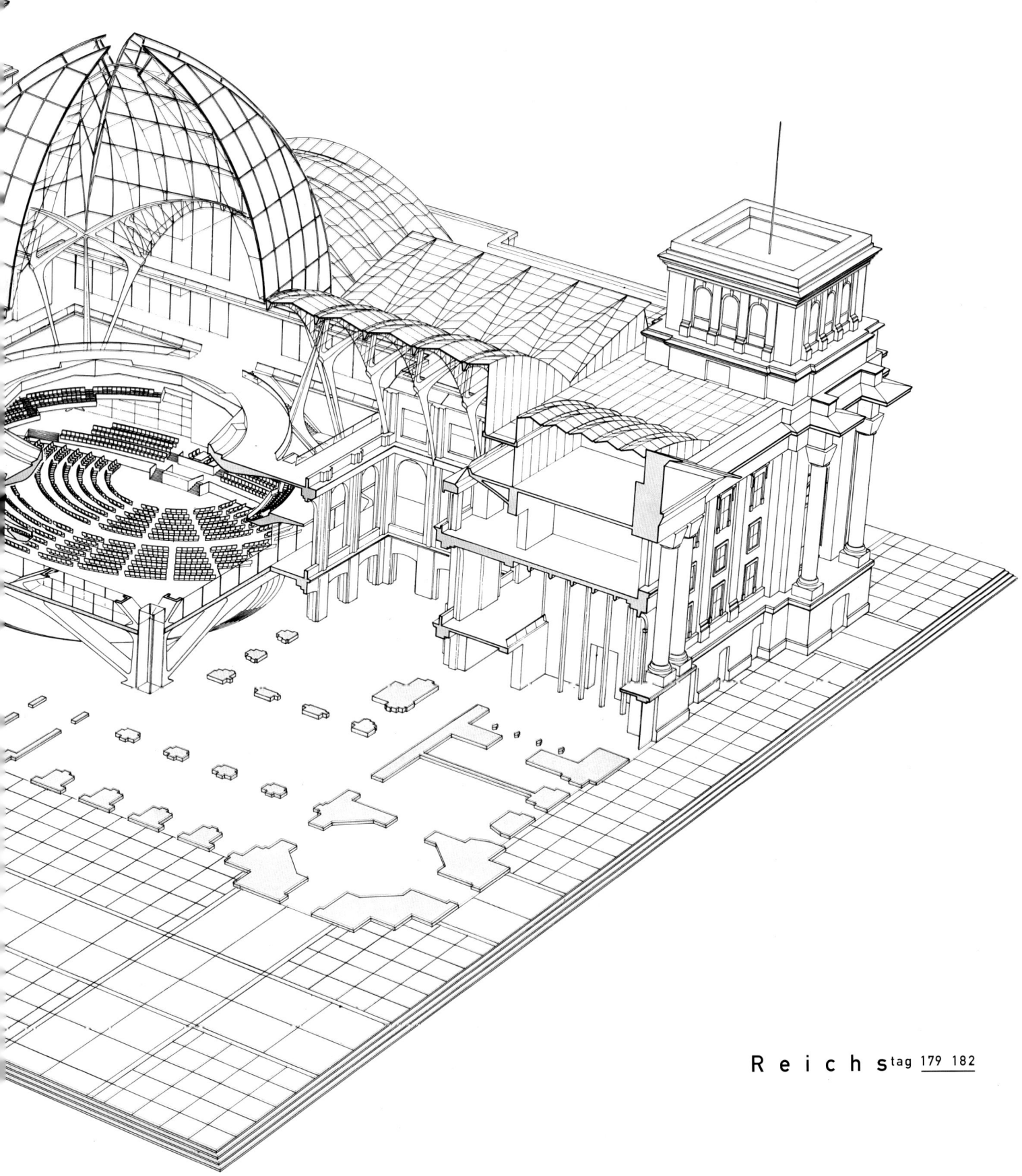

Reichstag 179 182

Cross: sectional view
Schnitt: Ansicht

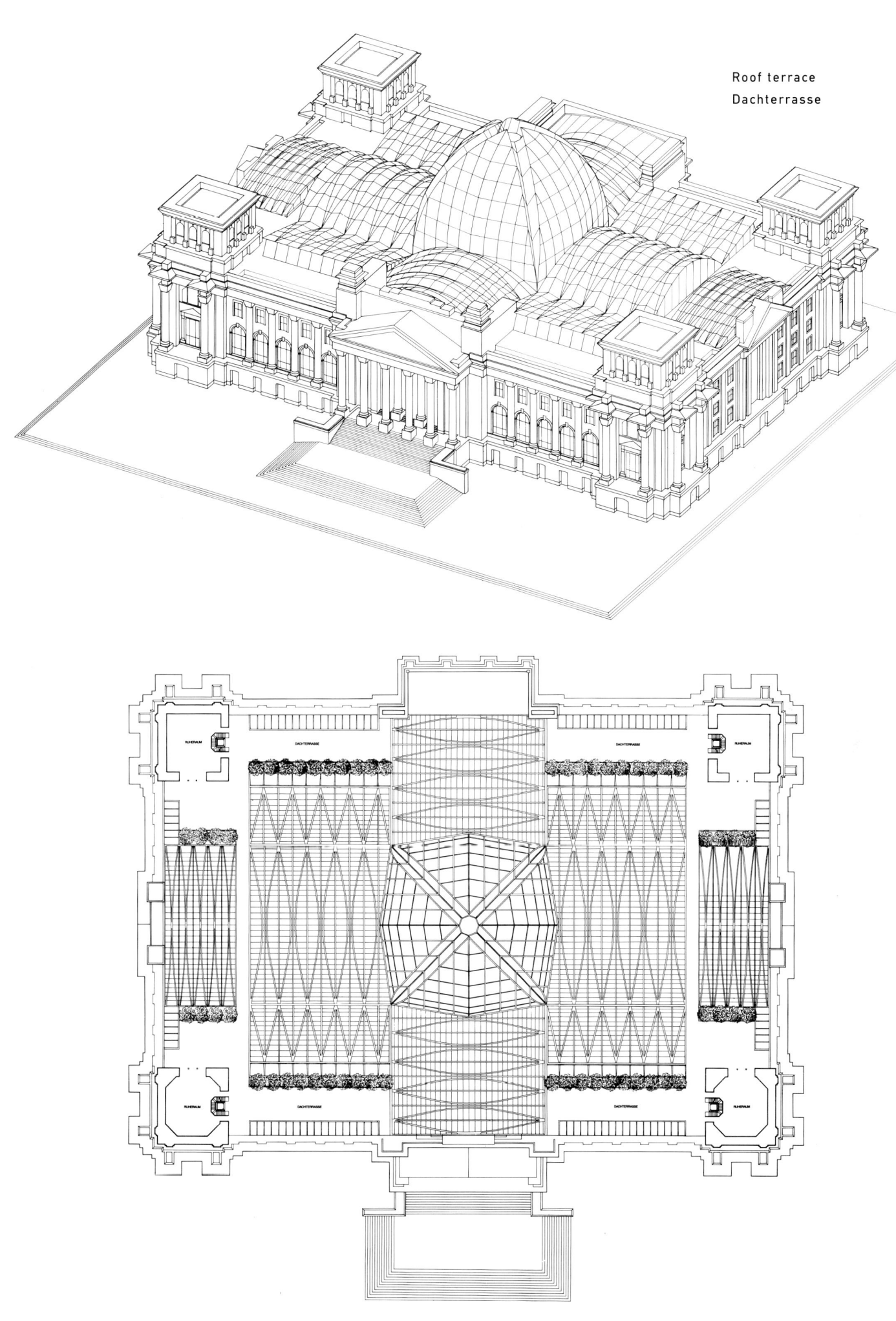

Roof terrace
Dachterrasse

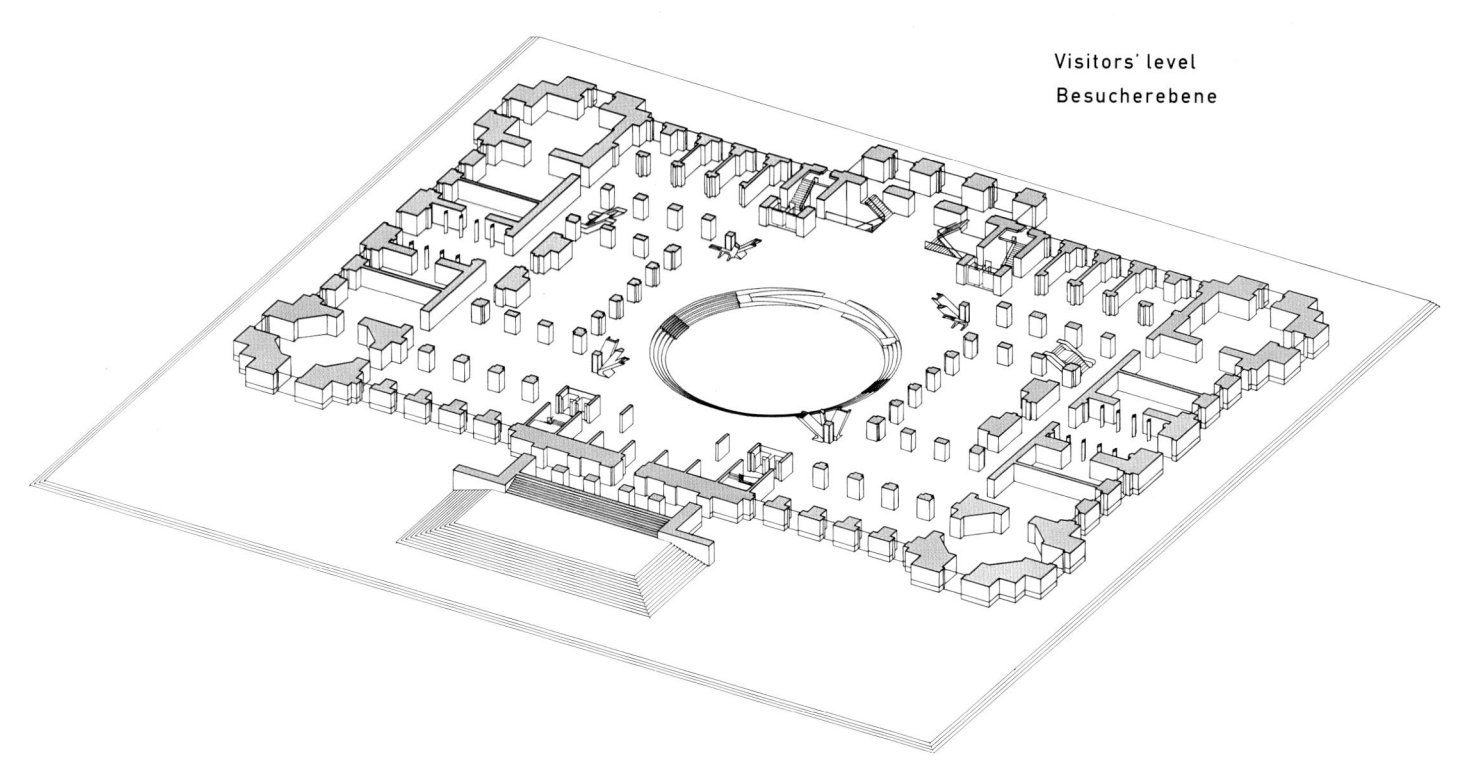

Visitors' level
Besucherebene

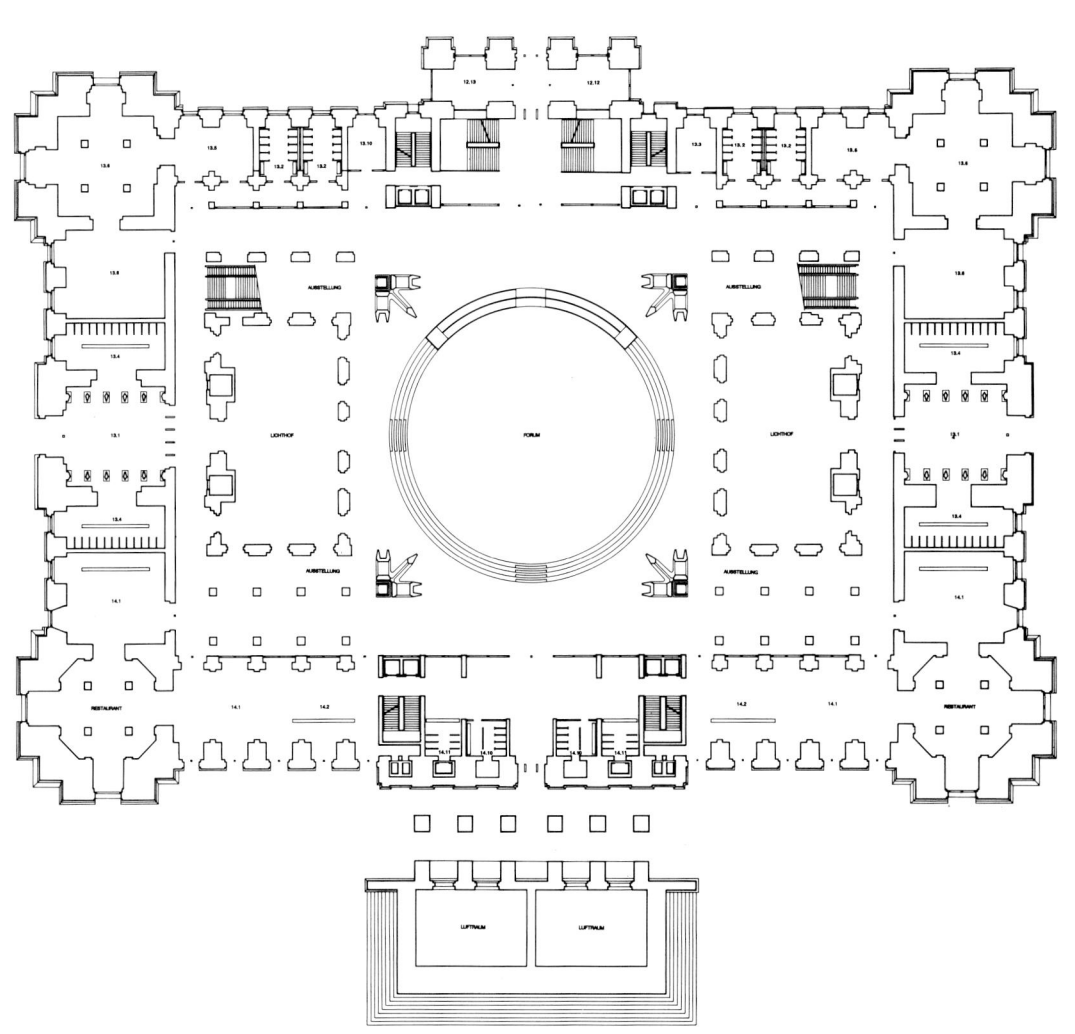

Parliamentarians' level
Parlamentarierebene

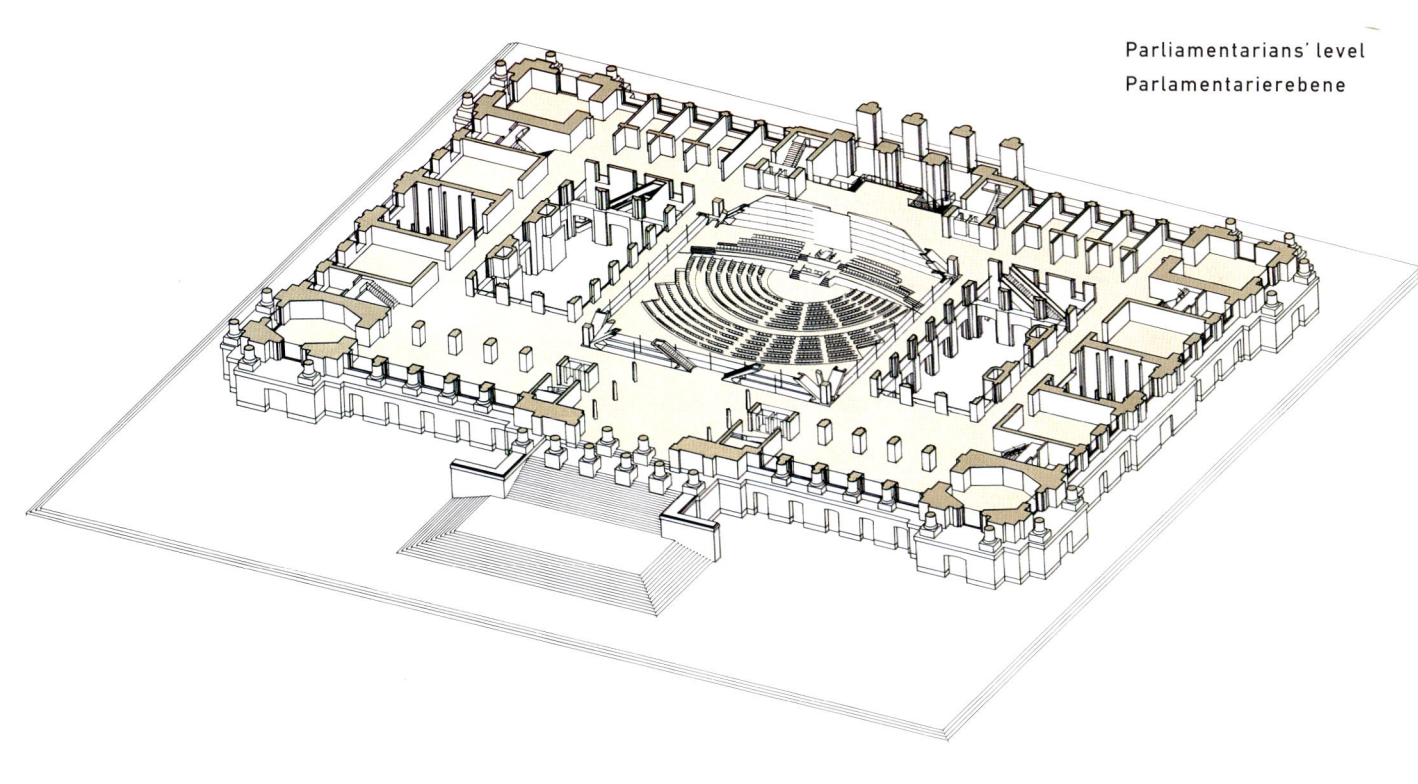

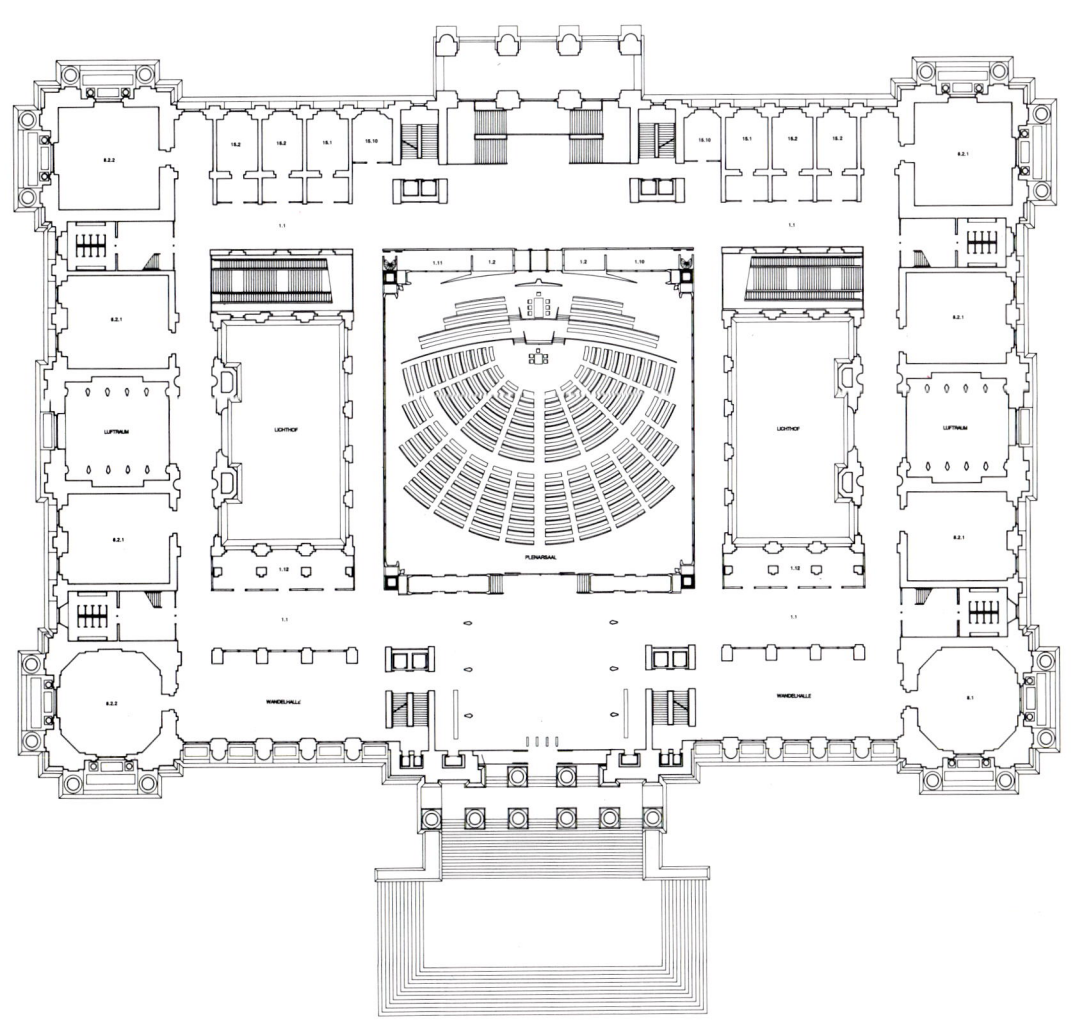

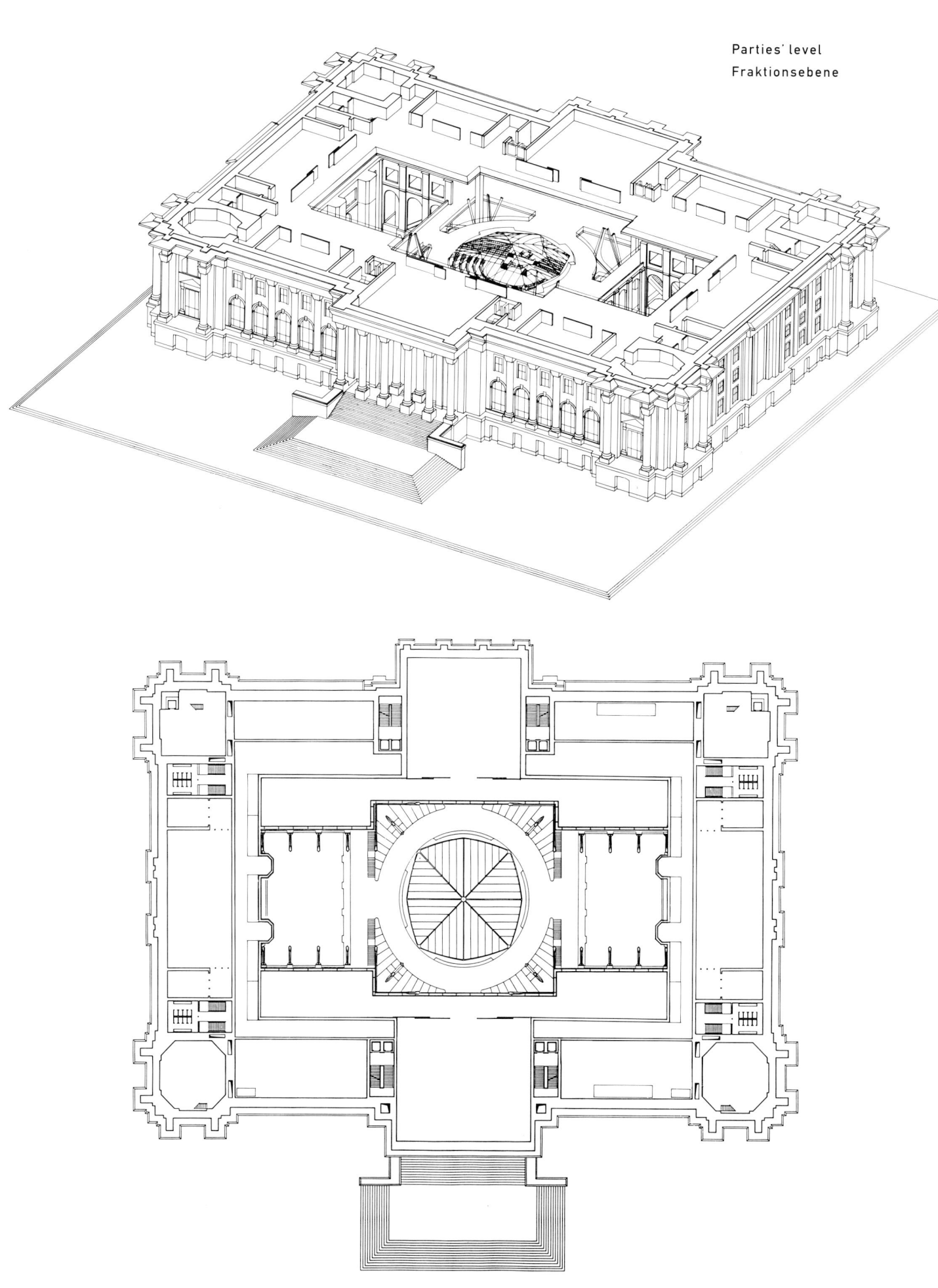

Parties' level
Fraktionsebene

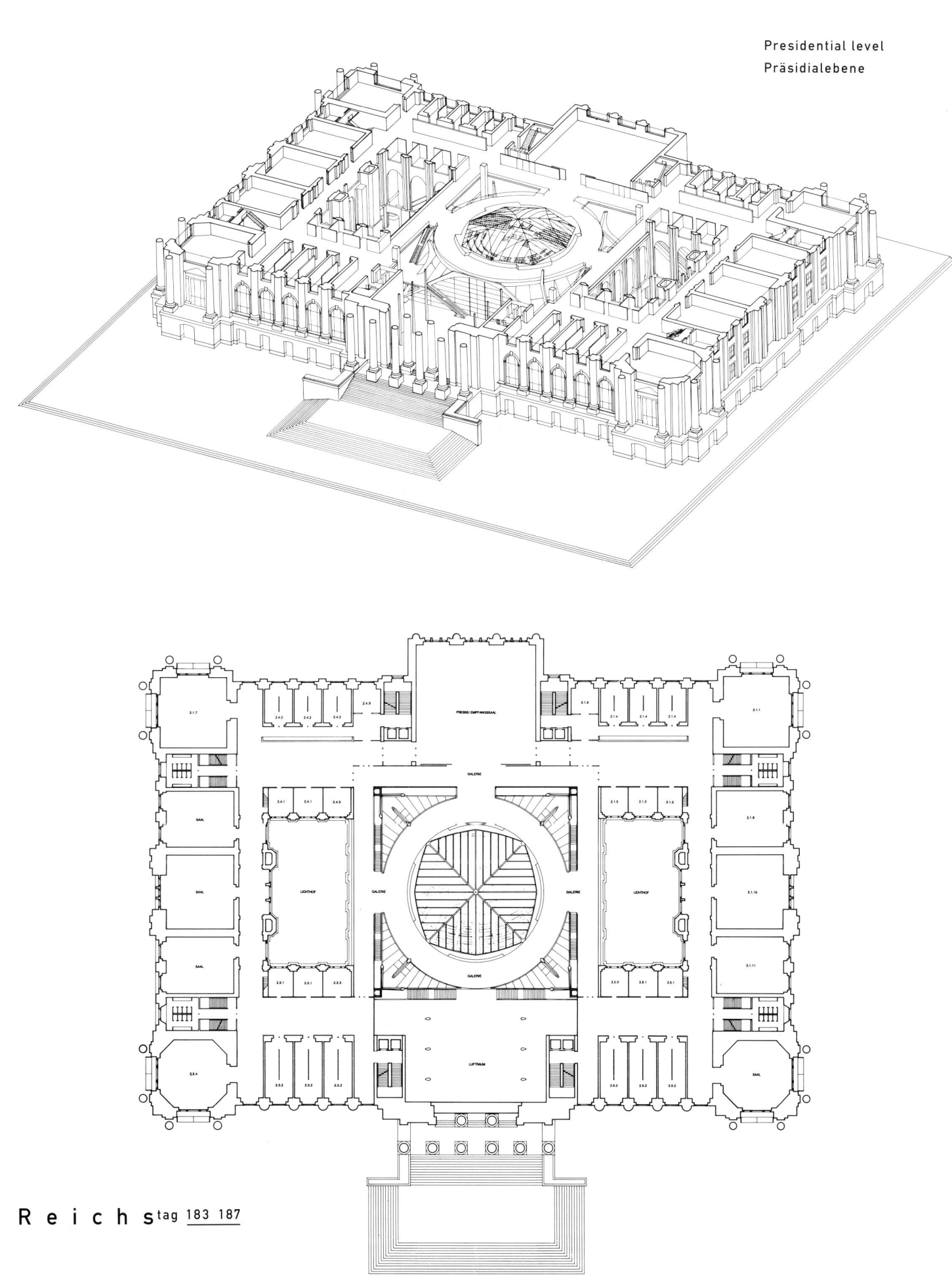

Presidential level
Präsidialebene

Reichstag 183 187

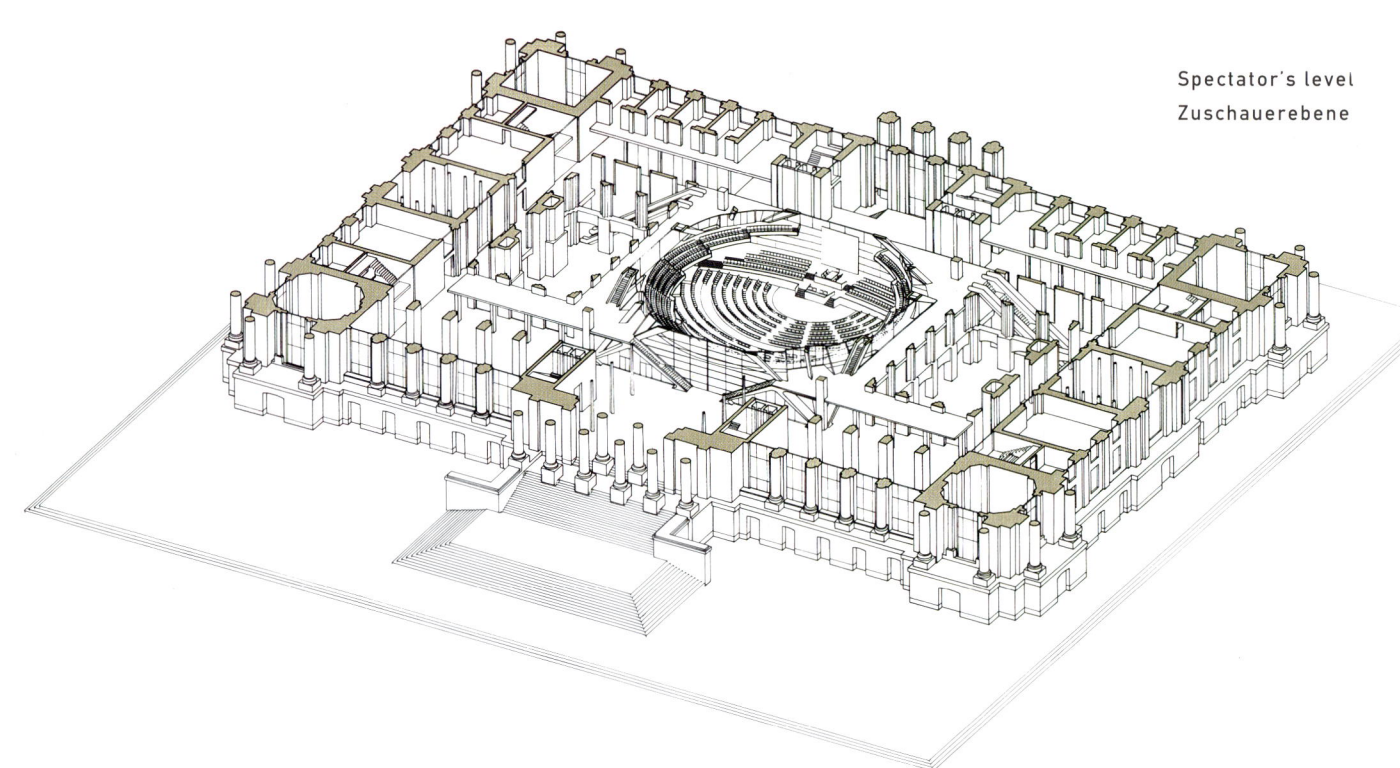

Spectator's level
Zuschauerebene

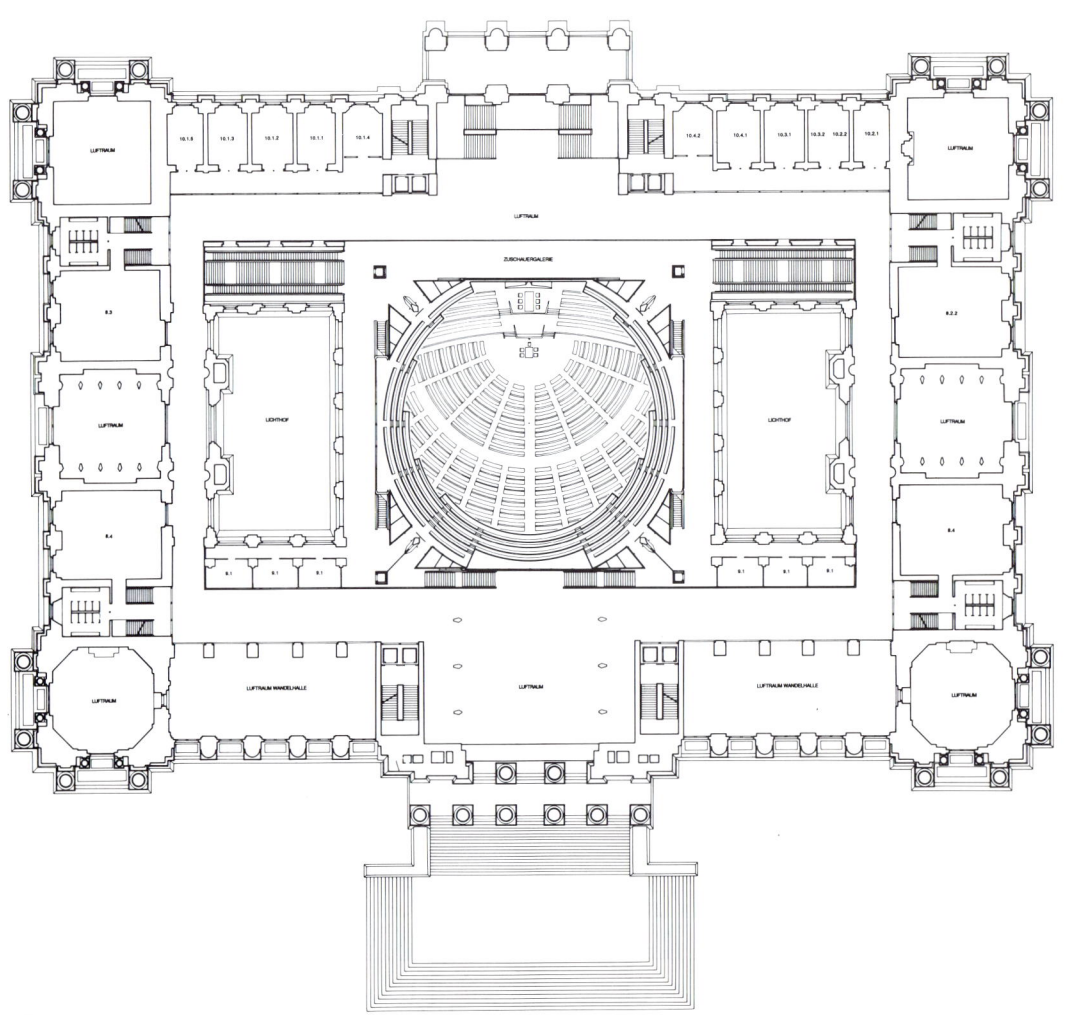

Elevations from the west and from the east
Ansicht von Osten und Werten

Reichstag 188 189

West facade
Westfassade

The general view possesses the same silhouette as the original building. Die Gesamtansicht folgt der Silhouette des alten Gebäudes.

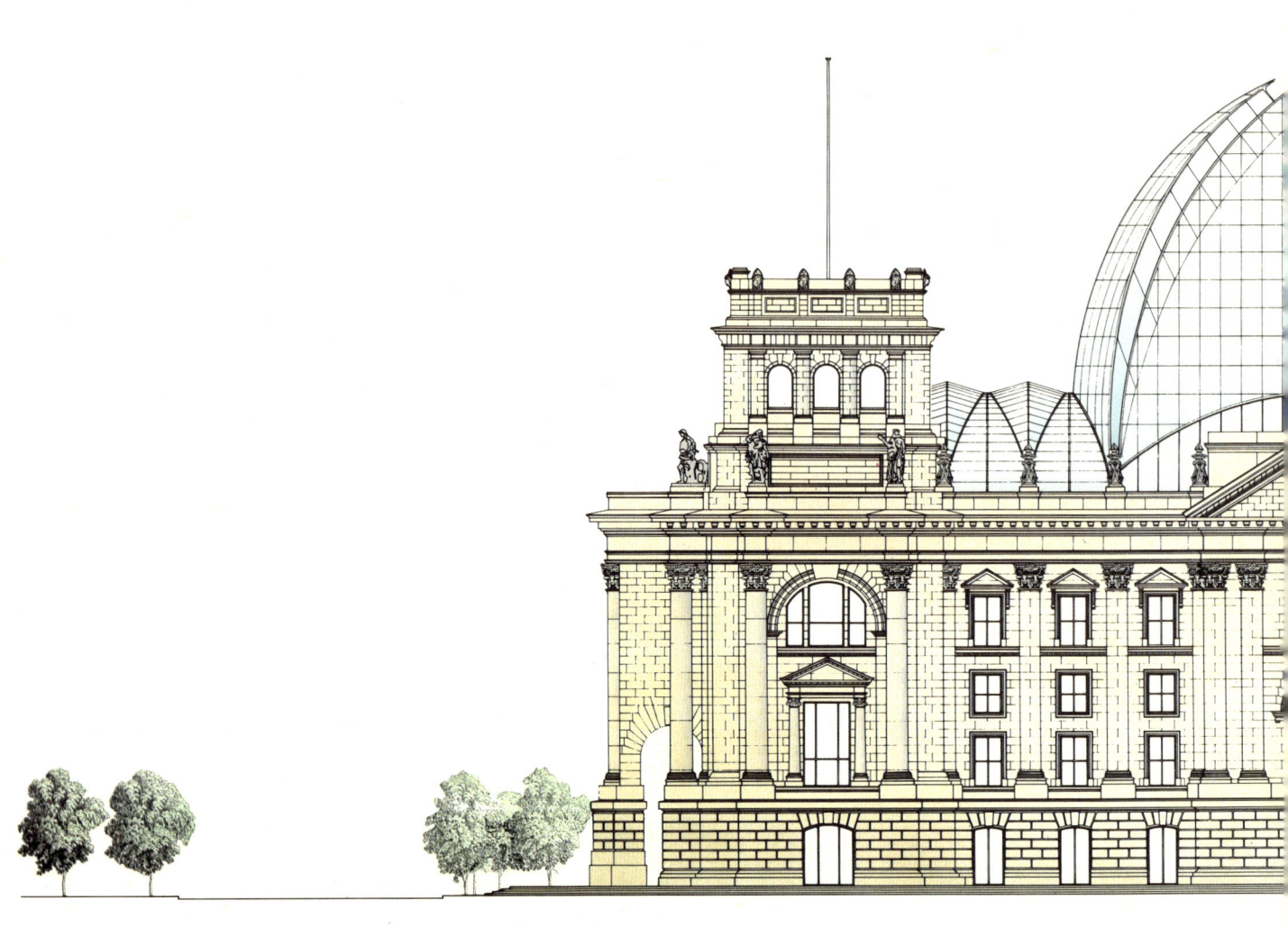

Reichstag 190 191

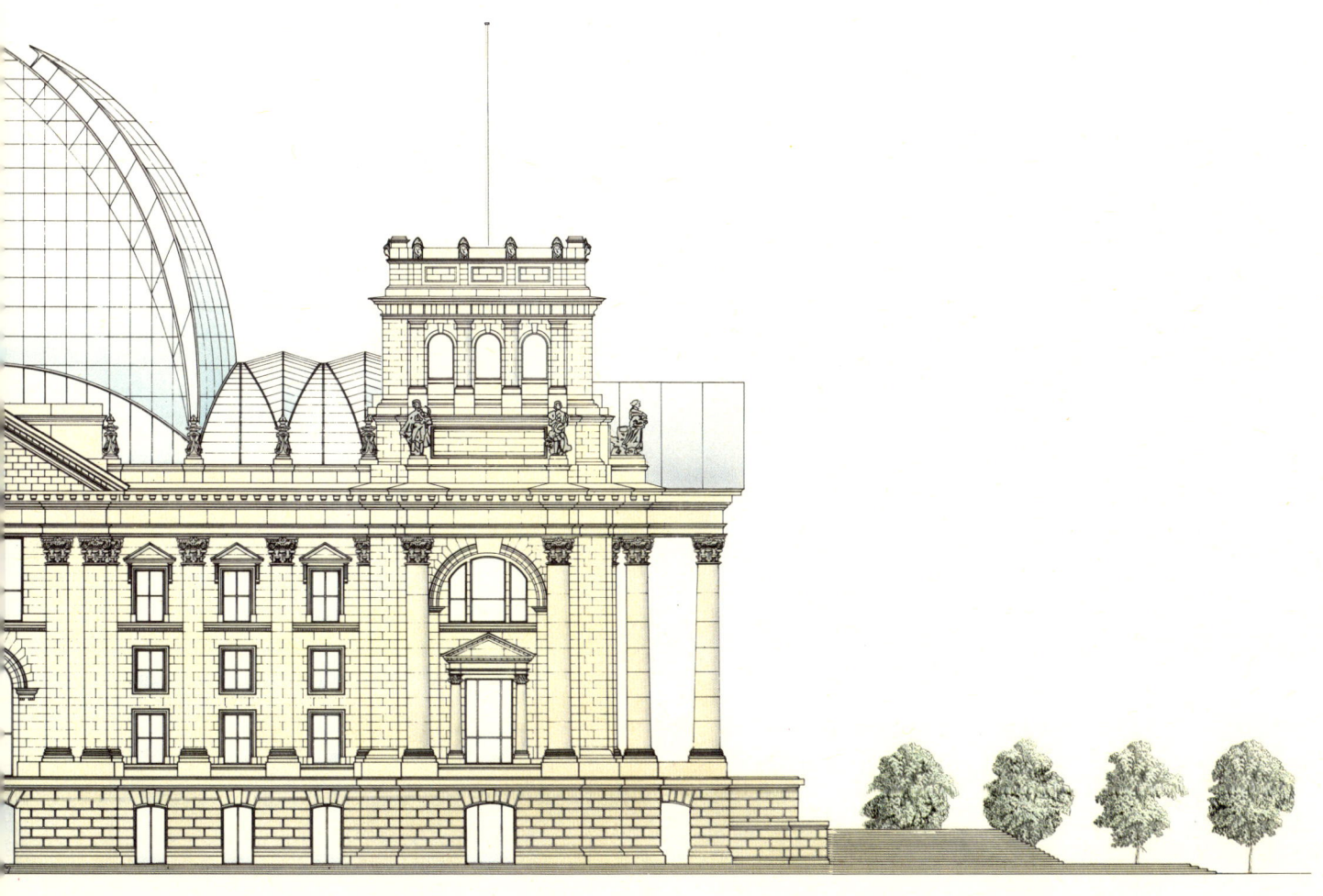

North facade
Nordfassade

The light-filled assembly hall
Der lichtdurchflutete Plenarsaal

Reichstag 192 193

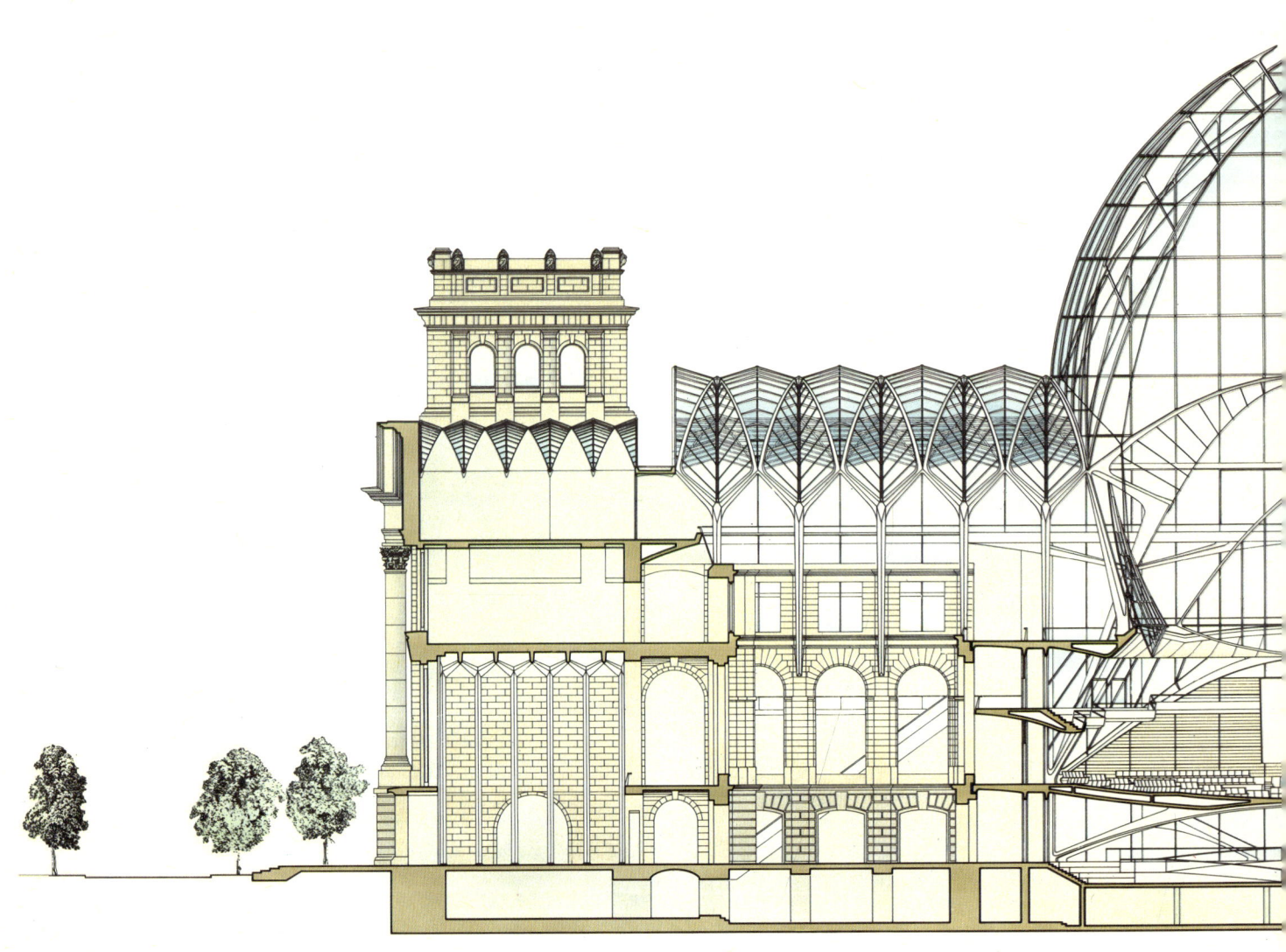

Reichstag 194 195

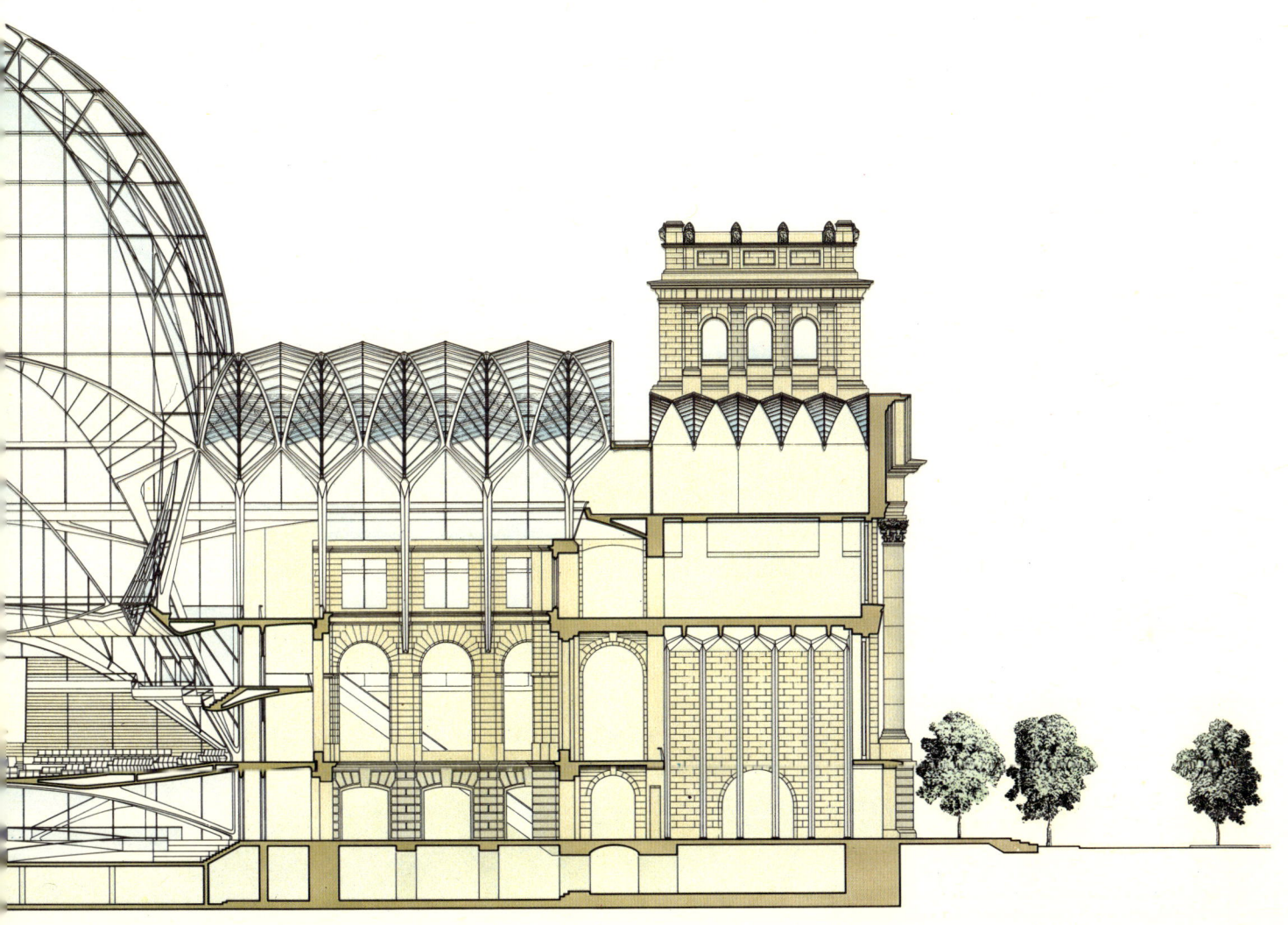

Longitudinal section through the assembly hall
Längsschnitt durch den Plenarsaal

Der Reichstag erhält seine historische Bestimmung zurück: Seinen Ausdruck findet dies in der Neuinterpretation des historischen Zentralbaus. Es entsteht ein Dialog zwischen Alt und Neu. Durch Öffnung und Neuordnung des Inneren erfährt das Gebäude eine substantielle Aufwertung. Der vorhandene massive Mauerwerkskranz umfaßt die leichte, transparente Glaskonstruktion wie eine Hülle. Innerhalb dieses Rahmens entwickelt sich die neue Struktur.

Longitudinal section through the lobby
Längsschnitt durch die Lobby

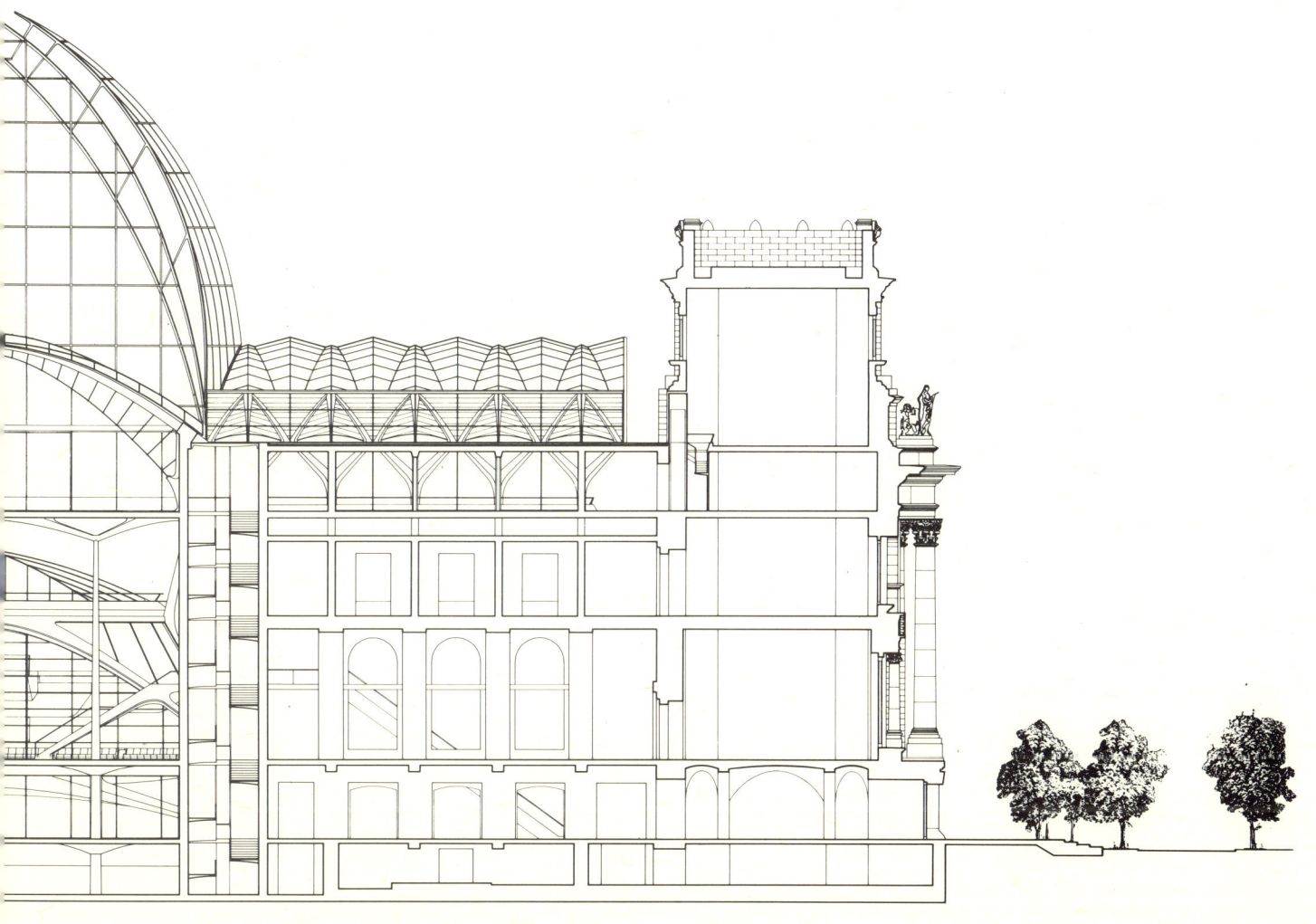

The Reichstag regains its historical role. This finds expression in the reinterpretation of the historical axially arranged building. A dialogue arises between old and new. Through opening up and reorganising the interior, the building gains considerably. The existing, massive walls surround and support a light, transparent glass structure. A new structure develops within this framework.

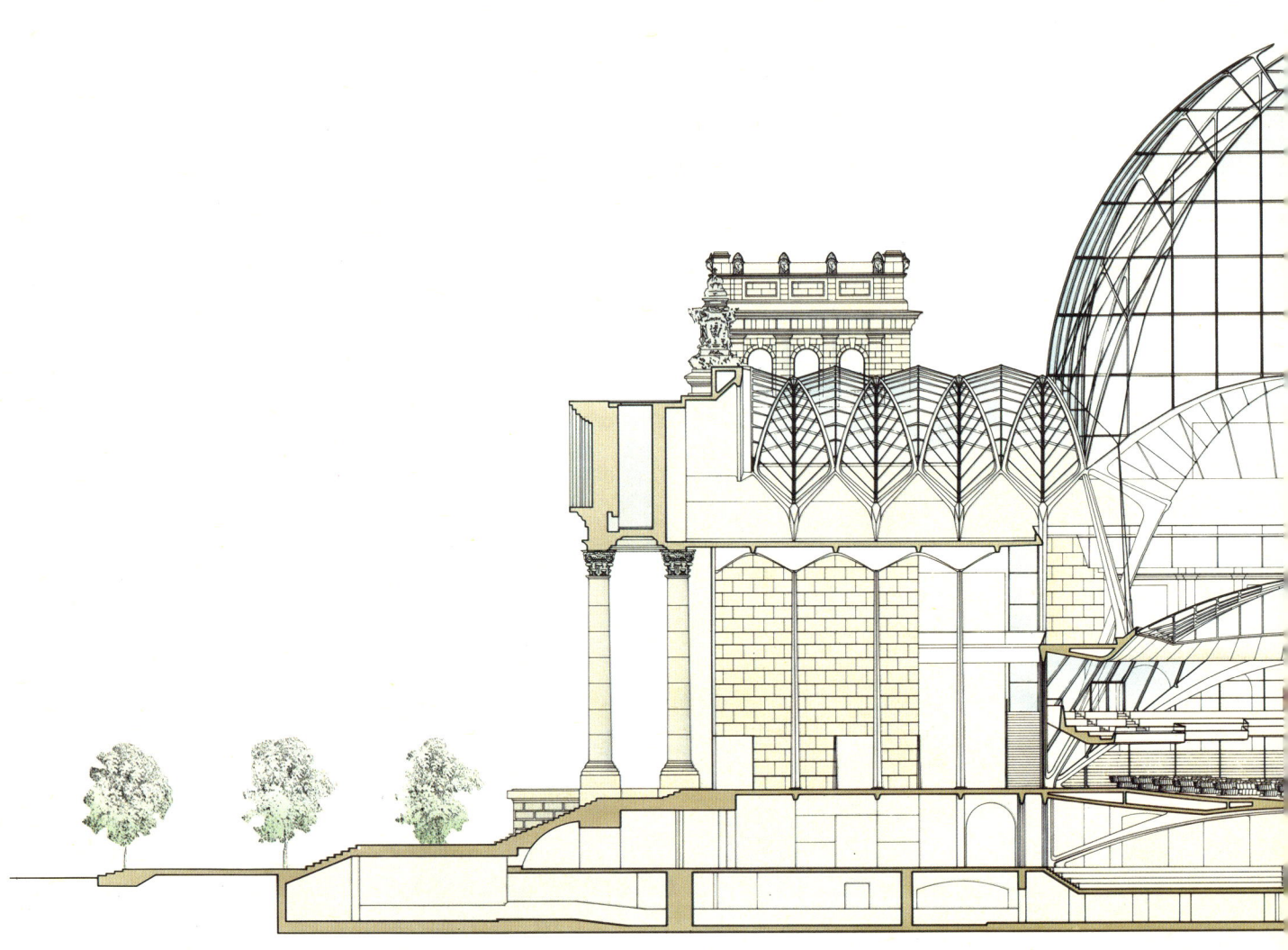

Cross section through the assembly hall
Querschnitt durch den Plenarsaal

New roofscape
Neue Dachlandschaft

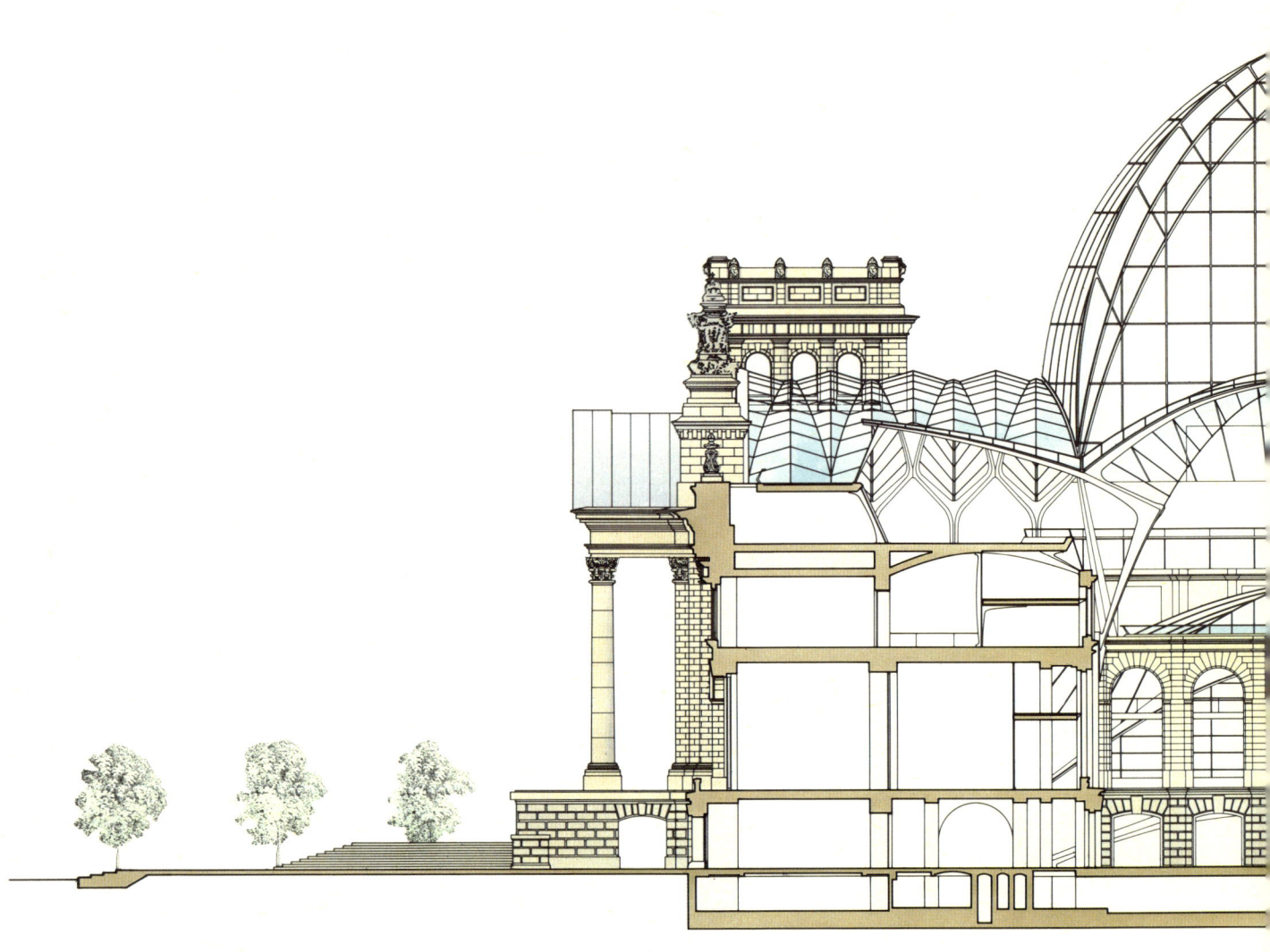

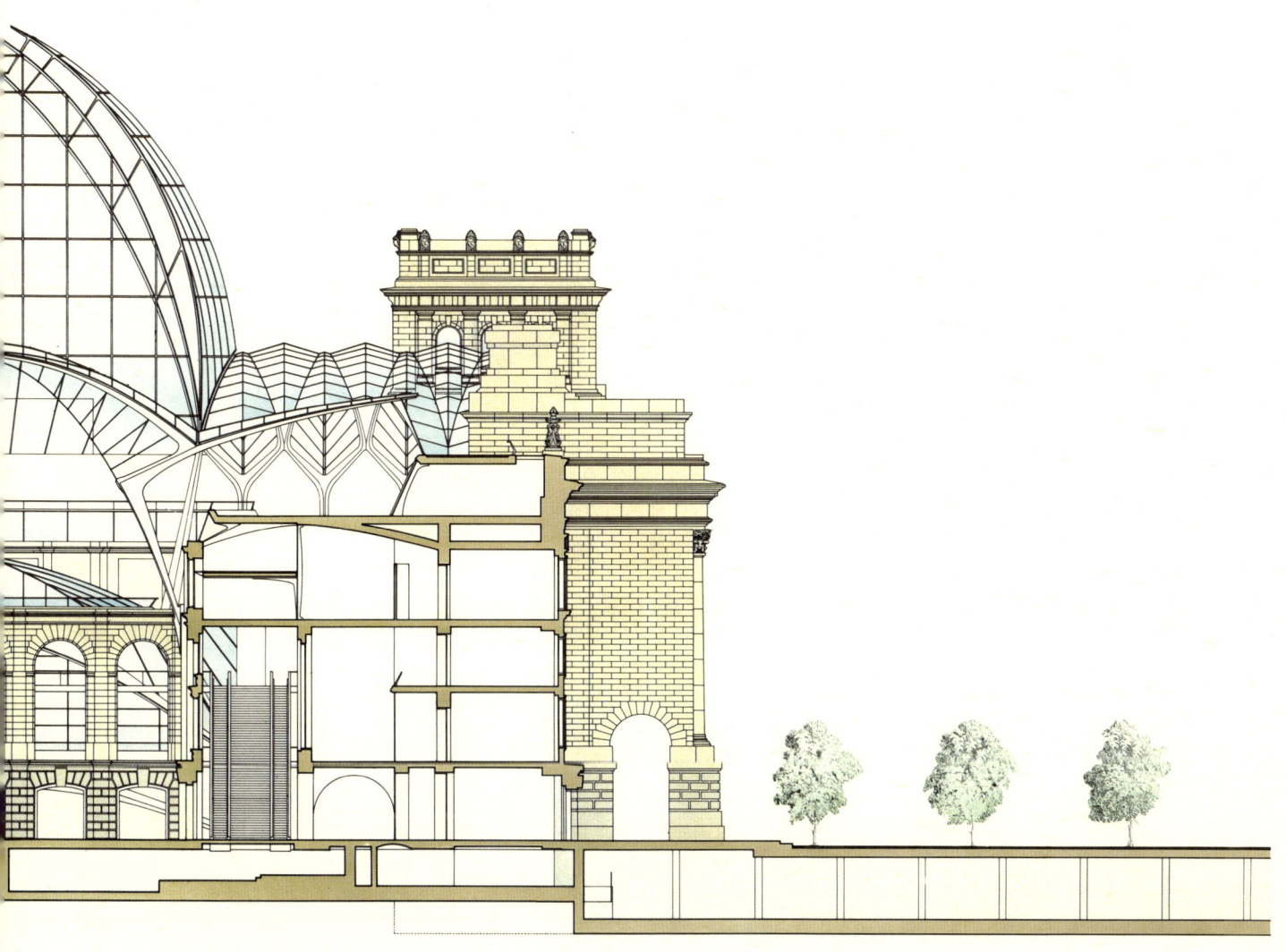

Cross section through the courtyard gallery
Querschnitt durch die Hofgalerie

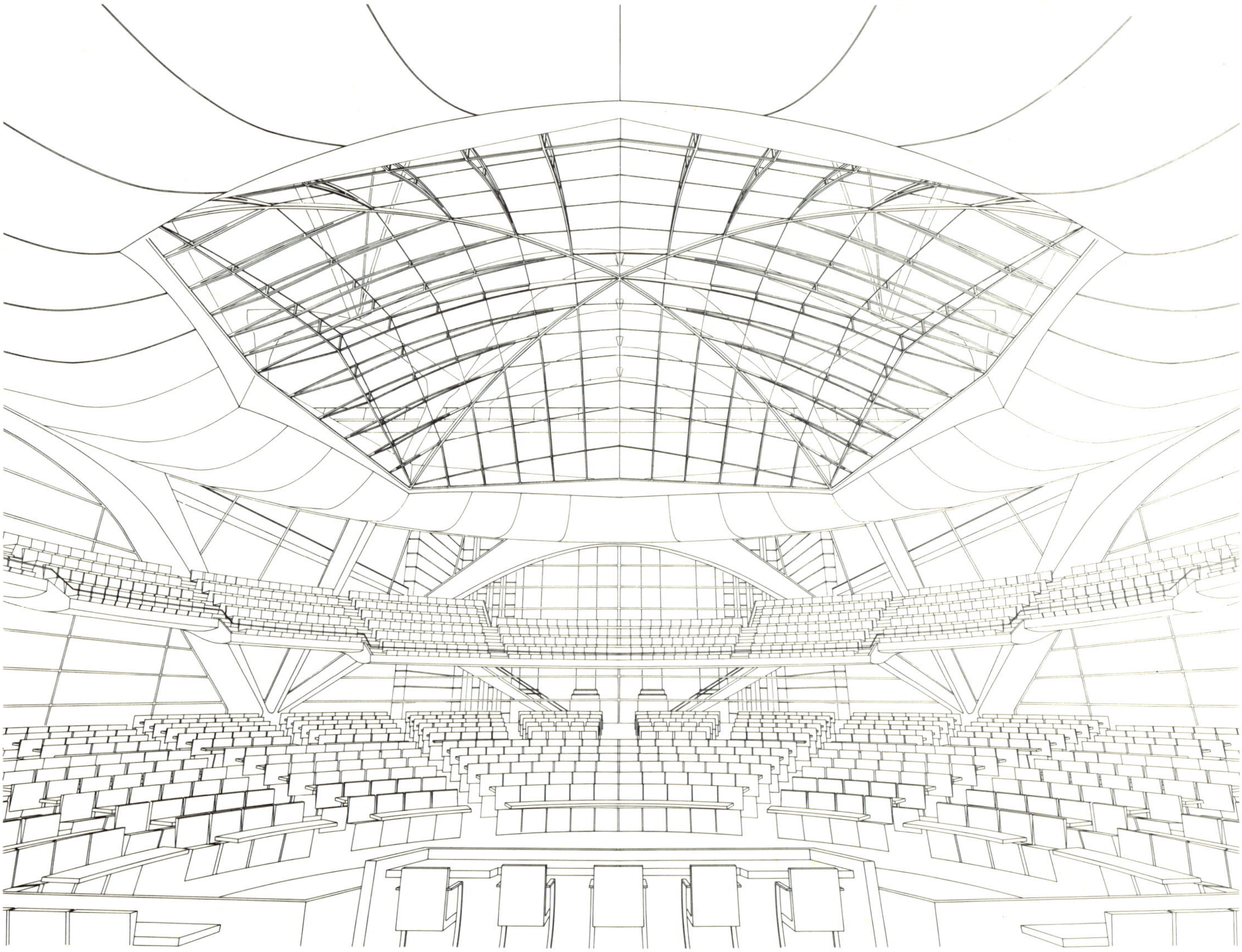

Assembly hall with closed roof
Plenarsaal mit geschlossenem Dach

View into the west foyer
Blick in das Westfoyer

Assembly hall with opened glass ceiling
Plenarsaal mit geöffneter Glasdecke

The ceiling of the assembly hall is a four sectioned vault of armoured glass. On appropiate occasions, this opens up like a flower towards the dome, and completes the connection to the reception hall on the presidential level and the lobbies on the parties' level. Die Decke des Plenarsaals besteht aus einem vierteiligen Klostergewölbe aus Panzerglas. Bei repräsentativen Anlässen öffnet sich diese wie eine Blüte zur Kuppel hin und gibt den Blick zum Empfangssaal der Präsidialebene und den Lobbies der Fraktionsebenen frei.

Reichstag

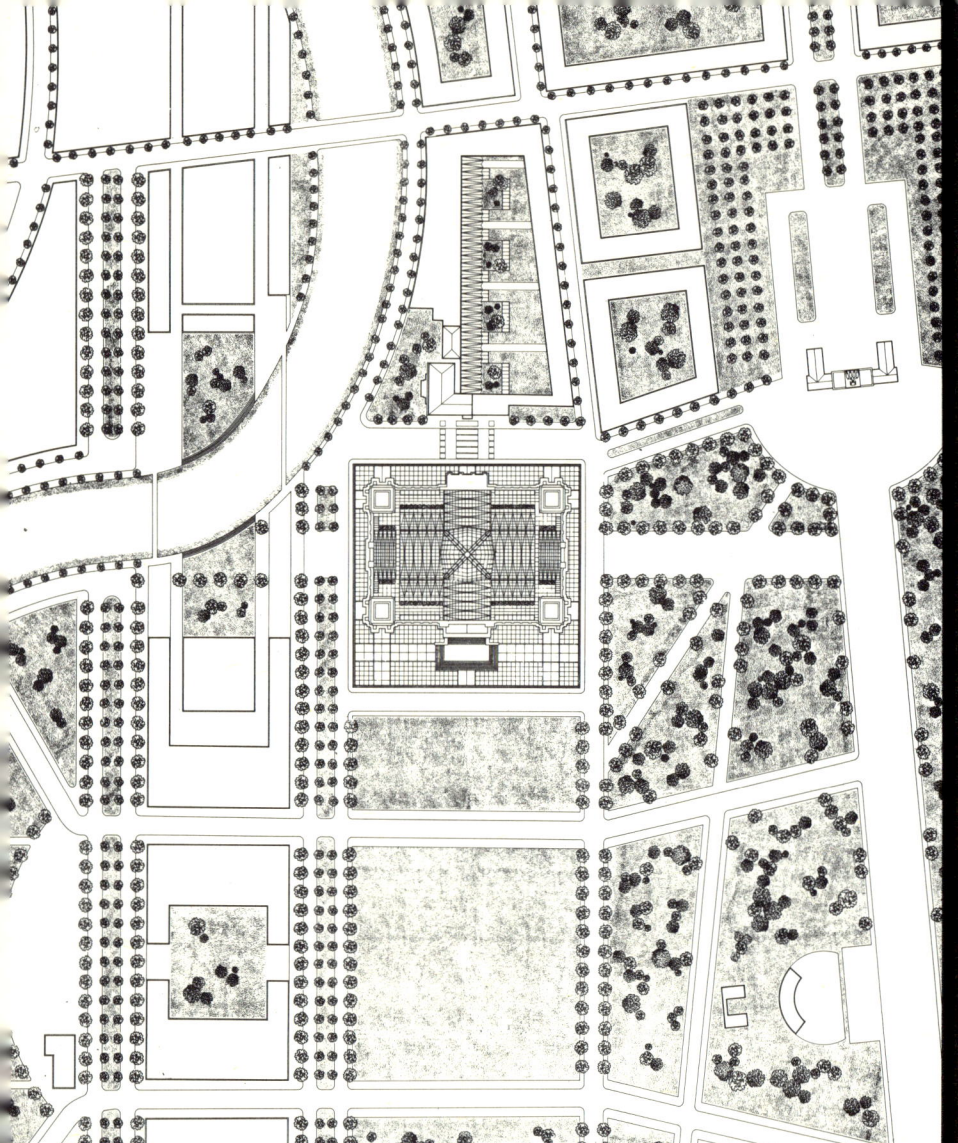

Plan view of roof
Lageplan Dachaufsicht

The parties' space is arranged nearby, in the area of the Reichstag presidential palace. The parliamentary administrative area is planned around planted courtyards, thus contrasting to the public and representatives' areas within the Reichstag building. Die Räume der Fraktionen werden in unmittelbarer Nähe des Bundestagspräsidentenpalais angeordnet. Im Arbeitsbereich des Parlaments entstehen dort begrünte Innenhöfe als Ergänzung zu den beiden öffentlichen und repräsentativen Räumen des Reichstagsgebäudes.

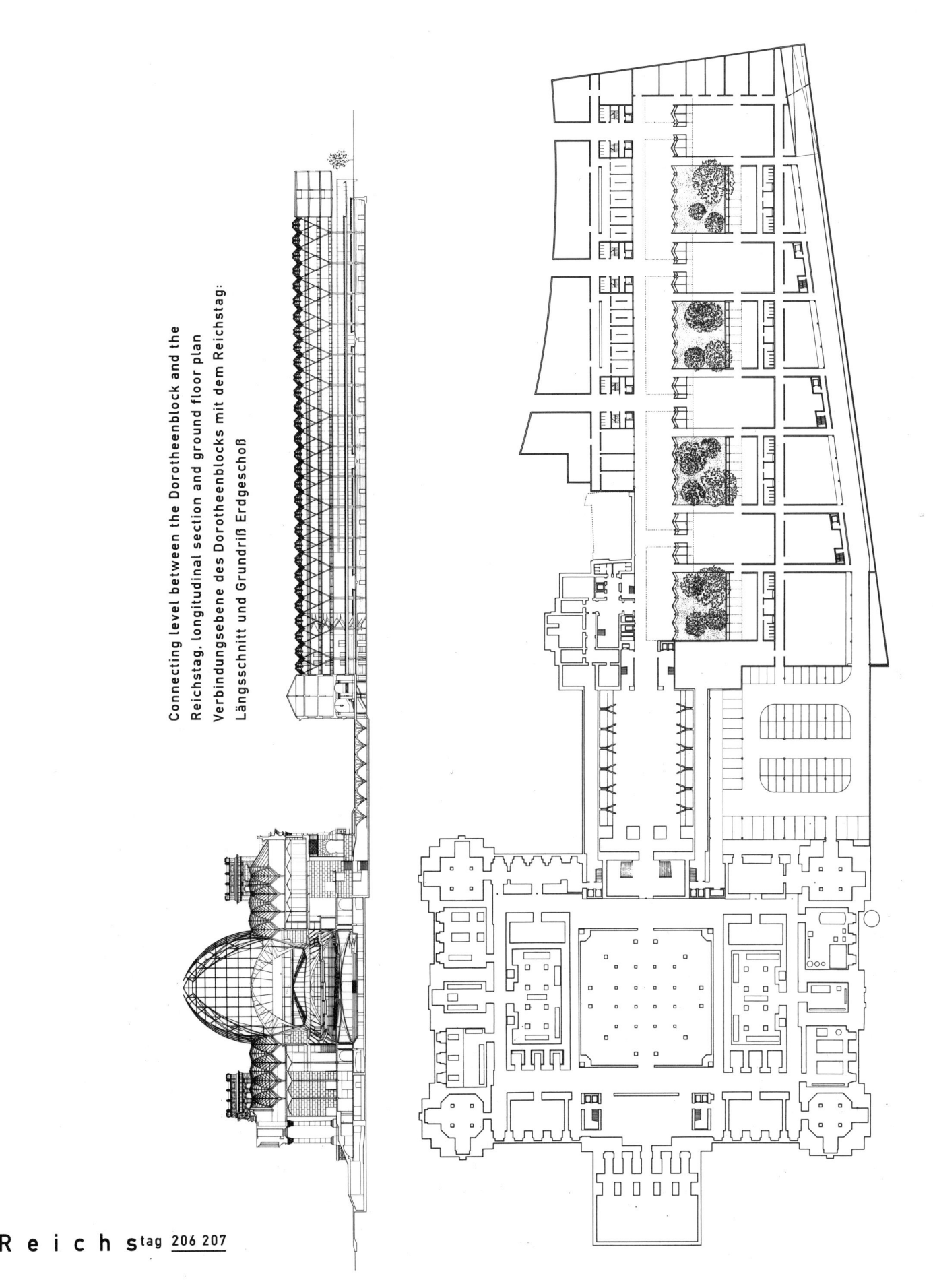

Connecting level between the Dorotheenblock and the Reichstag. longitudinal section and ground floor plan
Verbindungsebene des Dorotheenblocks mit dem Reichstag: Längsschnitt und Grundriß Erdgeschoß

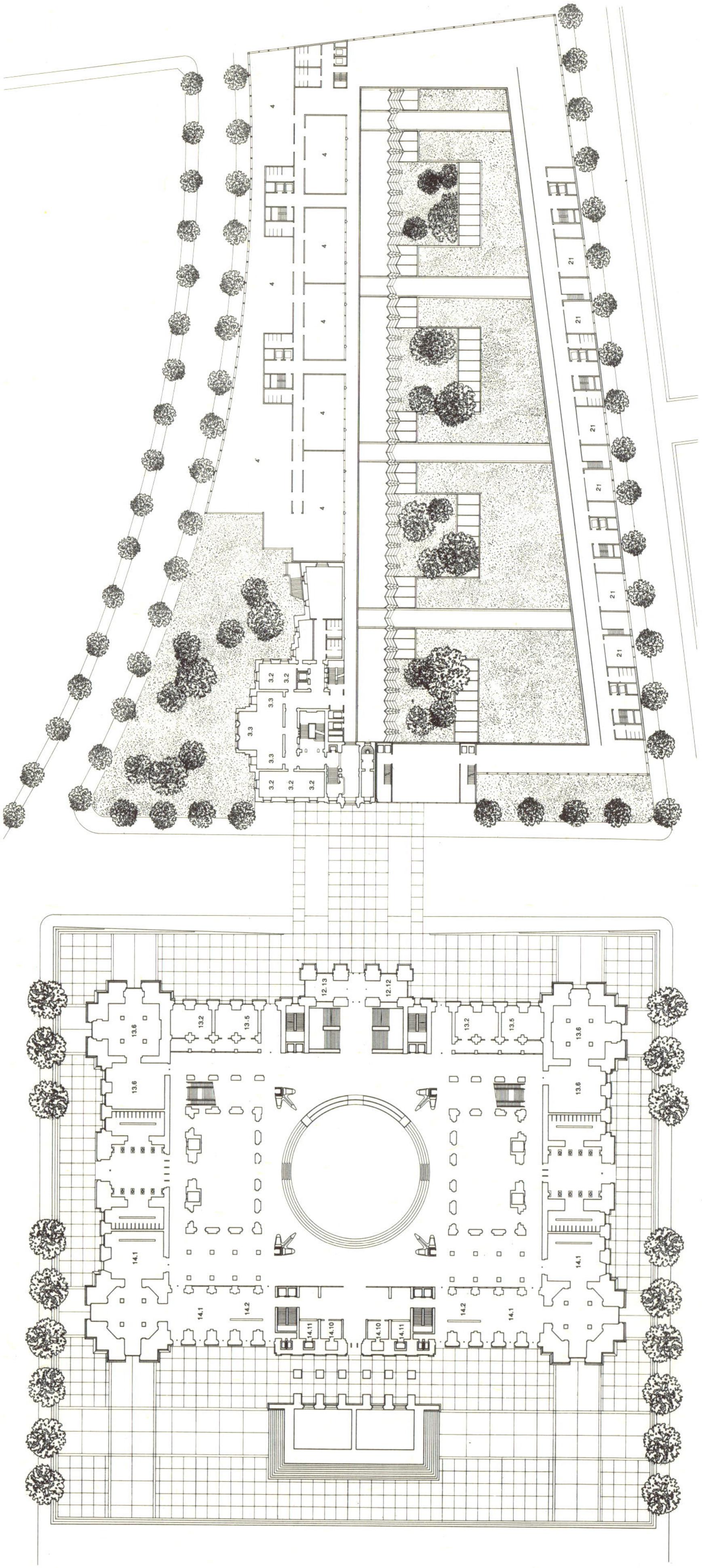

Dorotheenblock west facade
Dorotheenblock: Westfassade

Ground floor
Erdgeschoß

Reichstag 208 209

Uper floor
Obergeschoß

Cross section, Dorotheenblock
Dorotheenblock: Querschnitt

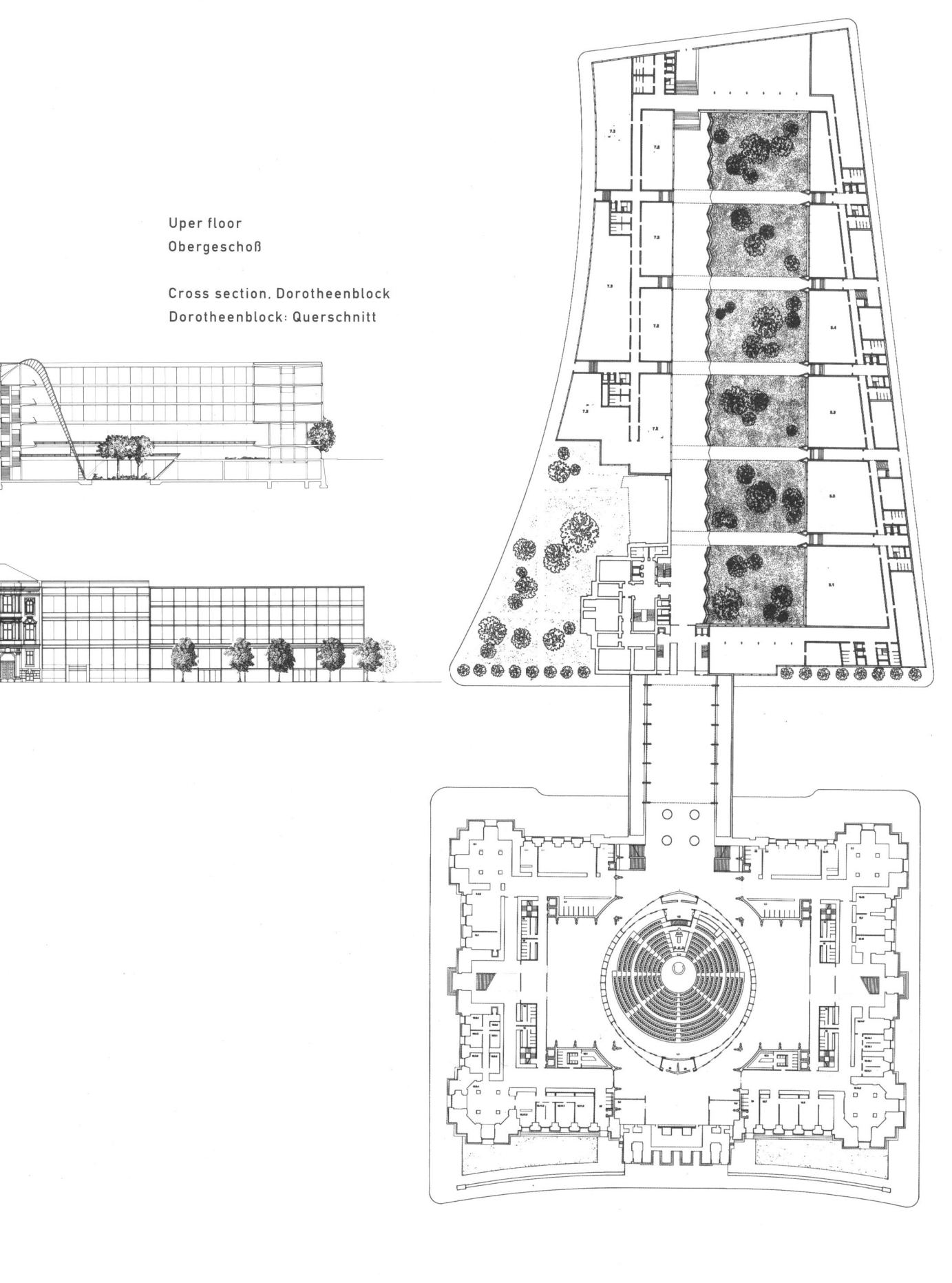